高等院校信息技术规划教材

IT应用文写作

（第2版）

周苏／主编

清华大学出版社
北京

内容简介

写作是人类生存中的重要活动之一，人们的工作和学习离不开写作。尽管我们的基础教育有文理分科现象，但即使对理工科学生，包括IT专业的学生来说，应用文写作都是重要的事业立身之本。

"IT应用文写作"是一门理论性和实践性都很强的课程，它基于应用文基础，结合科技应用文的要求和IT行业的建设需求来指导IT专业和科技应用文的写作实践。本书针对计算机和其他IT专业学生的发展需求，系统、全面地介绍了专业应用文写作的基本知识和技能，详细介绍了应用文写作基础、软件文档编制规范、规划计划类应用文、申请申报类应用文、招标投标类应用文、合同协议类应用文、报告说明类应用文、鉴定评议类应用文、学术论文与参考文献、文献综述以及毕业论文与答辩等内容，具有较强的系统性、可读性和实用性。

本书是为"IT应用文写作"和"科技应用文写作"课程全新设计编写的、具有丰富实践特色的主教材，也可供有一定实践经验的软件开发人员、管理人员参考，或作为继续教育的教材。

与本书配套的教学PPT课件等文档可从清华大学出版社网站(http://www.tup.com.cn)下载，欢迎教师与作者交流并索取为本书教学配套的资料。作者的联系方式如下：zhousu@qq.com，QQ：81505050，个人博客：http://blog.sina.com.cn/zhousu58。

图书在版编目(CIP)数据

IT应用文写作/周苏主编.—2版.—北京：清华大学出版社，2017(2022.1重印)
(高等院校信息技术规划教材)
ISBN 978-7-302-45620-9

Ⅰ.①I… Ⅱ.①周… Ⅲ.①IT产业－应用文－写作－高等学校－教材 Ⅳ.①H152.3

中国版本图书馆CIP数据核字(2016)第270241号

责任编辑：张 玥
封面设计：傅瑞学
责任校对：焦丽丽
责任印制：杨 艳

出版发行：清华大学出版社
网 址：http://www.tup.com.cn，http://www.wqbook.com
地 址：北京清华大学学研大厦A座 **邮 编**：100084
社 总 机：010-62770175 **邮 购**：010-83470235
投稿与读者服务：010-62776969，c-service@tup.tsinghua.edu.cn
质量反馈：010-62772015，zhiliang@tup.tsinghua.edu.cn
课件下载：http://www.tup.com.cn，010-83470236
印 装 者：保定市中画美凯印刷有限公司
经 销：全国新华书店
开 本：185mm×260mm **印 张**：16.5 **字 数**：379千字
版 次：2013年10月第1版 2017年1月第2版 **印 次**：2022年1月第5次印刷
定 价：55.00元

产品编号：072379-02

第 2 版前言 Foreword

《IT 应用文写作》第 1 版是 2013 年写作完成并由清华大学出版社出版发行的。几年来，越来越多的院校认同我们的看法，开始重视对理工科类学生应用文写作能力的培养，纷纷开设“科技应用文写作”这样的课程。因此，本教材也得到了全国范围内众多院校师生的采用和认可。

写作是人类生存中最重要的活动之一，人们的工作和学习离不开写作。尽管当前基础教育中存在着文理分科现象，但应用文写作对理工科学生，包括 IT 专业的学生来说，仍是重要的事业立身之本。

本次改版，我们在保持原书良好教学设计的基础上，全面调整、更新了教材的课前阅读、案例研究和阅读思考等部分，做到与时俱进，创新发展，力图为广大师生提供优秀的学习内容。

教学进度设计体现在“课程教学进度表”中。本表可作为教师授课参考和学生课程学习的概要。实际执行时，应按照教学大纲编排教学进度，按照校历考虑本学期节假日安排，实际确定本课程的教学进度。

课程教学进度表

(20 —20 学年第 学期)

课程号:________ 课程名称:IT应用文写作 学分:2 周学时:2

总学时:34 (其中理论学时(课内):34 (课外)实践学时:26)

主讲教师:周 苏

序号	校历周次	章节(或实验、习题课等)名称与内容	学时	教学方法	课后作业布置
1	1	引言与第1章 应用文写作基础	2	课堂教学	
2	2	第1章 应用文写作基础	2	课堂教学	课后习作
3	3	第2章 软件文档编制规范	2	课堂教学	
4	4	第2章 软件文档编制规范	2	课堂教学	课后习作
5	5	第3章 规划计划类应用文	2	课堂教学	课后习作
6	6	第4章 申请申报类应用文	2	课堂教学	课后习作
7	7	第5章 招标投标类应用文	2	课堂教学	课后习作
8	8	课程实践:模拟(投标)讲标	2	课堂讨论	讲标PPT
9	9	第6章 合同协议类应用文	2	课堂教学	课后习作
10	10	第7章 报告说明类应用文	2	课堂教学	课后习作
11	11	第8章 鉴定评议类应用文	2	课堂教学	课后习作
12	12	第9章 学术论文与参考文献	2	课堂教学	
13	13	第9章 学术论文与参考文献	2	课堂教学	课后习作
14	14	第10章 文献综述	2	课堂教学	课后习作
15	15	第11章 毕业论文与答辩	2	课堂教学	
16	16	第11章 毕业论文与答辩	2	课堂教学	课后习作
17	17	课程总复习	2	课堂教学	课程实验总结

填表人(签字): 日期:

系(教研室)主任(签字): 日期:

与本书配套的教学PPT课件等文档可从清华大学出版社网站(http://www.tup.com.cn)下载,欢迎读者与作者交流并索取与本书教学配套的相关资料。作者的联系方式如下:zhousu@qq.com,QQ:81505050,个人博客:http://blog.sina.com.cn/zhousu58。

本书的编写得到了浙江大学城市学院、浙江商业职业技术学院、浙江安防职业技术学院等多所院校师生的支持,王文、王硕苹、吴林华、张丽娜、周正等参与了本书的部分编写工作,在此一并表示感谢!

周 苏

2016年盛夏于西子湖畔

续表

序号	校历周次	章节(或实验、习题课等)名称与内容	学时	教学方法	课后作业布置
13		第 9 章　学术论文与参考文献	2	课堂教学	课后习作与阅读思考
14		第 10 章　文献综述	2	课堂教学	课后习作与阅读思考
15		第 11 章　毕业论文与答辩	2	课堂教学	
16		第 11 章　毕业论文与答辩	2	课堂教学	课后习作与阅读思考
17		(机动)课程总复习,实验总结	2	课堂教学	实验总结

填表人(签字):　　　　　　　　　　　　　　　日期:

系(教研室)主任(签字):　　　　　　　　　　　日期:

教学测评设计

本课程的教学评测可以从以下几个方面入手:

(1) 作为平时成绩,有每周的课前阅读(10 次)和课后习作(10 次)。

(2) 作为课堂教学互动,可计分的环节有习作点评(10 次)和案例研究(10 次)。

(3) 作为大型实践活动,有投标(第 5 章)讲标。

(4) 有课程实践总结(第 11 章)。

(5) 结合平时考勤。

鉴于全过程设计有 10 次左右的写作作业,故期末本课程可根据情况不再另行安排期末考试。

其他

与本书配套的教学 PPT 课件等文档可从清华大学出版社网站(http://www.tup.com.cn)下载,欢迎教师与作者交流并索取为本书教学配套的相关资料。作者的联系方式如下:zhousu@qq.com,QQ:81505050,个人博客:http://blog.sina.com.cn/zhousu58。

本书的编写得到了浙江大学城市学院、浙江商业职业技术学院、温州大学城市学院等多所院校师生和深圳国泰安信息技术有限公司的支持,张丽娜、梁金华等参与了本书的部分编写工作,在此一并表示感谢!

周　苏

2013 年盛夏于西子湖畔

目录 Contents

第1章 chapter 1

应用文写作基础

写作是人类生存中的最重要的活动之一，人们的工作和学习离不开写作。写作可分为两大类：一是文学创作，又称艺术写作，是指语言艺术中的诗歌、散文、小说、剧本等文学作品的创作；二是实用写作，又称应用文写作，指党政机关、社会团体、企事业单位和人民群众在处理公务、科学事务和日常生活、交往中产生的社会性认识和书写实践活动。

1.1 概　　述

在我国，应用写作源远流长，历史悠久，应用文的产生几乎和文字的形成同步。我国最早的文字甲骨文①，就其内容和形式来看，就是原始应用文的雏形。随着社会经济的发展和国家的产生，除了民间的应用文日益丰富外，适应国家机关等公务需要的应用文发展更快。例如，周代的《尚书》文告，秦代的制诏谕奏，汉代的表疏律令，魏晋的简牍署书，唐宋的图籍表册，明清的史册文翰，以及书信、书契、碑碣志铭、法律条例等，都是应用文。在我国应用文的发展历史上，李斯的《谏逐客书》、司马迁的《报任少卿书》、贾谊的《论积贮疏》、诸葛亮的《出师表》(如图 1-1)、魏征的《谏太宗十思疏》、王安石的《答司马谏议书》等，都是应用文的千古名篇。

辛亥革命后，南京临时政府于 1912 年颁布了《公文程式条例》，专门规定了公文名称和使用范围，废除了几千年封建王朝使用的制、诏、诰、刺、题、奏、表、笺等名目，表现了革命党人反对封建专制的思想，也是公文制度上的一次重大改革。1928 年，国民党中央政府对公文程式又做了一些新规定，其中比较重要的一点是规定公文的写作要用白话文，使用新式标点符号。1942 年，陕甘宁边区政府颁布了《陕甘宁边区新公文程式》，为以后文书工作的健全和发展奠定了基础。中华人民共和国成立后，中央人民政府对公文工作十分重视，进行了一系列改革和健全工作，1951 年，中央人民政府政务院颁布了《公文处理暂行办法》；1957 年，国务院印发了《关于公文名称和体式问题的几点意见》；1981 年，国务院办公厅发布了《国家行政机关公文处理暂行办法》；1987 年，国务院办公厅正式发

---

① 甲骨文是中国已发现的古代文字中时代最早、体系较为完整的文字。甲骨文主要指殷墟(今河南安阳小屯)甲骨文，又称为"殷墟文字"、"殷契"，是殷商时代刻在龟甲兽骨上的文字。甲骨文继承了陶文的造字方法，是中国商代后期(前 14—前 11 世纪)王室用于占卜记事而刻(或写)在龟甲和兽骨上的文字。

布了《国家行政机关公文处理办法》,1993 年 11 月 21 日,国务院办公厅对这个办法做了修订,重新发布,自 1994 年 1 月 1 日起施行;2000 年 8 月 24 日,国务院发布《国家行政机关公文处理办法》,自 2001 年 1 月 1 日起施行(见附录 A),这些对于提高机关公文质量和公文管理水平起了重要作用。随着我国经济的发展和对外交往的日益频繁,应用文的种类也越来越多,新的文种不断涌现,普遍应用于现代社会生活的各个领域。

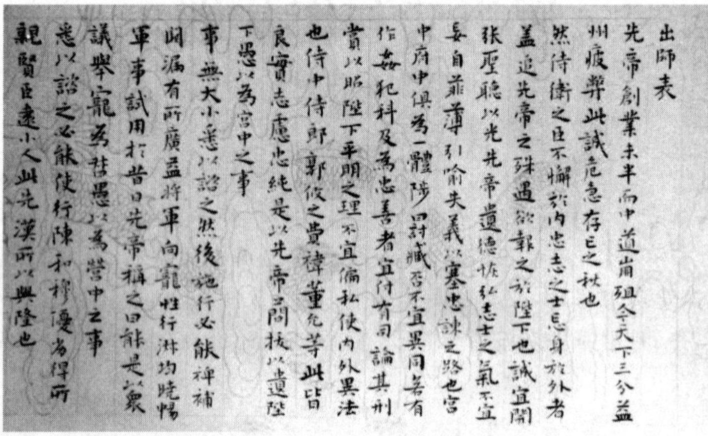
出師表
先帝創業未半而中道崩殂今天下三分益
州疲弊此誠危急存亡之秋也
然侍衛之臣不懈於內忠志之士忘身於外者
蓋追先帝之殊遇欲報之於陛下也誠宜開
張聖聽以光先帝遺德恢弘志士之氣不宜
妄自菲薄引喻失義以塞忠諫之路也宮
中府中俱為一體陟罰臧否不宜異同若有
作奸犯科及為忠善者宜付有司論其刑
賞以昭陛下平明之理不宜偏私使內外異法
也侍中侍郎郭攸之費禕董允等此皆
良實志慮忠純是以先帝簡拔以遺陛
下愚以為宮中之事
事無大小悉以諮之然後施行必能裨補
闕漏有所廣益將軍向寵性行淑均曉暢
軍事試用於昔日先帝稱之曰能是以衆
議舉寵為督愚以為營中之事
悉以諮之必能使行陣和穆優劣得所
親賢臣遠小人此先漢所以興隆也

图 1-1 诸葛亮《出师表》(部分)

1.1.1 应用文的含义

“应用文”一词,最早出现于宋代,但宋代时并没有把应用文作为专用的文体概念。清代学者刘熙载在其《艺概·文概》中使用了“应用文”这一术语。后来,徐望之在《尺牍通论》中对应用文包含的文种做出了界定。20 世纪 20 年代以后,陈子展的《应用文作法讲话》(1931 年)是应用文著作中具有代表性的一部,他从社会上经常使用的文体中选出公牍文、电报文、书启文、庆吊文、联语文、契据文、广告文、规章文和题署文九种,这本著作对后来的应用文写作教学和研究有较大的影响。

新中国成立后,“应用文”这一概念被广泛使用。对应用文的含义,目前比较一致的界定是:应用文是国家机关、企事业单位、社会团体和人民群众在日常生活、学习、工作中处理公务或私务所使用的具有某种惯用格式和直接实用价值的文章。

1.1.2 应用文的特点

在应用文的发展历史中,已经形成了区别于文学作品的极其鲜明的个性特点。学习应用文写作,只有深刻理解并准确把握其特点,才能增强写作的能力,写出合乎规范的应用文。

(1) 运用的广泛性。在所有的文体中,应用文的使用领域最宽广,它是根据人们生活和实际工作的需要应运而生的,所以应用文的应用必然覆盖人类社会的方方面面,国家机关、企事业单位甚至个人,几乎都离不开应用文的写作。

(2) 体式的规范性。在长期的应用过程中,应用文逐渐形成了一些比较规范的文本格式，有大致相同或相似的布局和写法。这种规范的文本格式是根据社会需要产生的，它便于写作、阅读和处理，利于分类、归档和查询，使办事方便便捷。

(3) 内容的真实性。应用文的内容要符合客观实际，真实可靠，准确无误，不能夸大其词，更不能以点代面、以偏概全。同时，应用文中出现的时间、地点、情况的反映要真实，引用的资料、数据也要真实，不允许有任何的出入和虚构。因此，应用文的作者要笃实于己，取信于人，说老实话，写老实文，以确保应用文的内容真实可靠，使其更好地发挥作用。

(4) 运用的时效性。应用文不同于其他文体，它是为解决新近发生的问题，及时地为现实生活服务而写。某些应用文书，如司法类文件，标明了生效或执行的时间，那就必须严格遵守。特别是当今社会发展如此迅速，人们的决策、措施要适应不断变化的形势，必须适时地使用应用文这个工具，从而更好地解决问题，推动社会发展。

1.1.3 应用文的作用

随着社会的不断进步，作为一种工具，同时又作为一种信息载体的应用文，越来越受到人们的重视。概括说来，应用文主要有以下作用：

(1) 宣传教育作用。行政公文的发布，绝大多数都起着宣传教育的作用。如法律文书的发布，警示、规范着人们的行为，起着普及法律知识、打击违法犯罪的作用。特别是在市场经济条件下，应用文的宣传教育作用又有了新的发展，各企业集团运用应用文这一宣传工具，宣传企业文化、经营理念和形象口号，以此来扩大企业的知名度和美誉度，赢得社会的信任和支持，提高经济效益。

(2) 沟通协调作用。在现代社会，人们参与各类活动的范围更加广泛，彼此之间的合作交流日益增多，人与人之间、地区与地区之间，乃至国家与国家之间都存在着千丝万缕的关系，都需要传递信息，加强沟通与联系，共创和谐的人际关系。应用文在沟通关系、交流信息、联系情感、协商事宜、协调行动、相互支持等方面具有重要作用。如公关礼仪文书能起到沟通感情、促进协调、互为发展的作用；新闻文书可以起到传播信息、服务公众的作用；合同类经济文书可以起到协调关系、保障当事人双方利益的作用。

(3) 凭证依据作用。应用文的凭证依据作用，在不同的文种中都有不同程度的表现。就行政公文而言，下级机关要根据上级机关下达的公文来传达方针、政策，安排工作任务，部署开展工作。而上级机关则要根据下级机关的公文提供的情况、反映的问题来进行决策，以便更科学、更合理地指导下级工作。平行机关和不相隶属的机关之间可以根据往来的公文知照情况、商洽工作。由此可见，公文是施政的依据和准绳。它可以约束行政行为，使管理的各个环节得以正常有序地开展工作。有些应用文不仅有现实的作用，还是真实的历史记录，要根据有关规定立卷、整理、归档，作为文献资料供后人参考，起凭证作用。

(4) 法律法规作用。自古以来，应用文就有发布法律和行政法规的作用。进入现代社会以来，国家立法机关针对社会的实际需要出台更多更细致的法律法规，以达到依法治国的目的。国家立法机关制定的各种法律法规，行政机关的条例，以及各企业事业单位制定的规章制度等，都要通过应用文来颁布。这些法律文书、规章制度都属于应用文的范畴，一经公布，有很强的约束力，任何人都要自觉遵守，不得违反，否则将会受到不同程度的处罚。应用文在规范人们的行为、加强法制、维护社会秩序的稳定、构建和谐社会等方面有着功不可没的重要作用。

1.2 应用文的主旨和材料

主旨、材料、结构和语言是应用文文本的构成要素。

1.2.1 应用文的主旨

主旨在应用文写作中具有极为重要的意义。在撰稿之前，作者就已经形成了应用文的主旨，即“意在笔先”。也就是在落笔之前，作者对所写的事理、目的就应该想清楚，要做到胸有成竹。

1. 主旨的含义

清代刘熙载说：“凡作一篇文，其用意俱要可以一言蔽之。扩之则为千万言，约之则为一言，所谓主脑者是也。”这里的“主脑”就是主旨。所谓主旨，又称主题、主脑，就是能够概括作文用意的一句话，是指作者通过全部文章内容所表达出来的基本观点和写作意图的体现，是一篇文章的核心、总纲。

应用文主旨的概念一是体现应用文的特点，一切应用文是为了实现某种目的而写作的，譬如“请示”、“报告”、“计划”、“总结”、“申请书”等应用文，都具有明显的目的性；二是适用于对应用文各类文种主旨的阐述。不论是简单的只有几十个字的请假条，还是鸿篇巨制的专题报告，其主旨均可用“行文意图”来概括。

2. 主旨的特点

(1) 实用性。这是最显著的特点，也是与文学作品、一般文章主旨最根本的区别。文学作品、一般文章的主旨是多种多样的，它所体现出的是认识、教育和审美作用。而应用文是用来处理公私事务的工具，是为解决实际问题而写的，它的主旨体现明确的实用性。譬如写“请示”，是请求上级机关就某一事情进行批准答复的；写求职信，是为了能够找到理想的工作；写广告，是为了推销产品，树立产品形象。拟写这些应用文首先考虑的是有没有用处，发文的目的是否明确，如果没有实际的需要就不必写，不用发。

(2) 客观性。这是它的最大特点。写作作为一种精神活动，不可能不打上作者的主观烙印。文学作品主旨的提炼，往往有作者的主观印记，而应用文的主旨是从客观材料中提取，主观感情不能强加于客观。主旨力求尊重事实，它是现实生活、工作、管理的需要。客观需要什么，作者就表达什么，主旨与材料必须达到本质意义上的契合，体现出客观性的特征。

(3) 单一性。这是与文学作品写作的又一大区别。文学作品可以是一文多义，不同的读者可以从中领略到不同的主题意义。而应用文的主旨则是单一性的，一文一事，一事一旨。要想体现出应用文主旨的单一性，应抓重点写，防止面面俱到，注意抓住与主旨最密切的东西写，才能使主旨集中而鲜明。

(4) 明晰性。应用文主旨的表现与其他文体主题的表现有很大的区别。譬如，文学作品主题表现的要求是越含蓄越好，主题要蕴涵在人物形象、故事情节、典型环境之中。而应用文的写作是为办事的，主旨、目的必须明晰，如果不明晰则办不成事。要想达到明晰，可以从两方面入手：其一，标题要揭示主旨。标题既可以显示应用文的主旨或主要内容，又具有提示作用，引发读者阅读的兴趣。其二，立片言以居要。即写文章时概括出一些重要语句，并把它放在关键之处，作为全文的纲领眼目。

3. 主旨的确立

主旨决定着材料的选择，统领着文章的结构，制约着语言的运用。在应用文写作过程中，应确保主旨的正确、集中、鲜明、深刻而又不失新颖。

(1) 正确。主旨能反映事物的本质，符合客观事物发展的规律，具有科学性，还要有益于时，有补于世。

(2) 鲜明。作者的基本态度、文章的基本思想十分明确，毫不含糊。对问题的认识、对事物的评价，主张什么，反对什么；应该怎样做，不应该怎样做；解决什么问题，达到什么目的，都要旗帜鲜明地表达出来，不能含糊其辞，模棱两可。

(3) 集中。一篇应用文只能表达一个主旨，材料的使用，谋篇布局，遣词造句，都要为突出这个主旨服务。

(4) 深刻。在主旨正确的基础上，要有思想深度，要反映和提示客观事物的深层本质，阐明事物之间的必然联系，具有深刻的思想意义和丰富的内涵。

(5) 新颖。主旨要有新意，所反映的作者的观点、感受、主张、意见不落俗套，有自己的独特性，给人以新鲜醒目之感。

确立主旨，也称为“立意”，主要依据有三点。一是依据工作需要和写作目的。动笔之前，首先要考虑写作的具体目的是什么，确立主旨时要正确理解和深刻领会行文意图。二是符合实际，切实可行。确立主旨要立足实际，要从个人、本地区、本部门的实际情况出发，只有这样，所做的指示、所提出的意见和办法、所总结的经验才能有的放矢，切实可行。三是以丰富、真实的材料为基础。必须深入生活，掌握丰富真实的材料，了解全面、真实的情况，才能提炼出正确、深刻的主旨。

4. 主旨的表现形式

应用文主旨的表现常常采用以下几种形式：

(1) 标题示旨。这种方式简洁、明快，直截了当，主旨往往就是标题中的发文事由。

(2) 开篇明旨。在应用文正文的开篇就开宗明义，直接、明确地揭示主旨。

(3) 篇中立旨。也叫文中点题或片言立题。有两种表现方式，一种是在文中用小标题或二级标题的形式逐步点明文章的主旨。另一种就是在文章中的某一个地方用一小段话点明主旨。

(4) 篇末结旨。有两种基本方式，一是在开头埋下伏笔，提出问题，阐述过程，待行文至结尾时才点明题旨,说出文章关键所在,表明态度,做出决定;二是在结尾处再次强调文章主旨,与开头相呼应。

1.2.2 应用文的材料

所谓材料,是作者为了撰写目的而收集或积累的能够表现文章主旨的事实或论据。应用文的材料是体现文章主旨的理论、事实和数据,是应用文写作的物质基础,是形成主题的基础和根据,是表现观点的支柱。

材料工作分为四个环节:收集、鉴别、选择、使用。这四个环节紧密相连,环环相扣,是材料工作的全部内容。

1. 材料的收集

材料可分为事实材料与理论材料。事实材料指实际发生的事实、情况部分,它是在对现实情况做深入调查研究后收集并用于应用文之中的材料。一般以文摘、提要、简报、统计表等形式记载,有的制作成图表。因角度不同,事实材料又分直接与间接、点上与面上、正面与反面、定性与定量、现实与历史等方面的材料。理论材料又叫政策材料,指方针、政策、法令、法规和有关的文件,本单位制订与颁发的规章制度及文件等。收集材料一般有以下三条途径:

(1) 在现实生活的具体实践中观察、体验,直接获取亲自经历的材料。这类材料属于直接的第一手材料,作者的感受一般都比较深刻,关键的问题是要注意平时积累。

(2) 根据文章写作的需要,对既定对象进行调查、采访,有目的、有计划地收集材料。这类材料属于间接的第一手材料,获取这类材料要善于发现和鉴别。

(3) 通过书刊、档案以及计算机网络,从文献资料和网上信息资源中查阅材料。收集材料要注意两点:一是尽可能地丰富和详尽,最大限度地占有各方面的材料,为鉴别和选择打下基础。二是收集材料时要有一定的范围和方向,不能盲目地漫无边际地寻找。收集材料要及时分类整理,做好材料笔记和材料卡片。

2. 材料的鉴别

材料的鉴别就是分析材料的性质,判断材料的真伪,估量材料的意义与作用,确保真实性和典型性。真实就是应用文中涉及的人和事必须符合事实,不得加入写作者的主观想法。典型就是指材料要有代表性,同时又具有普遍性,最能反映事物本质,最能突出主旨。

3. 材料的选择

材料的选择就是在鉴别的基础上对材料进行选择,把准备写进文章的材料挑选出来。一般遵循以下原则:

(1) 要围绕主旨。即主旨统帅材料,根据表现主旨的需要决定材料的取舍。

(2) 要典型。应用文的目的或者是具有普遍的指导意义,或者是通过个别的工作揭示一般的规律,或者是对普遍存在的问题提出主张和见解,只有选择那些具有代表性的典型材料才能揭示事物的本质，从而有力地支持主旨。

(3) 要真实准确。所选材料，既要符合客观实际的情形，不弄虚作假，又要反映客观事物的本质和主流，并且可靠无误。

(4) 要生动新颖。避免使用过时陈旧的材料，应用文的时效性一般都很强，材料一定要新；要选择生动鲜活的材料，文章才能具有感染力和说服力。

4. 材料的使用

材料的使用是指在吃透材料的基础上灵活运用，切忌拘泥呆板；要设法避免材料的简单临摹比照。材料的使用应该遵循以下原则：

(1) 要努力发掘材料本身的深刻意义，仔细研究材料与主旨的关系，使材料最大限度地发挥揭示事物本质的作用，做到小中见大、平中见奇。

(2) 合理安排材料顺序。对材料使用的先后一般遵循以下标准：或是按照时间的先后，或是依据材料的重要程度，或是照顾事件之间的逻辑关系，或是依照说理顺序，或是考虑行文目的等，总的原则是宜于读者接受。

(3) 合理安排材料的详略。仔细地增删取舍，使详略疏密得当。对表现主旨起主要作用的要详写，属于概括性的材料要略写；事件内涵深刻，具有广泛意义的要详写，一般次要的、烘托性的材料可略写。对材料要仔细研究，做好调整安排，把材料用在最合适的地方，不至于拥挤，也不能疏漏。

1.3 应用文的结构和语言

结构是文章内部各种质料、各个部分的组织安排。也就是指为了表现主旨把各种材料组织起来构成篇章形式，是文章内容的重要表现形式。

作为一种实用性文体，应用文的语言比其他文体具有更鲜明的特点，这是由其本身的功能作用决定的。总的说来，应用文语言具有准确、简明、平实、得体的特点。

1.3.1 应用文的结构

文章的结构是作者思路的外化形式。应用文文本结构通常由标题、正文和落款组成。正文常分为开头、主体、结尾三大部分，各部分根据内容表达的需要划分段落与层次，各部分之间有过渡与照应，从而形成一个严密、完整的结构体系。

1. 开头与结尾

1) 开头

这是全篇文章的第一步，可以起到统领全篇，展开全文的作用。写作应用文开头时要考虑两条：一是紧扣主题，在开头第一句、第一段尽快引出主旨；二是能吸引读者阅读下文。常见的开头方式如下：

• 目的式。直接说明写作的目的和意义。一些公文常用这种方式，常用介词“为”、

"为了"领起。

- 根据式。开头阐明撰文的根据,或引据政策法令和规定指示,或引述全文,或引据事实和道理,常用"根据"、"按照"、"遵照"等领起下文。
- 原因式。以交代行文的缘由作为开头,常用"由于"、"因"、"鉴于"等引出原因或简述某种情况作为原因,再引出写作目的。
- 概述式。在开头部分对文章内容的背景、基本情况、主要内容加以概述。采用这一方式能起到提纲挈领的作用。
- 结论式。将结论、结果先做交代,再由果溯因。
- 提问式。开篇提出问题,然后引起下文,常见于调查报告、通讯的写作。
- 引述式。常用于有具体规定格式的文体中,如"合同",或引述上级来文、上级指示精神或有关政策法规,以此作为撰文的依据,如批复、函等常用这种方式。

2)结尾

这是全文的收束和结局,能帮助读者加深认识,把握全篇,达到预期的写作目的。常见的结尾方式如下:

- 自然收尾式。写完主体部分之后,事尽言止,自然收结。
- 总结归纳式。写完主体部分后,对全文的主旨进行简要的概括,总结全文。
- 强调说明式。在应用文的结尾处,对全文的主旨意义、重要性加以强调,以引起读者注意。
- 希望号召式。在结尾部分提出希望,发出号召,展望未来,以鼓舞斗志。
- 专用语式。在结尾处采用特定的用语结束全文,如"妥否,请批复"。

2. 层次与段落

层次是文章中作者表达主题的阶段和次序,是文章内容展开的次序。层次体现了事物发展的阶段,是问题的各个侧面和作者思维的过程,又称为"意义段"、"逻辑段"、"章"、"节"等。段落又称"自然段",是组成文章、表达思想最基本、相对独立的最小单位。段落的形式是层次的再分割,是文章意思的间歇或转换,以换行为标志。两者有明显的区别,层次侧重于内容的划分,段落侧重于文字形式的表现。有时一个段落恰好是一个层次,有时几个段落表现一个层次或一个段落内有几个层次。安排层次有以下两种模式:

(1) 纵式,即思路纵向展开的结构方式。具体有两种类型:时间顺序式和逻辑顺序式。前者是按照事物的生产流程、事情或事件的发展过程或时间的先后顺序安排层次。需要注意的是,采用这种结构方式,不能事无巨细地记流水账,要抓住事物发展的关键环节。逻辑顺序关系是按照事理内在的逻辑顺序安排层次。这种逻辑关系表现为现象—本质、原因—结果、宏观—微观,个别— 一般等。按照这样的关系先后为序、环环相扣、层层递进地安排结构,就是逻辑顺序。

(2) 横式,即思维横向发展的结构方式。表现在形式上,是把整体划分为若干相对的层次,各层次之间互不交织、平等并列,从不同方面和角度共同揭示事物的整体面貌和主旨,或按照空间方位的变换,或按照材料的不同性质和类型,或按照问题的不同侧面等。这种结构形式在应用文写作中运用很广泛,调查报告、总结、述职报告等均可采用。

3. 过渡与照应

过渡是指层次与段落之间的衔接与转换，在文章中起着承上启下、穿针引线的作用。照应是指文章内容的前后呼应和关照，可以使文章结构周密严谨，浑然一体，还能使某些关键内容得到强调，突出主题。

一般情况下，当内容由总到分或由分到总时、意思转换时以及表达方式变化时，需要安排过渡。过渡的形式有段落、句子或词语。如上下文空隙大，转折也很大，常用过渡段连接。上下文空隙小，多用提示性的句子，如公文中常有“特此如下通告”、“现将有关事项告知如下”、“为此，特制定本条例”等作为过渡。在意思转折不大的情况下，多用关联词，如“因为”、“所以”、“但是”等作为过渡词。

在应用文中，常用的照应方法如下：

- 首尾照应，即在文章的结尾处再次提起开头交代的事或提出的问题，有的进一步加以概括、归纳、补充，如论文、总结、调查报告等。
- 文题照应，即指在行文中时时照应标题，对主题加以强调、提示。如大多数公文标题中都包含着“事由”，文章内容自然要与标题相照应。
- 文中照应，即文章自身前后内容间的照应，如某些细节和问题在行文中不断被提起，这样能强化印象，更好地实现作者的表达意图。

4. 安排结构的要求

由于应用文的种类繁多，导致结构的形式也不同。各种应用文都已基本形成了各自的结构模式。总的来说，应用文在结构安排上主要有三个方面的要求：第一，所用文体的结构要鲜明地突出主旨。一般在标题或者开头就会点明主旨，再围绕主旨安排层次和段落，有的文体还需要在结尾进行总结，深化主旨。第二，结构必须完整。根据文体的不同要求，各部分必须完整，不能有省略或遗漏。第三，要符合文体结构特点。各种文体都有自己的结构特点，不能混用。

1.3.2 应用文的语言

作为一种实用性文体，应用文语言具有准确、简明、平实、得体的特点。

(1) 准确。应用文语言特别强调准确。准确，是指努力使语言的表达更加符合客观实际，准确无疑，确凿无误。事实、数字甚至细节都必须确实可靠。遣词造句，要求语义明确，不能模棱两可。所叙述的概念，只能做单一的解释，不能产生歧义，以免让人产生多种理解。

(2) 简明。指语言简洁明了。应用文的语言要简明扼要，这不仅是提高工作效率的需要，也是减轻不必要工作压力的途径之一。要多使用短句，短句表意简洁明快。长话短说，要言不烦，没有空话、套话、废话。因此，要反复锤炼语言，提高概括能力，抓住要害，一语中的。譬如，应用文中的叙事多用概述，扼要地交代事情的来龙去脉即可；议论也不必讲究推理的过程，只需简捷地阐明自己的观点即可。

(3) 平实。指语言要平直朴实。应用文的行文要用直笔，抓住要害，直陈其事，不允许有虚构、夸张和想象,少用甚至不用描写、抒情等表达方式。

(4) 得体。指言语得当,恰如其分,要符合应用文的语体特征。应用文一般都有特定的读者对象,语言要得体。譬如,上行文的用词要谦和而不阿谀奉承;下行文用词要郑重严肃,关怀爱护而不简单粗暴;平行文的用词以诚相见,相互尊重。公告、通告的语言要深入浅出;商业广告的语言则要生动活泼,灵活多变。因此,运用语言要因体而异,合理选择,做到恰当得体。

1.3.3 常用的语言和句式模式

在长期的应用文写作实践中,形成了许多常用的语言模式和句式模式。学会运用这些惯用模式,对写好应用文至关重要。

1. 专用词语

- 称谓语:我(处)、本(局)、贵(公司)、该(协会)等。
- 开头语:兹、兹有、兹因、奉、谨悉、为了、根据、按照、遵照、依照、关于、由于等,旨在表示行文的目的、依据、方式、对象等。
- 经办语:经、业经、兹经、复经、前经、经过、通过、均经等,说明文件承办过程中的情况。
- 收文语:前接、近接、悉、欣悉、收悉、据报、据查等,是引说来文时的用语。
- 综述语:为此、对此、据此、有鉴于此、现函复如下、现通告如下等,用在下文之前引出过渡句,表明从缘由、根据、背景过渡到正文部分。
- 时限语:顷闻①、顷接、顷奉②、迅即、从速、届时、即日、应即、兹有、兹派、兹因等,表示事由的时间和发文部门提出问题的依据。
- 表敬语:贵、阁下、莅临、荣登、荣获、荣膺、荣幸、荣任、台鉴、拜会、晋谒、真告、谨、谨启、惠存、恭请、敬请、承蒙、不胜感激等,表示尊重和礼貌。
- 提示语:切、切实、切勿、务必、切切等,用以提请对方特别注意。
- 期请语:请、拟请、恳请、务请、尚望、当否、妥否、请批示、请批复、请核准、即请查照、希即遵照、是否可行、是否同意等,表达行文者期望、请求。
- 结尾语:为要、为盼、为荷、专此函达、特此通知、特此报告、敬希函复、望遵照执行、妥否、请批复、以上报告、请审阅等,表示行文的意愿和目的。

2. 文言词汇的沿用

应用文中有些文种,特别是公文词语的运用,在一定程度上受到了古汉语的影响,沿用了古汉语中的一些文言词汇,如"顷奉"、"为荷"、"兹因"、"欣逢"等。文言词汇具有庄重、简洁、凝练的特点,使用得当能起到"文约义丰"(即言简而意义丰富)的效果。

---

① 顷,在文言文中指时间特别短的意思。即刚才、刚刚、不久以前。顷闻,就是"刚刚听说"的意思,这个词是很正式的。例:顷闻您卧榻数日,心甚系念。

② 顷奉,刚刚接到。例:惠子小姐,顷奉大函,得悉你与小林先生解除婚约一事,大为震惊。

3. 模糊词语

反映事物之间存在的模糊关系。世界上的事物是复杂的，有些事物不能用定量的语言来界定，客观事物的模糊性决定了语言的模糊性。模糊语言在应用文写作中是不可缺少的。常用的模糊词语有：

- 时间词语：当前、现在、曾经、正在、将来、近、最近、同时、有时、适时、临时、一贯、一时、一直、每时每刻、一度、再度、适当时候等。
- 数量词语：许多、广大、几乎所有、一些、多数、某些、半数、接近半数、少数、个别、大多、一部分、一再、不乏等。
- 程度词语：很、非常、一般、更加、进一步、逐步、显著、明显、极其、特别、基本上、大体上、何等、略微、总之、总的来说、尽快、尽早、尽最大的力量等。
- 范围词语：所有、有关、以内、各、左右、上下、普遍等。
- 频率词语：多次、屡次、经常、连续、不断、反复、再三、三番五次等。
- 条件词语：按有关规定、符合一定条件者、在可能的情况下等。

4. 应用文写作常用句式

句式模式是应用文写作中长期形成的相对固定和稳定的常用句式，在实际写作中也是大量使用的。

- 表示范围和对象。用“关于……的通知”的句式来做标题；用“对”、“对于”的句式表示对象；用“除”、“除了”的句式表示范围。
- 表示理由与原因。用“为”、“为了”的句式表示应用文的目的，多用于开头；用“由于”的句式表示原因。
- 表示依据。用“根据”作为领句的开头语已成为依据上级精神发文的惯用句式。此外，还有“依照”、“遵照”、“通过”、“随着”等介词结构的句式。

1.4 应用文的表达方式

写作的表达方式是多种多样的，主要有叙述、描写、抒情、说明、议论。这五种表达方式各具特点。在写作中，它们有的单独使用，有的交互使用，更多的是交互混合使用。应用文写作中常用的表达方式是叙述、说明和议论。

1.4.1 叙述

叙述，指的是把人物的活动、经历和事件发展变化过程交代出来的一种表达方式，是应用文写作中最基本、最常用的表达方式。

应用文写作中叙述的人称，有第一人称（“我”“我们”）和第三人称（“他”“他们”）。使用第一人称“我”“我们”系指作者本人，或作者所代表的群体、单位，如请示、报告、总结、书信等文体的写作，多用第一人称。有时为简要起见，常使用无主句。有的应用文体，如新闻报道、调查报告、会议纪要，为表明作者立场客观、公正，传播的信息真实、可信，常采用第三人称写作。

应用文中的叙述方式有顺叙、倒叙、插叙、分叙等。应用文中记叙事件的发展过程，介绍单位的基本情况，一般都是按顺叙，即时间先后为序来叙述。其原因在于，应用文重在实用，不求委婉、曲折，故多采用直接的笔法叙事、说理。倒叙、插叙、分叙等用得较少，只在通讯、消息、调查报告的写作中才用得上。

应用文中的叙述要力求真实、准确，不带主观感情色彩；线索清晰，表述完整；以概述为主，尽可能用概括的语言说出其前因后果、来龙去脉，使读者了解其梗概。

1.4.2 说明

说明，就是用简明扼要的文字对事物、事理及人物进行解说的表达方式。目的是使读者对事物的形态、构造、成因、性质、种类、功能，对事理的概念、特点、来源、演变、关系等有鲜明的了解和认识。

说明在应用文中使用广泛，如解说词、广告词、说明书等文体，主要是用说明的方法来写的。其他文体如经济文书、科技文书、诉讼文书、行政公文等，也常常借助说明的方法解释事理，剖析事理。

常用的说明方法如下：

- 定义、诊释说明，用概括、精确的语言表述事物的本质属性，使它与别的事物相区别，这就叫下定义。下定义比较困难，有时就只说明对象的某些特点，这叫诊释或解释，使用比较自由灵活。
- 概貌说明，是从外观上对说明对象进行概括介绍。这种说明注重事物的完整性，给人一个总体的印象。
- 程序说明，是从制作过程或工艺流程乃至施工进度上对说明对象的解说。这种说明要注意程序之间的衔接和贯通。
- 局部说明，是对完整事物的划段解说，这种说明需要划段准确，各阶段解说的事理要具有一致性。
- 举例说明，是通过举例的方法解说事物的写法。这种说明应注意所举实例与解说对象的相似点。
- 比较说明，是把两种(或多种)事物、同一事物的不同阶段进行比较，借以说明对象的性质、特点和变化。这种说明要注意两者的可比性。
- 数据与图表说明，这是利用有关数据或图片表格的一种直观说明方式，这种说明要注意数据的准确、图表的鲜明。

1.4.3 议论

议论就是作者通过事实材料及逻辑推理阐明道理，表明自己的见解、主张以及驳斥别人观点的一种表达方式。

1. 议论的要素

议论有三个要素：论点、论据、论证。所谓论点，是作者对所论问题提出的看法、主张。它可分为中心论点和分论点。中心论点可在文章开头提出，也可在篇末归纳提出，常以一个判断性语句出现在文章中的明显位置上。分论点是从中心论点分化出来的，它为中心论点服务，常是文章每一部分开始提出的小论点。论据是证明论点的理论和事实依据。论证是用论据证明论点的过程，一般包括论点提出的原因、对论点的基本解说、证明论点的正确(或错误)、归纳论证的结果等几个部分。

2. 论证的方法

议论分为两大类，立论和驳论。立论，是正面阐述自己的观点，驳论是反驳他人的论点。在一篇文章中，有的是典型的立论或驳论，有的则交叉使用，破立结合。

论证的方法很多，常用的如下所示：

(1) 归纳法。以事实为论据，从许多“个别”事例中归纳出“一般”性的结论。

(2) 演绎法。以推理的方式，从“一般”性结论演绎出“个别”的论断。

(3) 举例法。以事实为论据，用典型事例证明论点是正确的。

(4) 引典法。以名人、经典著作中的言论或公理、常理为论据，证明论点的正确。

(5) 比较法。把不同情况或事物摆出来加以比较，在比较中明辨是非，阐明事理。

(6) 类比法。通过讲故事、举实例，用比喻来证明两个相比事物之间具有某种共同的特点。

(7) 驳论法。一种是直接反驳，即用确凿的事实或常理直接批驳错误论点。另一种是间接反驳，这种反驳法又可分为归谬法、反证法。归谬法又称为“引申法”，就是对错误观点做“顺水推舟”式的发挥，以充分显示其荒谬；反证法是首先用充分的论据证明与此相对立的观点的正确，借以证明敌对论点是无法成立的。

3. 应用文中的议论

应用文写作中经常使用议论。调查报告、总结、通报等文体，经常在叙述事实、说明情况的基础上表明对人物、事件、问题的评价。指示、决议、会议纪要等公文，也常用议论来阐明方针、政策，让下级机关和群众理解和执行。

应用文写作中的议论与一般议论文中的议论有明显的区别。在一般议论文中，议论是最主要的表现方法，贯穿全文始终，论点、论据、论证三要素齐备。而在应用文写作中，最主要的表达方式是叙述和说明，议论居于从属的地位，一般只是在叙述、说明的基础上进行。另外，应用文的议论，一般也不需要做长篇大论，不需做复杂的多层次的逻辑推理，也不一定具备论点、论据、论证这样一个完整的议论过程，而只是在需要分析论证的地方采取夹叙夹议的方法，或采取三言两语的方式，点到即止，不做深入论证。

运用议论要注意，一要庄重，对任何事物的评价要实事求是，以理示人，以理服人。二要明快，要直截了当地阐明观点，不拐弯抹角，不回避矛盾。

1.5 应用文的写作过程

应用文的写作一般要经历四个阶段，即准备阶段、构思阶段、草拟阶段和修改审定阶段。

1.5.1 准备阶段

准备工作包括平时的准备和为写作某一篇文章而做的具体准备。平时的准备主要是指作者的基本素质，即思想素质和业务素质；为写作某一篇文章而做的具体准备，主要包括明确写作目的和搜集材料两个方面。

明确写作目的，是指在文章写作前要清楚写作的意图、使用的文种，发送和阅读的对象、范围，提出和解决的问题，领导对文稿内容的要求等。写作目的明确以后，就要着手搜集有关材料。搜集占有的材料越丰富、越全面、越完整，越有可能写出好的应用文，否则，“巧妇难为无米之炊”，或者写不出，或者写不好。调查研究是在一定的写作意图指导下，以多种形式采集和分析写作材料的途径和方法，也是应用文作者应具备的一种能力。通过调查研究，能够获取写作所必需的事实材料、政策材料和情报资料。

1.5.2 构思阶段

构思，是在充分把握客观材料的基础上，作者从思想内容和表现形式两个方面孕育文章的一系列定向的、创造性的思维活动过程，是对一篇文稿的总体谋划和设计，即要写什么、怎样写的思维活动过程。广义地说，文章写作过程中的所有思维活动都可称为构思。这里所讲的构思，是指在广泛采集材料并对材料进行了潜心研究后进入的凝神细想、命题炼意、谋篇布局以及定题选技的阶段，主要包括确定主旨、选择材料、安排结构、拟写提纲等几个步骤。

编写提纲可以按照以下6个步骤进行：

(1) 拟写标题。

(2) 以判断句式写出文稿的基本观点。

(3) 考虑全文从几个方面、按什么顺序来阐述基本观点，确定大的层次，定下全文的构成框架。

(4) 考虑大层次内的段落，写出主旨。

(5) 依次考虑各自然段的安排，按照构思的顺序为准备的材料标上序码。

(6) 全面检查提纲，做必要的增、删、调、补。不同文体有不同的情况，写提纲时也有粗细之分。大型的工作报告、调查报告等，由于头绪多，纲目就较详细，每个层次的主要观点和材料都应列出来。一些小型的文稿，提纲可以粗一些，有个基本骨架便可，还有一些要求急、容量小的文稿，下笔前有个腹稿即可。

1.5.3 草拟阶段

确定提纲之后，便可动手起草。起草文稿，就是作者按照一定的思路，用具体的材料和连贯的书面语言去表述和展开提纲中的要点。起草文稿时，要注意以下几个问题：

(1) 辨别文种。文种，是文章种类的简称。应用文作者进入到具体执笔阶段时，第一件事是必须最后选定文种。虽然作者在调查研究之前，有时根据领导的意图或者某种管理的需要，已经基本选好文种，但是进入了执笔阶段，还必须进一步确定文种。一旦选择不当，不仅不合体，而且会影响应用文写作功能的实现。首先要分析写作的意图，尤其是遵命写作，更需要弄清领导的发文旨意。其次，要根据文种的特性来辨别。最后，以行文方向选择文种。

(2) 按照主旨组织文章。写作提纲是按主旨设计的思路。一般来说，如果提纲比较成熟，设想的文章脉络比较清楚，写起来也顺当，那就按提纲写下去。有时，在写作中发现原先设计的提纲并不完善，需要调整充实，甚至推倒重来，这时一定要紧扣主旨去变动，冷静地决定材料的取舍。

(3) 一气呵成。应用文写作讲究一气呵成，因为一气呵成既可争取时间，尽量提前完稿，给修改审定留有充分时间，又能保证作者思维发展的连续性，思路畅通，使全文首尾圆合，浑然一体。

1.5.4 修改审定阶段

修改审定阶段应把握以下几点：

- 检查文种选择是否正确。
- 检查主旨是否正确、单纯、统一。
- 检查材料是否真实、必要。
- 检查结构模式是否规范。
- 检查语言是否得体、准确。
- 检查标点符号是否恰当。

修改应用文的主要方法如下。

(1) 统筹法。完成应用文初稿后，撰稿者本人应从头到尾进行审阅。从基本观点到结构布局；从字、词、句到段落层次，及至标点符号。发现问题可随时留下标记，待全文审阅完毕再统一修改。这是最基本、最常用的修改方法。

(2) 读改法。这种方法是通过朗读全文，凭借听觉发现文中语句不通畅，衔接不紧密，或表达不清晰等方面的毛病，凭借语感确定修改的具体内容。

(3) 求改法。一些政策性或专业技术性较强的应用文起草完成后，还需要主动向熟悉这方面政策、业务的专家、学者或领导征求意见，发现写作中的问题。这样多方面征询意见，有利于站在新的高度，从不同角度修改文稿，以弥补个人写作的局限性。

(4) 冷却法。在撰写过程中，作者常常受一种强烈的主观意向的支配，初稿形成后往往短时间内不能摆脱这种影响，也不容易发现自己写作中的问题。这时，如果文稿不急用,就可以放一段时间,“冷却”一下,然后再动手修改。这样能够发现毛病,使文章质量得以提高。

1.6 科技应用文写作

科技应用文是一种专业性应用文,它是科技工作者在科技管理工作和科学研究活动中交流信息、处理事务、实现科技工作目的时经常使用的具有一定惯用格式的实用性文体。构成科技应用文的要素有三点:一是它的专业性,其所反映的内容必须与科技有关,这是科技应用文与其他应用文的根本区别;二是它的应用性,即直接应用于科技业务活动和科技管理工作之中;三是有一定的惯用格式。凡同时具备这三个要素的文体都应属于科技应用文的文体范畴。

科技应用文的作用主要有以下几点:

- 是指导和处理科技工作的有力工具。
- 是反映情况、汇报工作,为科学决策提供依据的重要手段。
- 是记录科技活动、描述科技成果的重要载体。
- 是传播和交流科技信息、推广应用科技成果的重要媒介。

1.6.1 科技应用文的种类

根据性质和内容,科技应用文常用的文体有六大类:一是规划计划类,如科技发展规划、战略规划、科研计划、计划任务书等;二是申请申报类,如课题(项目)申请书、科技发明申报书、专业技术职务申报表等;三是招标投标类,如招标公告、投标书等;四是合同协议类,如技术合同、科技产品联合开发合同、国际科技合作协议、科研设备引进协议书等;五是报告说明类,如可行性研究报告、课题研究报告、科研进度报告、科技工作报告、发明说明书、专利说明书等;六是鉴定评议类,如课题鉴定书、技术鉴定书、科技产品鉴定书、学术水平评议表等。

科技应用文有两种体式,一种是表格式科技应用文,如计划任务书、技术鉴定书、发明申报书等等;另一种是文章式科技应用文,如计划、规划、科技报告、科技建议书等。填写表格式科技应用文不需要考虑写作程序、结构方式或行文格式,只须按照指定栏目的要求,用简洁的文字、精练的语言、准确的评述把主要内容和行文意图表达清楚就行了。

1.6.2 科技应用文的特点

在应用文中,可以进一步地按专业区分出诸如经济应用文、科技应用文、医学应用文、军事应用文、IT应用文等。与一般应用文相比,科技类应用文有其自身的特点。

(1) 实用性。指应用文区别于其他文体的基本特征。应用文以写实的手法,反映具体情况和实际问题,致力于务实。科技应用文也一样,只是解决的问题、处理的事务内容不同而已。例如,填报《计划任务书》可使申报的选题得到上级认定或审批,并纳入科技年度计划;撰写《可行性研究报告》可以给领导决策提供科学依据或参考意见;拟写并签订技术合同,可保障合同双方当事人的权利、责任和义务,促进既定科技目标的顺利实现等。

(2) 科学性。科技应用文反映的内容、介绍的事实、阐述的原理等都是科技问题。它所反映的内容在科技上是成熟的、先进的、可行的,内容本身具有科学性。它表述的方式符合科学性要求,使用的概念准确无误,材料完全真实,数据绝对准确,专用名词、专用术语、公式符号都符合标准化、规范化要求。

(3) 程式性。科技应用文有一套固定的、惯用的行文格式和层次结构,尤其是一些表格式的科技应用文,编写格式更为严格。科技应用文的格式,有些是科技工作者在长期的科技工作实践中约定俗成的,有些是科技管理机关在总结实际工作经验的基础上规定的。实践证明,只有采用这种既定的格式和结构方式,才能使行文最简洁、最完整,最符合实际工作需要,同时又能达到提高工作效率、保证工作质量的目的。

(4) 语言特性。除了具有其他应用文的语言平实、质朴,文字简洁、精炼等共性特征外,科技应用文还有其本身的个性特征。概括地说,主要表现在五个方面:一是使用科技术语;二是运用表格、图解、照片、符号、公式等人工语言符号系统;三是语言质朴无华、简练明快,文从字顺,不用抒情、描写、拟人、夸张等修辞,不使用带感情色彩和形象色彩的语言,忌用感叹词、歇后语、方言土语、谚语以及部分语气助词和副词;四是语言准确,重要数据必须采用绝对值,要真实可靠、准确无误;五是经常使用一些意译外来词和音译外来词。

1.6.3 科技应用文的特殊要求

文章式科技应用文的写作过程与一般应用文类似,也应该经历准备、构思、草拟和修改审定等四个阶段,但也有一些特别的要求。

例如,在准备阶段,选材有特殊要求。科技应用文是在科技调研、科学考察、科学实验、科学研究、科技产品试制等科研工作结束或基本结束后,为汇报工作、总结情况、交流信息、解决问题而写的务实性文章。而科研工作的结果必然带来大量的科学现象、事例、数据、方法、结论、问题等成果材料。写作科技应用文的重点不在于搜集材料,而在于选择材料。选材,就是确定什么材料该用,什么材料不用。

选材标准一般有如下几点:

(1) 选用成熟的科技资料。如经过核准的科学事例、经过验证的科学数据、成功的技术路线和研究方法、能够推广应用的新技术和先进成果、符合事实的学术评价,等等。

(2) 选用切合题意的材料。一项科研活动过程,往往会产生丰富的资料,科技工作者可以凭借这些资料,从不同的角度写出若干主题各异的科技文章。因此,写作科技应用文时,必须根据题意选择材料。凡能准确、有力地表现主题,充分说明、论证主题思想,有助于实现写作目的的材料就选用,凡与题意无关或关系不大的材料,即使很有价值也不运用,以免文不对题。

(3) 选用典型的科技材料。在符合事实、切合题意的材料中,仍然有主要和次要、典型和一般之分。所以,选材时要选取那些重要的、典型的,能够揭示客观事物本质和规律的,能够证明科技水平和经济建设确实需要的原理、方法、事例和数据,从而增强文章的说服力和有效性。

1.6.4 科技应用文的重点

科技应用文的重点就是其主要的内容结构,即题目、开头、正文、结尾四个部分。抓住了这四个重点,一篇文章就基本形成了。

(1) 题目。这是全文的总纲,是文章中心内容的集中体现,是影响人们阅读兴趣的第一因素。因此,题目要贴切,做到文切题旨,题合文意。要明确集中地概括文意,鲜明突出地揭示主题,用最少的文字表明全篇的内容,防止文不对题。要新颖醒目,有吸引力。要通俗易懂,一目了然。

(2) 开头。这是文章的导语,多称前言、引言、概述等,但不一定非用小标题。科技应用文的开头常用开门见山的写法,一般包括:提出问题,交待写作缘由目的;提示要点,概括全文的主要内容;揭示主题,表明作者的主张和要求。但具体内容则因文章种类不同而异。例如,《科研合同书》主要是说明甲乙双方的名称,签订合同的目的和依据,是否达成了协议等;《研究报告》一定要写前言,其内容主要是介绍该项研究的起源和背景,即该课题的来源或研究缘由,研究该课题的目的或要解决什么问题,前人对这个问题做过哪些工作,已经取得了哪些成果,还有什么问题没有解决,解决这些问题在科技或国民经济发展中的理论意义和实践意义等。

(3) 正文。这是科技应用文的主体部分,其内容结构常因文章种类不同而有所不同。例如,《科技建议书》主要是提出具体的建议或方案,指出各项建议的依据,说明每项建议的作用和意义,并从技术、经济和实施条件等方面对建议进行可行性论证。《科研进度报告》主要是对本阶段的研究进度进行总体评价,报告具体的进展情况,采取了哪些措施,使用了什么方法,取得了哪些阶段性成果。本阶段的计划任务是否完成,遇到了什么困难和问题,是怎样克服的,有哪些经验教训,下一阶段的工作计划和打算,对上级或委托方有什么要求等。科技应用文的基本内容都在正文部分,所以一般都是分成若干个段落,列出若干个小标题,一个问题一个问题地分别叙述。

(4) 结尾。其作用是进一步明确文章的主旨,加深读者对全文的认识和理解。常见的结尾方式一般有概括主题、阐明结论、提出问题或建议三种。表格式应用文一般不需另加结语文字,只须按规定的栏目要求填写清楚就行。

每一种科技应用文都有不同的要求和注意事项,但无论哪种形式,写作时都要注意以下问题:

- 针对性要强。科技应用文的作用在于解决实际问题,因此要有针对性。针对性越强,实用性越高。
- 内容要真实、准确。科技应用文既要讲究实用性,又要表现出科学性,因此它的内容必须真实、准确,有科学依据。
- 格式要标准、规范。一定要遵守惯用的写作格式,力求做到标准化、规范化。文体与格式总是对应的,只有对应,才能更有效地表述内容。不能把科技论文写成科技报告,把报告与申请混淆,格式残缺会影响内容表述和行文效果。
- 语言要明确、平实。科技应用文体的表现手法一般是叙述、说明,有些兼有论证。

不能使用抒情、描写、拟人、夸张等表现手法。文字要简约、清晰、准确、平实、庄重、严谨。不能使用任何含蓄的、可能产生歧义的语言,不能过于修饰,追求华丽,要文从字顺,使人一看便懂。

课后习作:理解和熟悉应用文

1. 简答题

(1) 简述应用文的特点、分类及作用。

答:________________________________

(2) 应用文主旨确立的要求和依据有哪些?

答:________________________________

(3) 应用文正文写作都有哪些结构内容?

答:________________________________

(4) 应用文写作都有哪些语言要求?

答:________________________________

2. 分析练习题

阅读分析应用文范文。试分析指出应用文中的专用词语,并指出各属于哪类专用词语。

[**范文 1**]

国务院关于贵阳市城市总体规划的批复

国函[2013]44 号

贵州省人民政府:

你省《关于呈请批准贵阳市城市总体规划(2009—2020)的请示》(黔府呈[2010]30

号)收悉。现批复如下:

一、原则同意修订后的《贵阳市城市总体规划(2011—2020年)》(以下简称《总体规划》)。

二、贵阳是贵州省省会,我国西南地区重要的中心城市之一,全国重要的生态休闲度假旅游城市。要以科学发展观为指导,坚持经济、社会、人口、环境和资源相协调的可持续发展战略,统筹做好贵阳市城乡规划、建设和管理的各项工作。要不断增强城市综合实力和可持续发展能力,完善公共服务设施和城市功能,逐步把贵阳市建设成为经济繁荣、社会和谐、生态良好、特色鲜明的现代化城市。

三、重视城乡统筹发展。在《总体规划》确定的3121平方公里的城市规划区范围内实行城乡统一规划管理。要加强城中村和城乡结合部的整治改造,统筹规划城镇基础设施和公共服务设施建设,为周边农村提供服务。要逐步疏解老城区的人口和功能,加强金阳新区和外围组团的规划和建设,优化中心城区总体布局。要重点发展县城和基础条件好、发展潜力大的建制镇,优化村镇布局,促进农业产业化和农村经济快速发展。

四、合理控制城市规模。到2020年,中心城区城市人口规模控制在320万人以内,城市建设用地规模控制在300平方公里以内。要贯彻落实城乡规划法中"先规划、后建设"的原则,严禁在《总体规划》确定的建设用地范围之外设立各类开发区和城市新区。要坚持节约和集约利用土地,合理开发利用城市地下空间资源,切实保护好耕地,特别是基本农田。

五、完善城市基础设施体系。要加快公路、铁路和机场等交通基础设施建设,改善城市与周边地区的交通运输条件。要建立以公共交通为主体,各种交通方式相结合的多层次、多类型的城市综合交通系统,注重轨道交通的规划和建设。要统筹规划建设城市供水水源、给排水、污水和垃圾处理等基础设施,合理划定黄线保护范围。加强地下管网建设,实行统一规划、统一实施、统一管理。要重视城市防灾减灾工作,加强重点防灾设施和灾害监测预警系统的建设,建立健全包括消防、人防、防洪、防震和防地质灾害等在内的城市综合防灾体系。

六、建设资源节约型和环境友好型城市。要走节约资源、保护环境的集约化道路,坚持节流、开源、保护并重的原则,节约和集约利用资源。依靠科技进步,积极开发新能源,大力发展循环经济,切实做好节能减排工作。要坚持经济建设、城乡建设与环境建设同步规划,严格按照《总体规划》提出的各类环境保护标准限期达标。按照节能减排目标,明确责任主体,落实工作措施,严格控制高耗能行业的发展,大力推进工业、交通和建筑领域的节能。要加强城市环境综合治理,严格控制污染物排放总量,提高污水处理率和垃圾无害化处理率。划定城市水系的蓝线保护范围,加强水资源保护,严格控制地下水的开采和利用,提高水资源利用效率和效益,建设节水型城市。加强对红枫湖等风景名胜区和公园绿地、水源地、自然保护区等特殊生态功能区的保护,制订保护措施并严格实施。

七、创造良好的人居环境。要坚持以人为本,创建宜居环境,统筹安排关系人民群众切身利益的教育、医疗、市政等公共服务设施的规划布局和建设。将城市保障性住房建设纳入近期建设规划,确保保障性住房用地的供给规模、区位布局和相关资金投入,稳步推进城市和国有工矿棚户区改造,提高市民的居住和生活质量。

八、重视历史文化和风貌特色保护。要统筹协调发展与保护的关系，切实保护好城市传统风貌和格局。落实历史文化遗产保护紫线管理要求，切实保护好各级文物保护单位及其周围环境。合理划定绿线和蓝线保护范围，形成“一河、二环、三带、七点”的城市绿地和水体系统布局。要保护好自然山体、水体等景观，加强对南明河、百花湖等河湖沿岸建筑高度、体量和样式的控制引导，突出山水城市特色。

九、严格实施《总体规划》。城市建设要实现经济社会协调发展，物质文明和精神文明共同进步。城市管理要健全民主法制，坚持依法治市，构建和谐社会。《总体规划》是贵阳市城市发展、建设和管理的基本依据，城市规划区内的一切建设活动必须符合《总体规划》的要求。要结合国民经济和社会发展规划，明确实施《总体规划》的重点和建设时序。城市规划行政主管部门要依法对城市规划区范围内(包括各类开发区)的建设用地与建设活动实行统一、严格的规划管理，市级城市规划管理权不得下放，不得在《总体规划》确定的建设用地范围以外做出规划许可，切实保障《总体规划》的实施。要加强公众和社会监督，提高全社会遵守城市规划的意识。驻贵阳市各单位都要遵守有关法规及《总体规划》的要求，支持贵阳市人民政府的工作，共同努力，把贵阳市规划好、建设好、管理好。

贵阳市人民政府要根据本批复精神，认真组织实施《总体规划》，任何单位和个人不得随意改变。你省和住房城乡建设部要对《总体规划》实施工作进行指导、监督和检查。

国务院
2013 年 3 月 5 日

(此件公开发布)

答：____

____

____

____

［**范文 2**］

关于邀请参加 2016 年中国国际通信展的函

各相关单位：

由中华人民共和国工业和信息化部与中国国际贸易促进委员会主办、中国邮电器材集团公司和中国国际展览中心集团公司承办的 2016 年中国国际信息通信展览会将于 9 月 24 日至 28 日在中国国际展览中心(北京市朝阳区北三环东路 6 号)举行。

在工业和信息化部的大力支持下，中国国际信息通信展览会始终致力于展示、推广当今世界信息技术与消费电子领域的最新发展成果，迄今已成功举办 21 届，是亚洲乃至全球规模最大、最具影响力的信息通信与电子科技展览会之一。

2015 年，中国国际信息通信展览会展出规模近 50 000 平方米，来自中国大陆和香港、台湾地区，以及加拿大、印度、芬兰、法国、德国、日本、韩国、俄罗斯、新加坡、西班牙、瑞典、瑞士和美国等16个国家和地区的近500家企业、机构和展团参展。形式多样的展览展示、会议交流和互动活动吸引了政府主管部门,国际组织,中外行业协会,企事业单位,投资、咨询、科研、服务机构,高等院校以及社会大众的广泛参与,参观观众超过20万人次。来自新闻通讯社、电视台、广播电台、大众报刊、专业报刊、互联网站、新媒体等200余家媒体对展览会进行了全方位、深层次、多角度的宣传和报道。

展望2016年,中国通信产业呈现融合、智能、宽带、移动的发展趋势。作为国家战略性新兴产业,其在服务经济社会发展方面将日益发挥举足轻重的作用。2016年,中国国际信息通信展览会将定位于新一代信息技术产业,着力展示新一代移动通信、下一代互联网、三网融合、物联网、云计算、信息化行业应用、高端软件、集成电路、高端服务器、高科技消费电子产品研发与信息服务领域的相关成果。展览会现场将设立光通信测试、移动终端、移动互联网、近场通信等专区。预计2016年中国国际信息通信展览会的展出规模将超过50 000平方米。

我们诚挚地邀请贵单位选择有代表性的业务、产品、技术、应用及解决方案参加本届展览会,具体参展事宜如下:

一、展览会名称

中文:2016年中国国际信息通信展览会

英文:PT/EXPO COMM CHINA 2016

二、组织机构

主办单位:中华人民共和国工业和信息化部
　　　　　中国国际贸易促进委员会

承办单位:中国邮电器材集团公司
　　　　　中国国际展览中心集团公司

协办单位:中国通信企业协会
　　　　　中国电信集团公司
　　　　　中国移动通信集团公司
　　　　　中国联合网络通信集团有限公司

海外组织单位:美国克劳斯公司

三、参展单位范围

电信运营商,增值服务提供商,移动互联网服务和内容提供商,互动娱乐产品开发商与服务提供商,信息服务提供商,网络设备制造商,系统设备制造,集成商,解决方案提供商,终端产品制造商,消费电子产品制造商,通信测试设备软件提供商,通信配套产品提供商,信息通信科研,设计、施工、咨询、投资机构,科研机构及媒体等。

四、展示内容范围

详见附件1。

五、展位规格、配置与价格

详见附件2。

六、展览同期举行的高层论坛和会议

本届展览会期间,组办单位将组织包括有中国ICT领域达沃斯之称的ICT中国·

2016高层论坛等多场行业会议和高层论坛。届时，组办单位将邀请政府主管部门领导、中外信息通信与电子制造领域知名企业代表、知名IT/互联网企业代表、专家学者与媒体等到会，共同探讨信息通信技术、业务和应用的未来发展，促进业内交流与商务合作。

有关具体安排将另行公布。

七、参展办法

申请参展的单位须填写附件2的参展申请表并加盖公章，传真或扫描电邮至中国国际广告公司，提交参展申请，双方协商确定展位后签订正式参展合同。先签订参展合同并支付定金的单位优先安排展位。

八、组办单位联系方式

（包括联系单位、地址、邮政编码、传真、联系人等内容。此处略。）

了解本届展览会详情及往届展览会概况、关注展会动态、下载本通知及参展申请表等，敬请登录官方网站：www.ptexpo.com.cn。

（附件1、附件2略。）

答：______

3. 习作总结

______

4. 习作评价（教师）

______

延伸阅读：答司马谏议书

北宋　王安石

本文选自王安石所著《临川先生文集》。王安石（1021—1086），抚州人，北宋杰出的文学家、思想家、政治家，曾两次出任宰相。唐宋八大家之一，在诗、词、散文等方面都有独特的成就。王安石坚持推行变法，世称“王安石变法”。篇中对司马光加给作者的“侵官、生事、征利、拒谏、怨谤”五个罪名逐一作了反驳，并批评士大夫阶层的因循守旧，表明坚持变法的决心。言辞犀利，针锋相对，是古代的驳论名篇之一。

原文

某启：昨日蒙教，窃以为与君实游处相好之日久，而议事每不合，所操之术多异故也。虽欲强(qiǎng)聒(guō)，终必不蒙见察，故略上报，不复一一自辨。重念蒙君实视遇厚，于反复不宜卤莽，故今具道所以，冀君实或见恕也。

盖儒者所争，尤在名实，名实已明，而天下之理得矣。今君实所以见教者，以为侵官、生事、征利、拒谏，以致天下怨谤也。某则以为受命于人主，议法度而修之于朝廷，以授之于有司，不为侵官；举先王之政，以兴利除弊，不为生事；为天下理财，不为征利；辟(pì)邪说，难(nàn)壬(rén)人，不为拒谏。至于怨诽(fěi)之多，则固前知其如此也。

人习于苟且非一日，士大夫多以不恤(xù)国事、同俗自媚于众为善，上乃欲变此，而某不量敌之众寡，欲出力助上以抗之，则众何为而不汹汹然？盘庚(gēng)之迁，胥怨者民也，非特朝廷士大夫而已。盘庚不为怨者故改其度，度义而后动，是而不见可悔故也。如君实责我以在位久，未能助上大有为，以膏泽斯民，则某知罪矣；如曰今日当一切不事事，守前所为而已，则非某之所敢知。

无由会晤(wù)，不任区区向往之至。

译文

我王安石说：昨天承蒙(您来信)指教，我私下认为与君实您交往相好的日子很久了，但是议论起政事来(意见)常常不一致，(这是因为我们)所持的政治主张和方法大多不同的缘故啊。虽然想要(向您)硬啰嗦几句，(但)终究一定(是)不能蒙受(您)考虑(我的意见)，所以(我)只是简单地给您写了封回信，不再一一为自己辩解了。再三考虑君实对我的重视厚遇，在书信往来上不应该粗疏草率，所以现在详细地说出我之所以这样做的理由，希望您或许能够宽恕我吧。

有学问的读书人所争论的问题，特别注重于名义和实际(是否相符)。如果名义和实际的关系已经明确了，那么天下的大道理也就清晰了。现在君实您用来指教我的，是认为我(推行新法)侵夺了官吏们的职权，制造了事端，争夺了百姓的财利，拒绝接受不同的意见，因而招致天下人的怨恨和诽谤。我却认为从皇帝那里接受命令，议订法令制度，又在朝廷上修正(决定)，把它交给负有专责的官吏(去执行)，(这)不能算是侵夺官权；实行古代贤明君主的政策，用它来兴办(对天下)有利的事业、消除(种种)弊病，(这)不能算是制造事端；为天下治理整顿财政，(这)不能算是(与百姓)争夺财利；抨击不正确的言论，驳斥巧辩的坏人，(这)不能算是拒绝接受(他人的)规劝。至于(社会上对我的)那么多怨恨和诽谤，那是我本来早就料到它会这样的。

人们习惯于苟且偷安、得过且过(已)不是一天(的事)了。士大夫们多数把不顾国家大事、附和世俗(的见解)，向众人献媚讨好当做好事，(因而)皇上才要改变这种(不良)风气，那么我不去估量反对者的多少，想拿出(自己的)力量帮助皇上来抵制这股势力，(这样一来)那么那些人又怎么会不(对我)大吵大闹呢？盘庚迁都(的时候)，连老百姓都抱怨啊，(并)不只是朝廷上的士大夫(加以反对)；盘庚不因为有人怨恨的缘故就改变自己的计划；(这是他)考虑到(迁都)合理，然后坚决行动；认为对(就)看不出有什么可以后悔的缘故啊。如果君实您责备我是因为(我)在位任职很久,没能帮助皇上干一番大事业,使这些老百姓得到好处,那么我承认(自己是)有罪的;如果说现在应该什么事都不去做,墨守前人的陈规旧法就是了,那就不是我敢领教的了。

没有机会(与您)见面,内心实在仰慕到极点。

注释:

(1) 司马谏议,指司马光,字君实,北宋政治家、史学家,时任翰林学士、右谏议大夫。曾写信反对王安石变法。

(2) 游处:交往共处。

(3) 所操之术:所持的主张和方法。

(4) 强聒:强作解说。聒:喧扰,嘈杂,这里指多话。

(5) 上报:回信。

(6) 视遇:看待。

(7) 反复:指书信往来。

(8) 名实:名义和实际。

(9) 侵官、生事、征利、拒谏:这是司马光信中指责王安石变法的四条罪状。侵官,增设新官,侵犯原来官吏的职权。生事,废旧立新,名目繁多,生事扰民。征利,设法生财,与民争利。拒谏,拒绝接受意见。

(10) 修:修正。

(11) 难壬(rén)人:批驳巧言献媚的人。壬人,奸人,佞人。指巧言谄媚、不行正道的人。

(12) 汹汹然:大声吵闹的样子。

(13) 盘庚之迁:商朝君主盘庚即位后,认为国都设在商地(今河南商丘),不适宜实行教化,决定迁都亳(bó)(今河南偃师),改国号为殷。见《尚书·盘庚》。

(14) 胥(xū):相与,都。

(15) 膏泽:恩惠,这里作动词用。

(16) 不任区区向往之至:意思是不胜敬仰。这是旧时写信的客套话。不任,不胜。区区,情意诚挚。小,指自己。自称的谦辞。向往之至,仰慕到极点。

(17) 蒙教:承蒙赐教。指接到司马光的信。

(18) 窃:谦辞,私下。代"我"。

(19) 视遇:对待。

(20) 举先王之政:举,实行。

文体知识

本文是书信体驳论文。全文主要驳斥以司马光谏议为代表的保守派对新法的指责。王安石的说理文见识高超、论辩犀利。

主旨:全文立论的论点是针对司马光认为新法"侵官、生事、征利、拒谏、致怨"的指责,指出儒者所争,尤在于名实。名实已明,而天下之理得矣,从而说明变法是正确的。司马光的攻击名实不符,全是谬论。文章逐条驳斥司马光的谬论,揭露出他们保守、腐朽的本质,表示出作者坚持改革,绝不为流言俗语所动的决心。

资料来源:百度百科(http://baike.baidu.com/)

第2章 chapter 2

软件文档编制规范

任何工程项目都要经过计划、设计、施工、检验等一系列步骤，在这些步骤中，资料和图纸是绝对必需的。图纸和资料中记载了大量数据、方案、报表、图示和文字说明等有关工程项目的重要信息。与之相对应，软件工程的文件资料在软件生存周期中的地位和作用就显得更加突出了。

一款计算机软件的筹划、研制及实现构成一个软件开发项目。一个软件开发项目的进行一般需要在人力和自动化资源等方面做重大的投资。为了保证项目开发的成功，最经济地花费这些投资，并且便于运行和维护，在开发工作的每一阶段都需要编制一定的文件。这些文件连同计算机程序及数据一起构成为计算机软件。这些文件作为软件产品的主要形式，集中体现了软件开发人员的大量脑力劳动成果，是软件不可缺少的组成部分。

课前阅读：文档工程师

文档工程师是指协同开发人员收集资料、安排开发计划、编写企业项目开发所需的各类文档，同时保证文档质量、安全等的技术人员。他们肩负着软件开发过程中信息处理与整合的重要职责。面对“文档”，他们需要完成包括安排开发计划、制定各类模板、跟踪编写进度以及编辑管理等一系列工作，实现文档处理的服务。

文档工程师的主要工作内容如下：

(1) 按照公司文档开发规范进行产品的用户文档编写工作，并完成日常维护。

(2) 制定用户文档的开发计划，并控制计划的执行。

(3) 集中存储所有文档资料，保证文档版本与代码版本的一致性，维护文档资料的索引表，定期备份文档资料。

(4) 参与文档的标准化、制度化、规范化等工作。

(5) 参与联机文档编译和测试，开展相关的技术支持工作。

(6) 编写产品指标说明书、使用手册，制作演示幻灯片，完成公司宣传册设计、公司网站维护等工作。

文档工程师的职业要求包括如下几点：

(1) 教育培训：一般要求本科及以上学历，通信、计算机、电子、无线电、自动控制等专业。

(2) 工作经验：需具有产品开发和文档编写及绘图软件使用的经验，熟悉软件测试流程、步骤及规范，能够独立设计测试方案，编写测试计划和测试报告；能熟练运用各种办公软件，且尽可能学会使用IBM Rational Rose等软件工程方面的软件；具备良好的逻辑思维能力，思路清晰，能够清楚、简明地陈述问题；具备较强的文字表达能力，擅长综合和归纳，尤其是要具有较高的专业英语阅读和写作水准；工作细致耐心，拥有较好的沟通技巧、抗压能力及团队合作精神，较强的责任感及进取精神。

(3) 优秀的文档工程师实际是一种复合型人才，他们不仅擅长文档的编写，同时对于所编写文档的项目或产品涉及的其他领域，包括电子、通信、无线电等有广泛的了解；对于软件文档，优秀的文档工程师不仅熟悉编写过程，也了解最后的测试、运行，这样才能总体把握各个环节，真正扮演好“信息处理中心”的角色。

随着企业之间竞争的加剧，能够给用户提供清晰易懂、功能全面的文档已成为公司产品的一个优势。随着企业规模的不断壮大，一些重要的文档需要进行有效的管理和保存，而有的程序开发人员不愿书写文档，这都造成了对文档工程师的大量需求。文档工程师需要具备全面的公司产品知识、工作技能和一定的计算机知识。

在国内，文档工程师是近几年才被人们逐步重视起来的。较之国外，人才的数量素质和相关的管理规范都存在较大差距。因此，具有海外学习工作或外资企业等工作经验的人才更具有吸引力。多数文档工程师受雇于外企，负责英文文档写作，这些文档包括系统说明、配置手册、用户手册、维护手册和联机帮助等。

在专业方向上，文档工程师往往拥有与C/C++软件工程师、Java软件工程师、.NET软件工程师、PHP软件工程师、软件测试工程师等相似的专业背景，或直接由其分化演变而来，因而具备这些职业的技术能力和工作经验，可向高级工程师、总设计师、总工程师等方向发展。

在管理方向上，该领域中具备较强统筹能力、沟通能力、管理能力的技术人员可考虑向IT项目经理、技术经理、研发经理等方向晋升。

习作点评

这里是针对本书第1章“应用文写作基础”布置的课后习作而在课堂上开展师生互动讨论的教学环节设计。

请记录：你希望在课堂上讨论和澄清的问题是：

(1) ______________________________

____

(2) ______________________________

____

(3) ______________________________

____

(4) ______________________________

(5) ____

____

2.1 目的和作用

软件文件(document),通常又称为文档,是指与软件研制、程序开发、维护和使用有关的材料,是以人们可读的形式出现的技术数据和信息,是计算机软件的重要组成部分。没有软件文件的程序,将不可能成为软件产品。

软件文件包括计算机列表和打印输出。它们描述或规定软件设计的细节;说明软件具备的功能;说明为使用软件,以便从软件系统得到所期望的结果而提供的操作命令。软件文件和计算机程序共同构成了能完成特定功能的计算机软件。编写软件文件,在内容和形式上可根据软件项目的规模和实际要求有所侧重和选择。

我们知道,硬件产品和产品资料在整个生产过程中都是有形可见的,软件生产则有很大不同,文件本身就是软件产品的一部分。没有文件的软件不成为软件,更谈不上软件产品。软件文件的编制在软件开发工作中占有突出地位和相当的工作量,高效率和高质量地开发、分发、管理和维护文件对于转让、变更、修正、扩充和使用文件,充分发挥软件产品的效益具有重要意义。

软件文件的作用可概括为以下几点:

(1) 提高软件开发过程的能见度。把软件开发过程中一些"不可见的"事物转变为"可见的"文字资料,以使管理人员在软件开发各阶段进行进度控制及软件质量管理。管理人员可把文件中记载的材料作为检查软件开发质量的依据,从而提高所开发软件的质量。

(2) 提高开发效率。软件文件的编制将使开发人员对各个阶段的工作都进行周密思考、全盘权衡,从而减少返工,并可在开发早期发现错误及不一致性,便于及时纠正。

(3) 作为开发人员在一定阶段内的工作成果和结束标志。

(4) 记录开发过程中的相关技术信息,便于协调以后的软件开发、使用和维护。

(5) 提供对软件的运行、维护和培训的相关信息,便于管理人员、开发人员、操作人员和用户之间的协作、交流和了解,使软件开发活动更加科学、更有成效。

(6) 便于潜在用户了解软件的功能、性能等各项指标,为他们选购符合自己需求的软件提供依据。

在软件文件的编写过程中积极使用文件编制工具,如文本编辑程序等,有助于提高工作效率,加强对文件的维护,保证文件的质量。《软件文档管理指南》(GB/T 16680—1996)为那些对软件或基于软件产品的开发负有职责的管理者提供了软件文档的管理指南。

有关软件工程的各项国家标准对软件文件的编制做出了具体而详尽的叙述。例如,《计算机软件产品开发文件编制指南》(GB/T 8567—1988,后升级为《计算机软件文档编制规范》GB/T 8567—2006)、《计算机软件需求说明编制指南》(GB/T 9385—2008)、《计算机软件测试文件编制规范》(GB/T 9386—2008)等有关软件工程的国家标准规定了软件开发过程中的各种文件以及文件的具体内容。

《计算机软件产品开发文件编制指南》建议在软件的开发过程中编制如下 14 种文件,即可行性研究报告、项目开发计划、软件需求说明书、数据要求说明书、概要设计说明书、详细设计说明书、数据库设计说明书、用户手册、操作手册、模块开发卷宗、测试计划、测试分析报告、开发进度月报以及项目开发总结报告等。

《计算机软件文档编制规范》建议在软件的开发过程中编制如下 18 种文件,即可行性分析(研究)报告、软件(或项目)开发计划、软件需求规格说明、接口需求规格说明、系统/子系统设计(结构设计)说明、软件(结构)设计说明、接口设计说明、数据库(顶层)设计说明、(软件)用户手册、操作手册、测试计划、测试报告、软件配置管理计划、软件质量保证计划、开发进度月报、项目开发总结报告、软件产品规格说明以及软件版本说明等。

2.2 软件生存周期与各种文件的编制

因为软件产品文件是在软件开发过程中产生的,故与软件生存周期有着密切关系。对于一款软件而言,其生存周期各阶段与各种文件编写的关系如表 2-1 所示,其中有些文件的编写工作可能要在若干个阶段中延续进行。

表 2-1 软件生存周期各阶段中的文件编制

文　　件	可行性研究与计划	需求分析	设　计	实　现	测　试	使用与维护
可行性研究报告	√					
项目开发计划	√	√				
软件需求说明书		√				
数据要求说明书		√				
测试计划		√	√			
概要设计说明书			√			
详细设计说明书			√			
数据库设计说明书			√			
模块开发卷宗				√	√	
用户手册		√	√	√		
操作手册			√	√		
测试分析报告					√	
开发进度月报	√	√	√	√	√	
项目开发总结					√	

(1) 在可行性研究与计划阶段,要确定该软件的开发目标和总的要求,要进行可行性分析、成本-收益分析,制订开发计划,并完成应编制的文件。

(2) 在需求分析阶段,由系统分析人员对所设计的系统进行系统分析,确定对该软件的各项功能、性能需求和设计约束,确定对文件编制的要求。作为本阶段工作的结果,一般应编写出软件需求说明书、数据要求说明书和初步的用户手册。

(3) 在设计阶段,系统设计人员和程序设计人员应该在反复理解软件需求的基础上提出多个设计,分析每个设计能履行的功能,并进行相互比较。最后确定一个设计,包括该软件的结构、模块的划分、功能的分配以及处理流程。在所设计系统比较复杂的情况下,设计阶段应分解成概要设计阶段和详细设计阶段两个步骤。这时,应完成的文件包括概要设计说明书、详细设计说明书和测试计划的初稿等。

(4) 在实现阶段,要完成源程序的编码、编译(或汇编)和排错调试,得到无语法错误的程序清单,要开始编写模块开发卷宗,并且要完成用户手册、操作手册等面向用户文件的编写工作,还要完成测试计划的编制。

(5) 在测试阶段,该程序将被全面测试,已编制的文件将被检查审阅。一般要完成模块开发卷宗和测试分析报告,作为开发工作的结束,所生产的程序、文件以及开发工作本身将逐项被评价,最后写出项目开发总结报告。

(6) 在整个开发过程中(即软件生存周期的前五个阶段中),开发集体要按月编写开发进度月报。

(7) 在运行和维护阶段,软件将在运行使用中不断被维护,根据新提出的需求进行必要且可能的扩充和删改。

2.3 文件编制中考虑的因素

文件编制是一个不断努力的工作过程,是一个从形成最初轮廓,经反复检查和修改,直到程序和文件正式交付使用的完整过程。其中每一步都要求工作人员付出很大努力。要保证文件编制的质量,要体现每个开发项目的特点,也要注意不要花费太多的人力。为此,编制中要考虑如下各项因素。

2.3.1 文件的读者

对于使用文件的人员而言,他们所关心的文件种类随他们所承担的工作而异。每一种文件都具有特定的读者。这些读者包括个人或小组、软件开发单位的成员或社会上的公众、从事软件工作的技术人员、管理人员或领导干部。他们期待着使用这些文件的内容来工作,例如设计、编写程序、测试、使用、维护或进行计划管理。因此,这些文件的作者必须了解自己的读者,这些文件的编写必须注意适应自己特定读者的水平、特点和要求。

软件文件在软件开发人员、软件管理人员、维护人员、用户以及计算机之间的多种桥梁作用如图 2-1 所示。

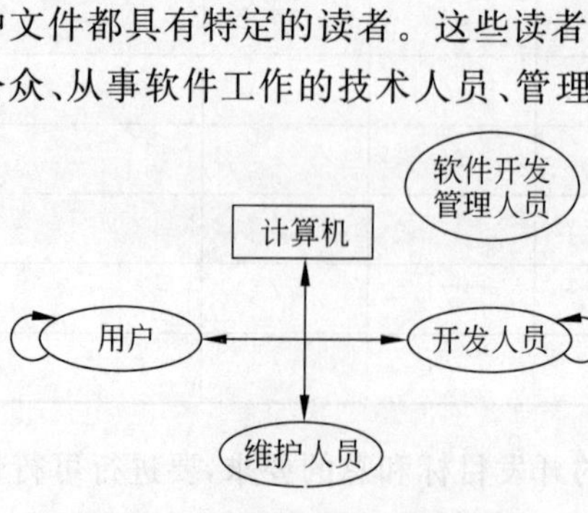

图 2-1 软件文件的桥梁作用

在各个阶段中，软件开发人员以文件作为前阶段工作成果的体现和后阶段工作的依据，这个作用是显而易见的。软件开发过程中，软件开发人员需制定一些计划或工作报告，这些计划和报告都要提供给管理人员，并得到必要的支持。管理人员则可通过这些文件了解软件开发项目的安排、进度、资源使用和成果等。软件开发人员还需为用户了解软件的使用和维护提供详细资料。

各类人员所关心的软件文件如表 2-2 所示。

表 2-2 各类人员与软件文件的关系

文件	管理人员	开发人员	维护人员	用户
可行性研究报告	√	√		
项目开发计划	√	√		
软件需求说明书		√		
数据要求说明书		√		
测试计划		√		
概要设计说明书		√	√	
详细设计说明书		√	√	
数据库设计说明书		√		
模块开发卷宗	√		√	
用户手册				√
操作手册				√
测试分析报告		√	√	
开发进度月报	√			
项目开发总结	√			

2.3.2 文件内容的重复性

为了方便每种文件各自的读者，每种产品文件应该自成体系，尽量避免读一种文件时又不得不去参考另一种文件。因此，各个软件文件在内容上应该有一定的重复。如在 GB/T8567—1988 列出的 14 种软件文件的内容要求中，存在着某些重复。较明显的重复有两类，即第一类引言，这是每一种文件都要包含的内容，以向读者提供总的梗概；第二类是各种文件中的说明部分，如对功能、性能的说明，对输入和输出的描述，系统中包含的设备等。当然，在每一种文件里，有关引言、说明等同其他文件相重复的部分，在行文上、在所用的术语上、在详细程度上，还是应该有一些差别，以适应各种文件不同读者的需要。

2.3.3 文件内容的灵活性

由于不同软件在规模上和复杂程度上差别极大，在国家标准所要求的软件文件的编制中,还允许有一定的灵活性,其表现如下。

1. 应编制的文件种类

针对一项具体的软件开发项目,有时不必编制这么多的文件,可以把几种文件合并成一种。一般来说,当项目的规模、复杂性和成败风险增大时,文件编制的范围、管理手续和详细程度将随之增加。反之,则可适当减少。为了恰当地掌握这种灵活性,应注意以下几个方面:

(1) 软件开发单位的领导机构应该根据本单位从事的应用软件的专业领域和本单位的管理能力,制定对文件编制要求的实施规定。主要内容如下:在不同的条件下,应该形成哪些文件和这些文件的详细程度。该开发单位的每一个项目负责人必须认真执行这个实施规定。

(2) 对于一个具体的应用软件项目,项目负责人应根据上述实施规定确定一个文件编制计划,其中包括:

- 应该编制哪几种文件,详细程度如何。
- 各个文件的编制负责人和进度要求。
- 审查、批准的负责人和时间进度安排。
- 在开发时期内,各文件的维护、修改和管理的负责人,以及批准手续。

软件文件的编制是整个开发计划的重要组成部分,其中的每项工作都必须落实到人。

(3) 有关的设计人员则必须严格执行这个文件编制计划。

2. 文件的详细程度

文件的详细程度取决于任务的规模、复杂性和项目负责人对该软件的开发过程及运行环境所需要的详细程度的判断。

3. 文件的扩展

当被开发系统的规模非常大时,一种文件可以分成几卷编写,可以按其中每一个系统分别编制,也可以按内容划分成多卷,例如:

- 项目开发计划可能包括质量保证计划、配置管理计划、用户培训计划和安装实施计划。
- 系统设计说明书可分写成系统设计说明书、子系统设计说明书。
- 程序设计说明书可分写成程序设计说明书、接口设计说明书、版本说明。
- 操作手册可分写成操作手册、安装实施过程。
- 测试计划可分写成测试计划、测试设计说明、测试规程、测试用例。
- 测试分析报告可分写成综合测试报告、验收测试报告。

项目开发总结报告亦可分写成项目开发总结报告和资源环境统计等。

4. 节的扩张与缩并

国家标准所建议的所有各条都可以扩展，可以进一步细分，以适应实际需要。反之，如果章条中的有些细节并非必需，也可以根据实际情况缩并。

5. 程序设计的表现形式

程序的设计表现形式可以是流程图、判定表，也可以是其他表现形式，如程序设计语言(PDL)、问题分析图(PAD)等。

6. 文件的表现形式

对于文件的表现形式没有规定或限制，可以使用自然语言，也可以使用形式化语言。

7. 文件的其他种类

当国家标准中规定的文件种类尚不能满足某些应用部门的特殊需要时，可以建立一些特殊的文件种类要求，例如软件质量保证计划、软件配置管理计划等，这些要求可以包含在本单位的文件编制实施规定中。

各种软件文件是在软件生存周期中随着各阶段工作的开展进行编制的。其中有的只反映一个阶段的工作，有的则需跨越多个阶段。这些文件最终要向软件管理部门或是向用户回答以下问题：

- 哪些需求要被满足，即回答“做什么”。
- 所开发的软件在什么环境下实现以及所需信息从哪里来，即回答“从何处”。
- 某些开发工作采用怎样的时间安排，即回答“何时干”。
- 某些开发(或维护)工作打算由“谁来干”。
- 某些需求是怎么实现的。
- 为什么要进行那些软件开发或维护修改工作。

2.4 文件编制实施规定的实例

为了控制文件编制中存在的灵活性，保证文件编制能达到应该达到的目的，对于具体的软件开发任务，应编制的文件种类、详细程度等取决于开发单位的管理能力、任务的规模、复杂性和成败风险等因素。一个软件开发单位应该制定一个文件编制实施规定，说明在什么情况下应该编制哪些文件。下面的例子说明了如何建立这种实施规定，使项目负责人能确定本项目开发过程中应编制的文件的种类。

例 1 此例规定用求和法来确定应编制的文件。该方法的要点是提出 12 个考虑因素来衡量一个应用软件，每个因素可能取值的范围是 1～5。任务负责人可用这 12 个因素对所要开发的程序进行衡量，确定每个因素的具体值。把这 12 个因素的值相加，得到一个总和。然后由这个总和的值来确定应该编制的文件的种类。使用这个方法的具体过程如下：

(1) 按表 2-3 中的 12 个因素衡量所要开发的程序，得到每个因素的值。

表 2-3　文件编制的 12 项衡量因素

序号	因素	因素取值准则				
		1	2	3	4	5
1	创造性要求	没有——在不同设备上重编程序	很少——具有更严格的要求	有限——具有新的接口	相当多——应用现有的技巧	重大的——应用先进的技巧
2	通用程度	很强的限制——单一目标	有限制——功能范围是参量化的	有限的灵活性——允许格式上有某些变化	多用途、灵活的格式——有一个主题领域	很灵活——能在不同设备上处理范围广泛主题
3	工作范围	局部单位	本地应用	行业推广	全国推广	国际项目
4	目标范围的变化	没有	极少	偶尔有	经常	不断
5	设备复杂性	单机、常规处理	单机、常规处理,扩充的外设系统	多机,标准外设系统	多机,复杂的外设系统	主机控制系统,多机,自动 I/O 显示
6	人员	1～2 人	3～5 人	5～10 人	10～19 人	19 人以上
7	开发投资	6 人月以下	6 人月至 3 人年	3～10 人年	10～30 人年	30 人年以上
8	重要程度	数据处理	常规过程控制	人身安全	单位成败	国家安危
9	对程序改变的完成时间要求	2 周以上	1～2 周	3～9 天	1～3 天	24 小时以内
10	对数据输入的响应时间要求	2 周以上	1～2 周	1～9 天	1～24 小时	60 分钟以内
11	程序语言	高级语言	高级语言带一些汇编	高级语言带相当多汇编	汇编语言	机器语言
12	并行的软件开发	没有	有限	中等程序	很多	完全并行开发

(2) 把衡量所得的各个因素的值相加,得到总和。

(3) 根据总和,从表 2-4 查出应编制的文件的种类。

表 2-4　各项因素总和同文件编制要求的关系

	可行性研究报告	项目开发计划	软件需求说明书	数据要求说明书	概要设计说明书	详细设计说明书	数据库设计说明书	用户手册	操作手册	模块开发卷宗	测试计划	测试分析报告	项目开发总结报告	开发进度月报
12～19		√						√				√	①	
16～26		√	√	③			③	√		√	√	②	√	√
24～39	√	√	√	③			③	√	√		√	②	√	√
36～50	√	√	√	③	√		③	√	√	√	√	√	√	√
49～60	√	√	√	③	√	√	③	√	√	√	√	√	√	√

① 在因素总和较低的情况下,总结报告的内容应包括：程序的主要功能、基本流程、测试结果和使用说明。

② 测试分析报告应该写,但不必很正规。

③ 数据要求说明和数据库设计说明是否需要编写,应根据所开发软件的实际需要来决定。

例 2 为了避免在软件开发中文件编制的不足或过分，一个简便的办法是把对软件文件的编制要求同软件的规模大小联系起来，这就是本例的出发点。软件的规模不妨分为以下 4 级：

(1) 小规模软件——源程序行数小于 5000 的软件。

(2) 中规模软件——源程序行数为 10 000～50 000 的软件。

(3) 大规模软件——源程序行数为 100 000～500 000 的软件。

(4) 特大规模软件——源程序行数大于 500 000 的软件。

对上述四级软件的文件编制要求分别列于表 2-5。

表 2-5 软件产品文件体系

<table>
<tr><th>小规模软件</th><th>中规模软件</th><th>大规模软件</th><th>特大规模软件</th></tr>
<tr><td rowspan="5">软件需求与开发计划</td><td rowspan="2">项目开发计划</td><td>可行性研究报告</td><td rowspan="14">对应于大规模软件，所规定的文件可进一步细分</td></tr>
<tr><td>项目开发计划</td></tr>
<tr><td rowspan="2">软件需求说明</td><td>软件需求说明</td></tr>
<tr><td>数据要求说明</td></tr>
<tr><td>测试计划</td><td>测试计划</td></tr>
<tr><td rowspan="3">软件设计说明</td><td rowspan="3">软件设计说明</td><td>概要设计说明</td></tr>
<tr><td>详细设计说明</td></tr>
<tr><td>数据库设计说明</td></tr>
<tr><td rowspan="2">使用说明</td><td rowspan="2">使用说明</td><td>用户手册</td></tr>
<tr><td>操作手册</td></tr>
<tr><td rowspan="2">测试分析报告</td><td>模块开发卷宗</td><td>模块开发卷宗</td></tr>
<tr><td>测试分析报告</td><td>测试分析报告</td></tr>
<tr><td rowspan="2">项目开发总结</td><td>开发进度月报</td><td>开发进度月报</td></tr>
<tr><td>项目开发总结</td><td>项目开发总结</td></tr>
</table>

至于源程序行数为 5000～10 000 和 50 000～100 000 的软件，其文件编制要求介于两级之间，可根据一个软件产品的具体情况，由项目负责人参照表 2-5 的规定确定需要编制的文件种类。

对于源程序行数大于 500 000 的特大规模软件，可进一步把本指南规定的文件按实际需要扩展成更多种类。

2.5 文件编制的质量要求

国家标准给出的各种软件文件的编制提示,同时也是这些文件的质量检验准则。

为了使软件文件能起到前面所提到的多种桥梁作用,使它有助于程序员编制程序、有助于管理人员监督和管理软件开发、有助于用户了解软件的工作和应做的操作、有助于维护人员进行有效的修改和扩充,文件的编制必须保证一定的质量。质量差的软件文件不仅使读者难以理解,给使用者造成许多不便,而且会削弱对软件的管理(管理人员难以确认和评价开发工作的进展),提高软件的成本(一些工作可能被迫返工),甚至造成更加有害的后果(如误操作等)。

造成软件文件质量不高的原因可能有以下两种:

(1) 缺乏实践经验,缺乏评价文件质量的标准。

(2) 不重视文件编写工作或是对文件编写工作的安排不恰当。最常见的情况是,软件开发过程中,不能按表2-1给出的进度分阶段及时完成文件的编制工作,而是在开发工作接近完成时集中人力专门编写文件。另一方面,和程序工作相比,许多人对编制文件不感兴趣。于是在程序工作完成以后,不得不对付一下,把要求提供的文件赶写出来。这样的做法不可能得到高质量的文件。实际上,要得到真正高质量的文件并不容易,除去应在认识上对文件工作给予足够的重视外,常常需要经过编写初稿,听取意见进行修改,甚至要经过重新改写的过程。

高质量的文件应当体现在以下一些方面:

(1) 针对性:文件编制以前应分清读者对象,按不同类型、不同层次的读者决定怎样适应他们的需要。例如,管理文件主要是面向管理人员的,用户文件主要是面向用户的,这两类文件不应像开发文件(面向软件开发人员)那样过多使用软件的专业术语。

(2) 精确性:文件的行文应当十分确切,不能出现多义性的描述。同一课题的若干文件内容应该是协调一致、没有矛盾的。

(3) 清晰性:文件编写应力求简明,如有可能,配以适当图表,以增强其清晰性。

(4) 完整性:任何一个文件都应是完整的、独立的,它应自成体系。例如,前言部分应作一般性介绍,文本给出中心内容,必要时还有附录,列出参考资料等。同一课题的几个文件之间可能有些部分相同,这些重复是必要的。例如,同一项目的用户手册和操作手册中关于本项目功能、性能、实现环境等方面的描述是没有差别的。特别要避免在文件中出现转引其他文件内容的情况。比如,一些段落并未具体描述,而用"见××文件××节"的方式,这将给读者带来许多不便。

(5) 灵活性:各个不同的软件项目,其规模和复杂程度有着许多实际差别,不能一律看待。

(6) 可追溯性:由于各开发阶段编制的文件与各阶段完成的工作有着紧密关系,前后两个阶段生成的文件,随着开发工作的逐步扩展具有一定的继承关系。在一个项目各开发阶段之间提供的文件必定存在着可追溯的关系。例如,某一项软件需求,必定在设计说明书、测试计划甚至用户手册中有所体现。必要时应能做到跟踪追查。

2.6 文件的管理和维护

在整个软件生存周期中，各种文件作为半成品或最后成品，会不断地生成、修改或补充。为了得到最终高质量的产品，达到上面提出的质量要求，必须加强对文件的管理。

文件的编制工作实际贯穿于一项软件的整个开发过程。因此，对文件的管理必须贯穿于整个开发过程。

2.6.1 文件的形成

开发集体中的每个成员，尤其是项目负责人，应该认识到：文件是软件产品的必不可少的组成部分；在软件开发过程的各个阶段中，必须按照规定及时地完成各种产品文件的编写工作；必须把在一个开发步骤中做出的决定和取得的结果及时地写入文件；开发集体必须及时地对这些文件进行严格的评审；这些文件的形成是各个阶段开发工作正式完成的标志。这些文件上必须有编写者、评审者和批准者的签字，必须有编写、评审完成的日期和批准的日期。

2.6.2 文件的分类与标识

在软件开发的过程中，产生的文件是很多的。为了便于保存、查找、使用和修改，应该对文件按层次加以分类组织。一个软件开发单位应该建立一个对本单位文件的标识方法，使文件的每一页都具有明确的标识。例如，可以按如下四个层次对文件加以分类和标识：

(1) 文件所属项目的标识。

(2) 文件种类的标识。

(3) 同一种文件的不同版本号。

(4) 页号。

此外，对每种文件，还应根据项目的性质划定它们各自的保密级别，确定它们各自的发行范围。

2.6.3 文件控制

在一款软件的开发过程中，随着程序的逐步形成和逐步修改，各种文件亦在不断地产生、不断地修改或补充。因此，必须加以周密的控制，以保持文件与程序产品的一致性，保持各个文件之间的一致性和文件的安全性。这种控制表现如下：

(1) 就从事一项软件开发工作的开发集体而言，应设置一位专职文件管理人员(接口管理工程师或文件管理员)；在开发集体中，应该集中保管本项目现有全部文件的主文本两套，由该文件管理人员负责保管。

(2) 每份提交给文件管理人员的文件必须具有编写人、审核人和批准人的签字。

(3) 这两套主文本的内容必须完全一致;其中有一套是可供出借的,另一套是绝对不能出借的,以免发生万一;可出借的主文本在出借时必须办理出借手续,归还时办理注销出借手续。

(4) 开发集体中的工作人员可以根据工作的需要,在本项目的开发过程中持有一些文件,即所谓个人文件。包括为使他完成所承担的任务而需要的文件,以及他在完成任务过程中所编制的文件。但这种个人文件必须是主文本的复制品,必须同主文本完全一致,若要修改,必须首先修改主文本。

(5) 不同开发人员所拥有的个人文件通常是主文本的各种子集。所谓子集,是指把主文本的各个部分根据承担不同任务的人员或部门的工作需要加以复制、组装而成的若干个文件的集合。文件管理人员应该列出一份不同子集分发对象的清单,按照清单及时把文件分发给有关人员或部门。

(6) 如果一份文件已经被另一份新的文件所代替,则原文件应该被注销;文件管理人要随时整理主文本,及时反映文件的变化和增加情况,及时分发文件。

(7) 当一个项目的开发工作临近结束时,文件管理人员应逐个收回开发集体内每个成员的个人文件,并检查这些个人文件的内容。经验表明,这些个人文件往往可能比主文本更详细,或同主文本的内容有所不同,必须认真监督有关人员进行修改,使主文本能真正反映实际的开发结果。

2.6.4 文件的修改管理

在一个项目开发过程中的任何时刻,开发集体内的所有成员都可能对开发工作的已有成果——文件提出修改要求。提出修改要求的理由可能是多种多样的,进行修改引起的影响可能很小,也可能会牵涉到本项目的很多方面。因此,修改活动必须谨慎进行,必须对修改活动加以管理,必须执行修改活动的规程,使整个修改活动有控制地进行。

修改活动可分如下五个步骤进行:

(1) 提议。开发集体中的任何一个成员都可以向项目负责人提出修改建议。为此,应该填写一份修改建议表,说明修改的内容、所修改文件和部位以及修改理由等。

(2) 评议。由项目负责人或其指定的人员对该修改建议进行评议,包括审查该项修改的必要性、确定这一修改的影响范围、研究进行修改的方法、步骤和实施计划等。

(3) 审核。一般由项目负责人进行审核,包括核实修改的目的和要求,核实修改活动将带来的影响,审核修改活动计划是否可行等。

(4) 批准。在一般情况下,批准权属于该开发单位的部门负责人;在批准时,主要是决断修改工作中各项活动的先后顺序及各自的完成日期,以保证整个开发工作按原定计划日期完成。

(5) 实施。由项目负责人按照已批准的修改活动计划安排各项修改活动的负责人员进行修改,建立修改记录,产生新的文件以取代原有文件,最后把文件交文件管理人员归档,并分发给有关的持有者。

2.6.5 《软件文档管理指南》(GB/T 16680—1996)

本标准为那些对软件或基于软件产品的开发负有职责的管理者提供软件文档的管理指南，目的在于协助管理者在他们的机构中产生有效的文档。本标准涉及策略、标准、规程、资源和计划，管理者必须关注这些内容，以便有效地管理软件文档。

文档作用于软件生存期的各个阶段。本标准可以应用于各种类型的软件，从简单的程序到复杂的软件系统，并覆盖各种类型的软件。标准针对文档编制管理而提出，不涉及软件文档的内容和编排。

不论项目大小，软件文档管理的原则是一致的。对于小项目，可以不采用标准中规定的有关细节。管理者可剪裁这些内容，以满足他们的特殊需要。

本标准就软件文档管理的下述方面做了规定：

(1) 软件文档的作用。包括管理依据、任务之间联系的凭证、质量保证、培训与参考、软件维护支持和历史档案等几个方面。

(2) 管理者的作用。

(3) 制订文档编制策略。

(4) 制订文档编制标准和指南。包括选择软件生存期模型，规定文档类型和内容(如开发文档、产品文档、管理文档)，确定文档的质量等级。

(5) 文档编制计划。

(6) 制订文档规程。如文档计划制订、文档编写、文档编号、文档评审、文档签署、文档归档与保管、文档维护等。

(7) 所需资源。包括人员、设备和资金等。

案例研究：文档工程师这个职位

请分析：

(1) 请简述你对文档工程师这个职位的认识：

____

____

____

____

(2) 你觉得你个人能够胜任文档工程师的工作吗？如果不能，请分析是什么原因。

____

____

____

(3) 未来你是否会考虑应聘选择文档工程师这个职位？

□ 会　　□ 不会　　□ 不确定

课后习作：论软件开发的文件编制

1. 习作内容

文件的质量好坏直接关系到软件质量的好坏，所以文件编制工作是软件开发作业的重要组成部分。

根据你实际参与开发的经验论述下列三个问题：

问题1：简要叙述你参与开发软件的概要和你担任的工作。

问题2：具体叙述你参与开发软件的文件编制的情况。包括编制了哪些文件；为了提高文件编制的效率和质量采用了哪些文件编制方法和工具；在文件编制过程中遇到了哪些问题；为了解决这些问题采取过哪些措施。

问题3：简要叙述你所采取的措施的效果如何。你现在认为还有哪些需要改进的地方以及如何改进。

请另外附纸完成你的习作，并粘贴在这里(适当折叠)。

(粘贴线)

2. 习作总结

3. 习作评价(教师)

延伸阅读：文理分科不应“文理分家”

适当的文理分科有其必要性

高中文理分科由来已久，它与高校招生分科考试密切相关。自清末引入近代学校教育制度后，我国开始接受西方知识分类系统，将其纳入系统化、学科化的教学之中，逐渐形成高校分科招生考试及中学文理分科制度。文理分科是高中课程分科教学的典型代表，它在一定程度上反映了人才培养的个性化要求与客观需要。适当的文理分科有利于提高人才培养效率，发挥学生学习自主权。这里的“适当”，一是指时间上分科不宜过早；二是指分科应以学生学习的兴趣、基础与能力为依据。文理分科的必要性主要体现在以下四方面：

适应了高校分科选才的客观需要。当今社会发展及普通教育的培养目标，既要求加强通识教育和基本能力培养，也须关注学生的兴趣爱好与学科特长。高等教育的文理分科在一定程度上影响着普通教育的分科教学。由于大学本科专业绝大多数文、理性质突出，学科专业性强，若要学生全面掌握文科和理科所有知识，又不增加学业负担，势必降低学习深度。实践表明，已实行的高考"大综合"试题有如六门学科大拼盘，虽名为"综合"，实多为不同学科孤立题目的简单罗列；而分科命题考试可提高选拔性考试的信度与效度。

有利于提高人才培养效率。在文科和理科之间，让学生有所侧重，做到"术业有专攻"，有利于形成专业意识，为学业深造打下必要基础。我国高等教育正推行"通才"培养模式，但高等教育的"专业性"特征不会改变。与此对应，高中后期适当的文理分科，有利于高校的生源选拔和人才培养。

有利于展示和发展学生的个性特长。教育理论与实践表明，学生资质存在个体差异性。在智力与非智力因素的作用下，很多学生到了一定年龄会显示出不同的学科倾向：有的擅长形象思维，爱好文科；有的具有数理禀赋，理科成绩突出。根据学生的自身特点和今后发展方向，让其自愿选择侧重文科或理科学习，既尊重了学习自主权，也符合因材施教原则，为今后学术或兴趣发展奠定基础。

有利于减轻学生的学业负担。为应对高考，高中生大多满负荷甚至超负荷运转，因此"减负"、"松绑"呼声甚高。高考改革的重要政策导向，就是以不再增加学生负担为原则。2002年，江苏高考实行"3＋大综合"，把物理、化学、生物、政治、历史、地理六门课程合为一门综合科目。其初衷是为了打破文理分科弊端，考查学生的综合文化素质。学生需同时学好九门课，内容涵盖约30本教科书。这套改革方案仅实施一年，即因学生负担太重而被取消。2003年，辽宁高考也实行"大综合"，维持了三年后也退出考场。可见，高中文理分科并非完全是学校管理者、教学者的主观愿望，在一定程度上是减轻生学习负担的一种有效手段，反映了广大考生的愿望和利益。

过早、盲目分科都会带来负面影响

另一方面也应看到，过早、盲目的文理分科对高中教学和学生素质产生不少负面影响。在升学考试竞争的驱动下，为了应考，高中文理分科越来越早、越来越彻底，变为"文理分家"。这种教育模式和教学状况显然与普通教育目标、社会发展要求背道而驰，危害匪浅。如果说"文革"前及改革开放初期，从高三开始的文理分科对学生知识结构影响尚有限，那么如今高一甚至高中一入学就分科，则严重阻碍学生全面接受基础文化学习，导致知识结构、学术视野和人格情感等缺陷。高中"文理分家"，既不利于学生全面、长远发展，也不利于高中、大学教育教学的正常衔接。

多年来，在"早分班早主动"观念的影响下，高中文理分科存在很大盲目性。尽管对于部分文、理科学术性向明确的学生来说，分科选择并不算难，但对于大多数学生而言，由于不十分了解自己的学科专长，文理选科易为外在功利因素所驱使。过早分科，有些科目并没有学到或学完，没有认识，谈何喜好？一些学生受家长、老师和社会因素影响，盲目甚至被迫选择了自己并不擅长或不爱好的学科,即使考上大学,也心有旁骛,影响专业学习。

措施得当,可以做到分科不分家

为了矫正“文理分家”的弊端,不少学者建议取消文理分科,但实际上难以实现。在高校现行分科招生体制下,高考作为连接普通教育和高等教育的基本环节,既须检验基础知识学习,又应体现学科倾向;以语文、数学、外语三科为基础,配以文科或理科其他科目的分科考试模式,仍较为合理而有效。从人才选拔的现实可行性来看,不是简单地取消文理分科,而是在优化高考科目组合的基础上进行“适当”分科;同时改进中学教学管理,发挥会考的积极功能,推动各类人才的培养与选拔。

优化高考科目组合,变革人才选拔方式,引导基础教育全面发展。选拔性考试内容与形式的变革可以引导中学教育教学。近年来,为适应创新人才选拔的需要,我国不断推进高考科目改革。从68所部属重点大学的自主招生试点,到广东、江苏等部分省市新课改高考方案的实施,既增加考试科目的选择性,也兼顾考试内容的覆盖面,并引入面试、综合评价手段,由此推动了基础教育的全面发展。这类改革虽不能根本解决考生学业负担过重、偏科等问题,但为今后中等教育寻求更为合理的科目组合积累了宝贵经验。

采取有效举措,矫正过早分科弊端。高中文理分科是必要的,但不宜过早、盲目分科,更不能“文理分家”。文理分科的前提,是应让高中生完成所有课程学习,再依据学生的兴趣爱好、学科优势、发展潜能选读文科或理科。高中前两年系统学习各学科课程,打好必要的科学与人文基础,高三年级集中精力分科复习、备考。此举既有利于减轻学生负担,淡化高考的唯一指向性,亦有利于拓宽学生的知识基础和学术视野。

适当增加高中选修课,发挥会考积极作用。选课制在我国部分城市高中已进行试点,并初见成效,应创造条件向更多中学推广。英美等国的中学选课制也为我们提供了有益借鉴。在高中后期教学课程中,建议文理分科学生互选一定比例的课程,在保证基础知识学习质量的同时发挥学科特长,拓展知识面。应改进高中会考制度,加强会考管理,构建、完善教育评价诚信保障机制,在此基础上将会考成绩纳入高校招生评价体系。

高中文理分科问题看似简单,实则涉及高考改革、中学素质教育、“减负”、高等教育发展诸多方面,我们应有全面认识。综观我国高校招生考试科目与中学教学模式的演化趋势,分科考试始终占主流,文理适当分科有其一定的合理性;同时,正视现行文理分科、“文理分家”的问题与弊端,采取有效举措,纠正过早分科、盲目分科,以推动中学素质教育的全面发展。

资料来源:张亚群.文理分科不应“文理分家”[EB/OL].(2009-04-22)[2016-05-10].http://www.gmw.cn/content/2009-04/22/content _912194.htm/.

第3章 chapter 3

规划计划类应用文

编制科技规划和科技计划的目的，在于把握未来科技的发展方向，有效地利用现有资源，争取获得最大的科学研究成果。因此，这种文体适用于一切科技单位和有科技工作任务的部门或地区，有利于其各时期、各方面和各阶段发展科技工作的需要。这里，我们用“计划”作为对规划、计划、方案、设想等的一个总称。由于这些概念的区别主要体现在内容详略和时限长短上，因此基本格式上没有太大的差别。

课前阅读：解读“国家创新驱动发展战略纲要”

［导读］ 十届全国政协副主席、中国工程院原院长徐匡迪接受科技日报记者专访时表示，“《国家创新驱动发展战略纲要》（简称《纲要》）是一个历史性文件，指出了未来十几年中国的发展方向。它宣示我国经济发展的路径将发生根本性变化，即从要素驱动转变为创新驱动”。

创新驱动发展战略早已提出，为何再度列入《纲要》予以部署？这份文件将对中国发展产生哪些深远影响？其中又有哪些亮点？就此，徐匡迪等参与《纲要》起草的专家展开详细解读。

1. 创新驱动发展架构顶层设计

“这是一份对于创新驱动发展做出顶层设计和整体部署的统领性文件。”徐匡迪说，“‘十三五’是我国转型发展的关键时期，此时出台这样一个文件，表明党中央既不回避问题，又有解决问题的勇气和信心，不仅战略是正确的，而且战术上有决心。”

创新成为国家战略已刻不容缓。改革开放30年来，我国经济高速发展，人均GDP接近8000美元，达到中等偏上收入水平。“但是这个发展速度主要是依靠土地、人力、资源等生产要素来驱动，现在看来，继续依靠这些维持快速发展，显然难以为继。”徐匡迪说。同时，我国经济发展中产业层次低、结构不合理等矛盾也已日益凸显。

“所以，我们必须转变发展方式，依靠创新来跨越中等收入陷阱。”徐匡迪坦陈，这是一件非常难的事情，但必须经历这个阵痛，才能持续发展。

从国际经验看，二战后只有少数经济体从低收入迈向了高收入，成功实现了现代化，而依靠科技创新形成新的竞争优势，使劳动生产率持续提高，是其不二法门。徐匡迪以韩国和中国台湾为例说，中国台湾自20世纪70—80年代后产业转型做“晶圆代工”，目前这已成为其支柱产业，产量占全世界的三分之二。韩国则是自20世纪70年代开始发展信息技术，自此进入快速发展阶段。“凡是能够实现创新驱动的后进国家或者地区都上来了”。

放眼全球，创新从来都是国家之间竞争的关键筹码。全国人大常委、国务院发展研究中心技术经济研究部部长吕薇告诉记者，2009年金融危机后，一些发达国家的创新和结构调整了步伐。如美国分别在2009年和2011年两度发布美国创新战略，加大对创新的投入和工程技术人才的培养，实施再制造业化战略等。日本也于2009年提出“2020增长战略”，指出2020年R&D支出占GDP的比例达4%，拓展环境、能源、医疗、科技和人才培养等领域，选择重点在信息通讯、节能环保、生物工程、宇宙和海洋开发等产业技术突破。

正因此，党的十八大就提出实施创新驱动发展战略。“现在人们的创新意识是有了，但不可否认，创新作为一个体系还未建立，创新的生态和环境还有待加强，所以习近平总书记在多个场合强调要加强创新驱动发展的顶层设计，这也正是《纲要》想要解决的问题。”徐匡迪说。

此前，诸多关于科技体制改革、创新的文件大多是就科技论科技。“《纲要》首次将创新作为一个系统工程上升到国家战略进行部署。”徐匡迪说。

2. “三步走”战略与现代化建设相呼应

《纲要》提出了实施创新驱动发展战略三个阶段的目标。第一步，到2020年进入创新型国家行列，有力支撑全面建成小康社会的目标；第二步，到2030年跻身创新型国家前列，为建成经济强国和共同富裕社会奠定坚实基础；第三步，到2050年建成世界科技创新强国，为把我国建成富强民主和谐的社会主义现代化国家、实现中华民族伟大复兴的中国梦提供强大支撑。

“《纲要》提出的‘三步走’，与我国现代化建设‘三步走’的战略目标相互呼应、提供支撑。”在徐匡迪看来，“三步走”的战略目标既志存高远又紧接地气。“我们不可能一夜之间就成为一个创新型国家，不可能急转弯，必须有一个过渡期。我认为第一个五年就是起步和过渡期，主要任务是成功转弯，然后再加速。”

徐匡迪认为，迈出第一步最艰难。“难就难在人们的惯性思维必须发生改变。长期以来，我们的经济工作主要追求数量、速度，而现在要拼质量、品牌；过去我们主要是跟随、模仿，而现在要强调并行、创新。”

为实现这一战略目标，《纲要》明确了实施创新驱动发展战略的总体部署，强调要“坚持双轮驱动、构建一个体系、推动六大转变”。

徐匡迪解释说，所谓双轮驱动，是指科技创新和体制机制创新两个轮子相互协调、持续发力。“科技创新是创新驱动的核心，而体制、机制创新是保障。没有体制创新，科技创新就只能待在实验室。要通过体制机制创新，把创新的源头从政府主导转移到企业和科学家这端。”

一个体系就是建设国家创新体系。“因为体制机制原因，过去从科研、生产、应用到销售等环节并未形成闭环。”徐匡迪说。

建设国家创新体系，就是要建设各类创新主体协同互动和创新要素顺畅流动、高效配置的生态系统，形成创新驱动发展的实践载体、制度安排和环境保障。明确企业、科研院所、高校、社会组织等各类创新主体功能定位，构建开放高效的创新网络，建设军民融合的国防科技协同创新平台；改进创新治理，进一步明确政府和市场分工，构建统筹配置创新资源的机制；完善激励创新的政策体系，保护创新的法律制度，构建鼓励创新的社会环境，激发全社会创新活力。

六个转变则分别如下，①发展方式从以规模扩张为主导的粗放式增长向以质量效益为主导的可持续发展转变；②发展要素从传统要素主导发展向创新要素主导发展转变；③产业分工从价值链中低端向价值链中高端转变；④创新能力从“跟踪、并行、领跑”并存、“跟踪”为主向“并行”、“领跑”为主转变；⑤资源配置从以研发环节为主向产业链、创新链、资金链统筹配置转变；⑥创新群体从以科技人员的小众为主向小众与大众创新创业互动转变。

3. 八大任务有待细化政策具体落实

在明确目标和部署的前提下，《纲要》具体提出八大任务：①推动产业技术体系创新、创造发展新优势；②强化原始创新、增强源头供给；③优化区域创新布局、打造区域经济增长极；④深化军民融合、促进创新互动；⑤壮大创新主体、引领创新发展；⑥实施重大科技项目和工程、实现重点跨越；⑦建设高水平人才队伍、筑牢创新根基；⑧推动创新创业、激发全社会创造活力。

“这些任务都是根据当前我国的实际情况来确定，综合考虑各方面因素，最后从不同部门、不同渠道的多项任务中筛选、凝练而成的。”徐匡迪说。

他认为，其中“建设高水平人才队伍”尤为关键和重要。《纲要》提出，要着力加强科技创新领军人才、创新型企业家和高技能人才三支队伍建设，这需要推动教育创新，改革人才培养模式，强化对科学精神、创新思维、创造能力和社会责任感的培养，并加大对人才的激励力度，最大限度激发科技人员的创新潜能。

“回顾科技发展史，如果没有瓦特发明蒸汽机，就不会有第一次工业革命；如果爱迪生没有发明电灯、电话，就不会有电气化革命。再如最近的乔布斯和马斯克，给手机和电动汽车行业带来颠覆性变革。”徐匡迪说，创新往往是由一些关键人才引领的。

而这也是吕薇最为关注的内容。“怎样更好地调动人的积极性？最近我们调研发现，许多企业反映人才对创新最重要，还有一些企业改变了过去引进单项技术或单个技术人员的做法，而是在引进技术的同时引进整个技术团队。在创新要素全球流动的情况下，如何吸引全球优秀高级人才为我所用，值得关注。”

除了人才，吕薇的关注点还聚焦于制度创新。“《纲要》提出深化体制机制改革，并将科技体制改革和经济社会发展改革同步发力。创新成为驱动发展的动力，而创新本身也需要动力，要靠体制机制创新来激活和调动全社会的创新积极性。”

《纲要》作为顶层设计的系统工程，下一步该如何落地，有效发挥作用？徐匡迪表示，会出台相应的配套措施，各部门也将有具体分工。吕薇则期待尽快出台细化政策解决实际问题。

“在调研中,大家反映成果转化的落实还需具体化和配套政策,比如国企的科技成果转化奖励机制,就受到工资总额的限制和约束;还有,不能用管行政干部和公务员的办法来管科研人员等。”吕薇说,下一步,《纲要》制定具体实施细则,要考虑围绕解决一个实际问题,其他相关政策与之配套并协同发力。

资料来源:科技日报,2016年6月28日

习作点评

这里是针对第2章“软件文档编制规范”布置的课后习作而在课堂上开展师生互动讨论的教学环节设计。

请记录:你希望在课堂上讨论和澄清的问题是:

(1) ______________________________

____

(2) ______________________________

____

(3) ______________________________

____

(4) ______________________________

____

(5) ______________________________

____

3.1 概述

在实际运用中,按照表达形式,计划可分为表格式、条文式和条文表格兼用式。

(1) 表格式计划。指计划中所提出的任务或指标、实施步骤、完成时间、消耗数量等,都可以在事先设计或印制的表格的有关栏目里填写清楚。表格式计划一般适用于项目较多而又有一些共同特征,便于列表格表示的实践活动。其优点是篇幅短小、简明扼要、重点突出、对比性强。

(2) 条文式计划。指按照时间和性质把计划的全部内容分成若干部分,每一部分一个小内容,再在每一部分下面分条列项,逐条逐项地说明计划的全部内容。这种形式的计划一般适用于任务大、内容多、要求详细的计划,便于贯彻执行。

(3) 条文表格兼用式计划。指用条文形式叙述计划的同时,有些数据资料需要用表格形式加以表现,于是用条文加表格的形式来表达计划的全部内容。这种形式的计划多用于内容较复杂的计划,它兼有表格式计划和条文式计划的优点。

3.1.1 科技计划的一般格式

科技计划的格式通常没有统一规定，形式多样。但不论采用哪种形式，一份科技计划一般由标题、正文和落款三部分组成。

1. 科技计划的标题

科技计划的标题主要表明制订科技计划的单位名称、适用时间、具体内容和科技计划名称。如《××研究所 2014 年科研计划》，其中“××研究所”是制订计划的单位，“2014 年”是计划适用时间，“科研”是计划内容，“计划”是名称。标题中也可以不出现制订单位名称或计划适用时间，如《××省科学技术发展计划》、《2002—2006 年科学技术发展五年规划》等。

如果该计划尚不够成熟，需要进一步征求意见进行修改，是征求意见稿或讨论稿，要在标题后用括号注明“草案”、“初稿”、“初步计划”、“供讨论”等字样，以区别于正式科技计划。

2. 科技计划的正文

正文是科技计划的核心内容，这部分应写出为什么制订这份科技计划，要做些什么，为什么去做，怎样去做，什么时候完成等。要写得具体明确，主次分明，条理清晰，言简意赅，以便执行。正文一般包括前言、主体、结尾三项。

1）前言

前言又称序言、开头。主要说明制订科技计划的指导思想及依据，上级的要求，结合本单位实际确定今后总的工作任务等。科技计划的前言一般写得言简意赅，写作时要灵活，根据计划的内容、形式、范围来写作。如果是普通的、简要的科技计划，前言部分可省略，直接写计划的主体部分。

2）主体

主体是科技计划的重点，它包括的内容如下：

(1) 具体的目标、任务和要求。即“做什么”。因为制订科技计划的目的就是要实现科技目标，完成任务，达到要求。所以，在主体中首先要求明确地提出目标、任务所包含的内容和重要指标，而且这些任务和要求都要详尽具体，才便于落实执行，并且有些任务还有数量和质量的要求等。

(2) 完成目标、任务的措施或步骤。即“怎样做”。这一部分需详细地说明完成任务的具体措施、行动步骤、时间分配、人力物力财力安排等。

(3) 实施计划过程中的有关事项。这部分说明完成具体目标、任务的时间，即“什么时候完成”。有的还需说明检查计划实施情况的方法、实施计划过程中的要求、修订计划的方法等。

3）结尾

结尾即计划的结束语，常见的写法有三种：

(1) 重点、关键问题的收尾。即指出计划中的重点任务与实施关键，以利于保证重点,全面完成任务。

(2) 强调有关注意事项收尾。即点出执行计划中可能出现的问题,着重防范,保证科技计划顺利实施。

(3) 提出号召、希望的收尾。即指出执行科技计划的有利条件和不利因素后提出希望和号召,圆满地完成计划。

3. 科技计划的落款

落款包括制订科技计划的单位名称和日期,写在正文右下方。如果在科技计划的标题上已经冠以单位名称,结尾就不必重复了。如需作为正式文件报发,还需按文件格式和发文程序上报或下达计划,加盖公章。

此外,与科技计划有关的一些材料,在正文里不能一条条表述的,可以在正文后面附表或附图说明。如果需要对科技计划中的事项加以解释或说明,也可作为附件置于文末。

3.1.2 科技计划的写作要求

写作科技计划的基本要求如下:

(1) 对现实情况作科学分析。制订科技计划要对本单位或本部门主客观条件进行科学的分析和综合。要分析本单位、本部门的人力、物力、技术水平、资源情况、经费来源、自然条件等,做出切合实际的核算与预测,做到心中有数。这就需要作调查研究,使之有充分的科学依据。科技计划规模的大小要以本单位或本部门的具体条件而定,其制订不能脱离主客观条件。

(2) 立足现实,从发展的观点出发,对全局作出科学的部署。立足现实,就是对本单位或本部门的实际情况有充分了解。从发展的观点出发,就是要对科技计划的前景有科学的预测。这样,才能对全局做出科学的部署,提出切实可靠的计划内容。

(3) 措施要切实可行。科技计划中的措施要求既全面又要顾及局部,形成各方面都有内在联系的有机整体,尽可能考虑周到。

(4) 语言简明,条理清晰,概念准确。

3.2 创业计划书

企业创业之初,创业者在征询潜在的投资者,向银行申请贷款,或者准备聘用高层管理人员,准备与某一供应商建立长久往来关系时,对方都会要求创业者提供创业计划。这时,创业者必须拿出事先准备好的创业计划书,才能有效地宣传自己,并节省宝贵的时间,提高工作效率。

创业计划书是指企业或企业家在创业初期所编写的企业创立与运营的整体规划方案。这个时期创业的风险较大,一般很难获得商业贷款或创业基金,风险投资商也对处于这个时期的企业投资非常小心,这个时期企业需编写大量的创业期文书,用于说服别人、规范自己。

3.2.1　创业计划书的类型

为实现不同的目的，应该采用不同的方法编写创业计划书，同时突出不同的侧重点。在具体编写过程中，创业者应该根据具体案例调整结构，增删要素和议题，采用灵活多样的形式，使创业计划书更为有效。以结构和篇幅来划分，可以将创业计划书分成两大类。

1. 简式创业计划书

简式创业计划书是一种比较简明、短小的计划书，它包括企业的重要信息、发展方向以及少量重要的辅助性材料。简式计划书内容通常为10～15页。

一般来说，简式创业计划主要适用于以下情况：

(1) 申请银行贷款。虽然很多银行受理企业贷款申请时并未正式规定企业要提供创业计划书，但是，一份简式创业计划书既能加深银行对企业的印象，也能够满足银行关于企业财务数据方面的要求。

(2) 创业者享有盛名。如果创业者以前已经成功地创建过企业，或者来自一家著名的公司，给风险投资商一份简式的创业计划书就足够了。

(3) 试探风险投资商的兴趣。在向风险投资商提供完整的正式计划书以前，创业者也许会向他们提供简式创业计划书；那些有兴趣了解企业详情的投资者将会要求创业者提供更全面的计划。这也就是说，创业者应准备两份创业计划书。但这并不复杂，因为在编写简式创业计划书时已经完成了计划书的重要部分，此时只需要对创业计划书中相应部分作一些必要的调整与补充即可。

(4) 竞争激烈、时间紧迫。市场的发展和变化非常快，机会转瞬即逝，创业者在这种情况下来不及完成一份完整的创业计划书，为节省时间，创业者往往先写出一份简式的创业计划书。

2. 详细创业计划书

详细创业计划书的内容一般有30～40页，并附有10～20页的辅助文件。在这样的计划书中，创业者能够将整个创业思想作一个比较全面的阐述，尤其能够对计划中的关键部分进行较详细的论述。

详细的创业计划有下列几种用途：

(1) 详细探索和解释企业的关键问题。较小的篇幅很难充分讲清一个企业的全貌，要获得成功，就必须同时在几个领域进行创新，翔实的创业计划书能将企业发展的关键问题解释清楚。

(2) 寻求大额的风险投资。创业企业要获得较大的风险投资时，风险投资商一定会对企业的情况进行更详细的了解与研究。此时最好提供一份详细的创业计划，因为随着投资额的增大，风险投资商也会变得更加谨慎。

3.2.2 创业计划书的写作要求

创业计划书没有固定格式,下面以一种比较常见的创业计划书为例来介绍。

1. 创业计划书框架

(1) 封面和标题页。

(2) 目的陈述或执行纲要。

(3) 目录。

(4) 第一部分"企业基本情况",包括企业概述、产品/服务、市场与竞争、销售与促销、组织机构与管理。

(5) 第二部分"财务",包括融资方案与资金退出、资本设备目录、资产负债表、收支平衡分析、预期损益表、现金流量计划、内部收益率及敏感性分析。

(6) 第三部分"风险分析"。

(7) 第四部分"附件",包括个人简历、推荐信、意向书、租赁契约、合同、法律文件以及其他与计划有关的文件。

2. 简单内容介绍

(1) 封面和标题页。有很多创业计划书没有提供任何必要的联系信息(比如企业的联系电话或地址)就送出去了。尽管企划者可能以另外的途径传递了这些必要的信息,但这样的创业计划书一般是不合格的。创业计划书的封面一定要明确写出寻求资助的企业名称、地址、电话以及该计划通过的日期。这一日期应该能够说明该计划书是基于公司对自己的地位和筹资需求的最新考虑做出的。

标题页紧随封面之后,应该再次写明企业的名称和地址;同时还应该写明联系人(一般是企业负责人)的姓名、地址和电话号码,他很可能是风险投资商第一个要接触的人。在安排正式面谈之前,任何读了这一创业计划书的人都有可能就某一方面的问题与企业的主管人员交谈。在计划书上方一角,应注明复印件号码及保密级别字样,并在封面或标题页下方注明保密声明。

(2) 目录。包括按一定次序排列的各部分内容的名称及其页码。很多企业的创业计划书只是一些内容的简单堆积和罗列,既没有逻辑关系,又没有必然联系,这种计划书很难达到融资目的。

(3) 执行纲要。这部分是计划书的核心内容之一,它对计划书的编写以及计划书的最终效力都起着重要的作用。

(4) 企业基本情况。

① 企业概述。创业计划必须提供企业的基本信息:历史和现状,并应该回答企业未来的战略是什么,其目的和实现这些目标的途径又是什么。

② 产品/服务。这部分应该描述企业的产品与服务以及它们的特殊性。产品/服务的构成是什么,价格如何;哪些服务是企业能够提供的,哪些是不能提供的。

③ 市场与竞争。市场的内容包括企业的行业分析、市场细分、目标市场的选择等,竞

争的内容指对企业竞争环境、竞争对手的分析。

④ 销售与促销。包括企业的销售策略、销售组合和促销手段等，是编写创业计划书时难度较大的部分。

⑤ 组织机构与管理。这一部分重点介绍企业的组织机构、管理方式以及主要管理人员。根据对创业企业失败的因素的调查研究，大部分企业失败的原因是管理上有缺陷。事实上，风险投资商更关注企业的管理，投资行为其实是花钱买管理的过程。

(5) 财务分析。这一部分主要包括企业若干年内(一般是五年)的财务预测以及相应的财务指标。

(6) 风险分析。提出企业未来可能遇到的风险以及避免和控制这些风险的手段和措施。

(7) 附件。包括撰写者个人简历、推荐信、意向书、租赁契约、合同、法律文件以及其他与计划有关的文件。

3.2.3 创业计划书的编写原则

只有在编写小组全体成员以及创业者本人对创业计划书的编写原则有一个明确了解后，才能编写出具有说服力和操作性强的创业计划书。因此，创业者以及创业计划书编写小组的全体成员应该在整个编写过程中牢记以下两个原则：

(1) 始终把顾客价值和投资回报铭记于心。创业者以及编写小组的成员都应该把体现顾客价值和投资回报作为编写计划书的基本原则。创业计划书的一个显著特点是其对外宣传性，而顾客价值以及投资者的投资回报是企业未来发展的基础和重要衡量指标。因此，创业计划书的编写应该始终围绕顾客价值以及投资者未来的投资回报这两个中心来进行。

(2) 以读者最关心的问题作为出发点。为了使读者能够在尽可能短的时间内领会计划书的内容，创业计划书的内容应该从目标读者最为关心的问题入手。同时，创业计划书应该具有简明、清晰的表达方式。

3.2.4 创业计划书模板

创业计划书

一、发展计划摘要

(一) 目标

(二) 任务

二、公司情况

(一) 公司所有权

(二) 公司历史

(三) 公司产品

(四) 企业地址及设施
三、产品和服务
(一) 产品及服务说明
(二) 重要特点
(三) 销售艺术
四、市场分析
(一) 行业分析
(二) 成功的关键
五、企业营销策略及实施计划
(一) 营销目标和市场策略
(二) 定价策略
(三) 促销策略
(四) 营销计划
(五) 销售策略
(六) 战略联盟
六、组织管理概要
(一) 组织管理人员
(二) 其他组织管理的考虑
七、财务分析
(一) 融资计划
(二) 财务规划
八、风险分析
九、附件

3.3 市场调查报告

市场调查,就是把市场情况作为对象进行的调查研究。主要是对商品或劳务在从生产者到达消费者的过程中所发生的有关市场营销问题的资料进行系统的收集、记录和分析,以了解卖方与买方之间的交易活动与意图,认识现实市场与潜在市场,并得出结论。市场调查报告就是在对调查得到的资料进行分析整理、筛选加工的基础上记述和反映市场调查成果的一种商务文书。

市场调查报告是一种专题调查报告,它除了具有调查报告的一般特点之外,还有其自身的特点。

1. 针对性

撰写市场调查报告的根本目的,是为了摸清市场行情,保障企业的生存和发展;是为了促进生产,指导消费,以满足物质和文化生活的需要。市场调查报告必须目的明确,有的放矢；必须从市场实际出发，有针对性地调查研究产、供、销各个环节存在的问题，及时发现问题、解决问题。

2. 时间性

市场瞬息万变，市场调查报告必须快速反映市场变化，及时为企业决策提供参考意见。企业要及时通过市场调查报告了解国内外技术经济情报，了解市场价格、需求和同类产品的竞争能力，以便不失时机地在一定范围内调整生产和经营，防止盲目生产、无效劳动，提高企业经济效益。

3. 实用性

市场调查反映的是商务活动中已经出现的问题，其实用价值是非常明显、直接的。它的读者虽然不多，可是它提出的合理化建议一经采纳，立刻会产生经济效益；而经济效益的提高反作用于企业，对员工生活提高、社会稳定和商务活动的正常运行产生正效应，收到良好的社会效益。

3.3.1 市场调查报告的种类

市场调查报告主要分为以下三种。

1. 市场需求调查报告

主要是调查和反映市场对本企业产品需求量和影响需求量的因素，紧紧抓住购买力、购买动机和潜在需求这三方面。其中购买力是消费者实现购买行为的前提，是市场调查的首要任务；潜在需求的调查则是为使潜在需求变成现实需求，为企业开发新产品、开拓市场提供依据。

2. 竞争对手的调查报告

主要调查竞争对手的总体情况、竞争能力和新产品的发展动向等。通过对竞争对手的调查来判断本企业处于什么地位，以提高本企业产品的市场占有率，确定产品的发展方向和发展策略。

3. 经营政策调查报告

主要调查本企业的产品、价格、广告、销售和技术服务政策等，以便了解企业的销售能力是否适应消费者的需要，企业的销售策略是否合理，并及时改正。

市场调查的目的，在于根据调查所得出的结论，掌握市场现状及其发展趋势，保证产销对路，使供给和需求达到平衡。在市场经济中，企业的全部活动都应立足于满足用户的需要，因此企业的决策者必须密切注意市场消息，而最集中、最全面地反映市场信息的就是市场调查报告。

3.3.2 市场调查报告的写作要求

市场调查报告的结构一般包括标题、前言、正文、结尾等四部分。

1. 标题

通常有单行标题与双行标题两种形式。单行标题又分为公文式标题和文章式标题。标题的写法多种多样,比较常见的是把调查对象、内容反映在标题上,如"关于大学生消费问题的调查报告"。

双行标题是在正标题之外加副标题,正标题一般概括"报告"的主旨,副标题补充说明调查的对象和内容。

无论采用哪种标题,都要与内容相符,简洁精练,并力求做到新颖、醒目。

2. 前言

市场调查报告的前言一般应交代写作目的或动机,或介绍调查背景、调查的基本情况等。但写法不必强求一致,可以根据主旨、内容及表达方式的需要灵活安排。常见的写法有以下几种:

(1) 新闻报道式。开头简要介绍调查的目的、时间、地点、对象、范围、方式等,让读者对调查起因有一个总体印象。

(2) 概括交代式。开头概括介绍调查对象的基本情况或全文主旨,使读者对调查对象的情况有一个初步了解。

(3) 提问解答式。开头就提出涉及报告主旨的问题,引出正文,或提出问题后立即作简要解答,以引起读者的关注和思考。

(4) 议论引用式。开头由作者对调查对象展开一番议论,或引用一段某位权威人士、调查对象的言论,让读者领会全文主旨。有些市场调查报告可以省略前言,开门见山地叙述调查报告正文。这种情况多见于内容较单一、篇幅较短的市场调查报告。

3. 正文

正文是市场调查报告的主体部分,包括调查情况和调查者的观点。写作时应将材料加以科学分类,并按逻辑顺序进行安排。正文一般应具备以下内容:

(1) 基本情况。包括历史情况和现实情况。简要的历史回顾在于说明调查对象的历史概况及其发展的连续性,重点应放在对现实情况的介绍上。要求如实地反映调查对象的现实面貌,并简要地分析其特点或存在的问题,写作时常以数字、图表加以说明。

(2) 前景预测。市场调查报告虽不以预测为重点,不需要对未来进行详细的预测,但一般要在反映市场现状的基础上推断其发展趋势,展望市场前景,以此作为企业生产、经营的参考依据。

(3) 措施建议。这是市场调查报告的落脚点,需要对预测之后准备采取的计划、行动提出建议措施,既要有针对性,又要具有可行性。

正文是详细展开报告内容和基本观点的部分。如果内容单一,可采用纵式结构,先摆情况，然后分析这一现状产生的原因，最后针对问题进行预测，提出建议；如果内容比较丰富，头绪较多，则可采用横式结构，把问题分成几部分，按各部分之间的逻辑关系安排层次。通常可使用小标题，各部分分析完成后，再总起来提出措施建议。

4. 结尾

结尾是全文的收束部分，也是对前言的照应。这里或是重申观点，或是加深认识。如果正文话已说完，提出措施建议后便收束全文，也可省略此部分。

市场调查报告写作时应注意以下几点：

(1) 坚持实事求是的原则。坚持实事求是是进行市场调查、写作市场调查报告的可靠保证，因此写作者一定要亲自参加调查。报告中引用的调查资料要翔实可靠，对于重要的数据要反复核实、测算，一定要做到准确无误。只有用真实、准确、丰富、典型的材料说明问题，人们才会从市场的变化和商品的经营中摸清市场机制的运行规律。

(2) 注意观点和材料的统一。撰写市场调查报告不能满足于材料的堆砌和数字的罗列，必须既有材料，又有观点，观点统帅材料，材料说明观点，切忌观点和材料脱节，更要防止二者相抵触。作者要在反映情况的基础上提出有见地、有说服力的分析意见和相应的建议。

(3) 要精心选材，突出重点。市场调查的内容较广泛，涉及的问题也较多，在整理和撰写报告时，要根据主旨的需要来剪裁取舍材料。一份市场调查报告要突出重点，一般以回答一两个重要问题为宜，切忌面面俱到。如果调查涉及的内容过多，可以分专题写几份报告，这样每份报告都能突出自己的重点。

(4) 正确把握文体性质和表达方式。市场调查报告是一种兼有说明文、记叙文、议论文的某些特点的实用文体，应偏重于选用比较全面、系统、完整的事实、数据叙述说明问题，并且运用议论的表达方式提出措施建议。市场调查报告的语言要准确、简练、朴实，要清楚地表达内容。如文中运用小标题，各小标题要力求简洁、醒目、匀称，格式一致。

3.3.3 市场调查报告模板

________________(调查的对象、时间和主要内容)**市场调查报告**

引言，交代写作目的或动机。

一、基本情况分析。

二、前景预测。

三、建议与对策。

四、重申观点，加深认识。

调查报告完成的机构名称

日期及签章

3.4 市场预测报告

市场预测报告是反映市场预测过程及其预测成果的一种书面报告,是根据市场调查得到的信息、资料,运用科学方法,对未来市场的需求变化作出分析、推测和判断,并把这一分析、推测和判断的过程及发现的规律用书面形式反映出来,为企业计划和经营决策提供依据。

市场预测报告的特点如下。

1. 预见性

市场预测报告的最大特点是对事物未来发展方向和特点进行事前预测。这就要求市场预测人员必须通过充分的调查研究,运用有关的经济学理论和方法正确地分析研究有关的数据资料,作出准确预测。

2. 科学性

客观的经济现象在各个发展阶段上往往具有一定的内在联系。市场预测就是通过对经济现象的历史和现状的分析,掌握内在联系,揭示发展规律,并推测未来的发展趋势。市场预测不只凭借实践经验进行,更要依据科学的方法加以分析研究,力戒主观盲目,在占有详尽的信息资料的基础上,经过严密的推理和科学的运算得出准确的结论,从而保证预测结果的科学性和精确度。

3. 时效性

市场预测报告必须及时对市场和产品的发展方向作出预测,并及时将预测信息传递给有关部门,使企业及时准确地把握市场的现状和未来的发展趋势,在竞争中掌握主动。

3.4.1 市场预测报告的种类

根据不同角度,市场预测报告可以划分为多种类型。

按预测的范围划分,可分为宏观预测报告和微观预测报告,两者往往结合起来进行,这样得到的数据更为准确和可靠。

按预测的对象划分,可分为市场需求预测报告、市场占有率预测报告、产品发展预测报告、资源预测报告等。

按空间层次划分,可分为全国性市场预测报告、地区性市场预测报告。

按时间层次划分,可分为短期、近期、中期和长期市场预测报告。

3.4.2 市场预测报告的写作要求

市场预测报告一般由标题、正文和结尾三部分组成。

1. 标题

市场预测的标题一般有两种：

(1) 公文式标题。由预测范围、期限、对象和文种构成，如“我国特大城市的粮食消费预测”。

(2) 新闻式标题。有的是单标题，有的是双标题。

2. 正文

正文一般由前言和主体两部分组成。

1) 前言

前言简要介绍写作动因或说明有关情况，如预测的范围、对象、主要内容、主要观点或数据等。也有的预测报告不写前言，而把它的内容放在主体部分加以说明。

2) 主体

主体一般包括以下几部分：

(1) 回顾历史，说明现状。根据经济现象的历史发展，用翔实、准确的材料说明市场的发展现状，这是分析预测的前提和基础。说明现状应包括以下内容：一是企业自身状况，二是产品供求状况，三是消费者状况。在写作之前，对历史和现状的材料和数据的收集要全面、充分，但在写作过程中，则要根据预测的目的和需要有重点地加以取舍，抓住直接影响未来发展趋势的基本情况，突出主要矛盾和重点内容。

(2) 分析事实，预测发展趋势。这是预测报告的核心内容，即根据上述各种现状加以分析研究，总结规律，预测产品发展趋势，为企业产品的技术革新和发展提供依据。这一部分在写作上既要提出明确的预测结论，又要以充分的证据来论证所预测的结论；既要预测事物发展的总趋势，又要预测总趋势中会出现的某些变化；既要预测可见的、已出现的因素的影响，又要考虑潜在的、突变的因素的影响；既要考虑客观因素，又要考虑主观因素。

(3) 提出建议和设想，为经营决策提供参考。市场预测报告的目的是预测市场发展趋势，使企业避免风险和危机，为企业的未来发展提供依据、建议或设想，因此必须科学、可靠、准确。

3. 结尾

结尾或归纳全文，以深化主题；或重申观点，以加深认识。也可只写上预测单位或个人姓名，并注明时间即可。

在写作过程中，上述内容可有所侧重或有所省略。例如，有的预测报告把主体部分的历史回顾与现状分析写得十分简略，或予以省略，只把预测结果陈述出来，有的报告不写建议。但分析、预测部分不可缺少，它是预测报告的核心和重点。

3.4.3 市场预测报告模板

______(预测的对象、范围、期限)**预测报告**
前言,概述预测事物的总体状况,并对全文预测内容做提示。 回顾历史,分析现状。 分析事实,预测发展趋势。 提出建议和设想,为经营决策提供参考。
预测报告作者/机构签章 完成日期

3.5 市场决策报告

市场决策报告是企业经营者为了解决经营活动中新的重大课题(如项目等),围绕企业的规划、策略、重大措施与既定目标,根据市场调查、市场预测和各种信息情报进行分析研究,从两种以上的方案中选取一种,供领导决策参考的书面报告。

3.5.1 市场决策报告的写作要求

市场决策报告的结构一般包括标题、签署、正文、结尾等四部分。

1. 标题

通常由时限、单位名称、目标与文种构成,也可以省略。

2. 签署

标明决策报告的撰写者及单位名称。

3. 正文

正文包括以下几个方面:

(1) 决策目标。指确定决策要解决的问题和要达到的技术经济目标。

(2) 依据资料。按照搜集的资料,用严谨的语言加以阐述说明。

(3) 设计方案。依据资料或计算寻求实现目标的各种有效途径,设计的方案必须有两种以上。

(4) 比较论证。对多个预选方案进行分析、比较论证,权衡各方案的利弊风险,然后通过合理的标准和科学的方法选出最佳方案,供决策参考。

(5) 预测结果。简略地述说实施该方案后将要出现的结果。

4. 结尾

写上“以上方案，请领导分析选择”等，然后署上时间，并加上必要的附件。

3.5.2 市场决策报告模板

________________（时限、决策目标）**决策报告**

一、决策目标。

二、依据材料。

三、实施方案。

四、比较论证。

五、预测结果。

以上方案，请领导分析选择。

（署名）

（日期）

3.6 软件开发计划

《计算机软件文档编制规范》(GB/T 8567—2006)给出了《软件开发计划》(Software Development Plan，SDP)的说明和格式。SDP描述开发者实施软件开发工作的计划。其中，“软件开发”一词涵盖了新开发、修改、重用、再工程、维护和由软件产品引起的其他所有活动。

SDP是向需求方提供了解和监督软件开发过程、所使用的方法、每项活动的途径、项目的安排、组织及资源的一种手段。本计划的某些部分可视实际需要单独编制成册，例如，软件配置管理计划、软件质量保证计划和文档编制计划等。

软件开发计划的正文格式（简化）如下。

1 引言

本章分为以下几条。

1.1 标识

应包含本文档适用的系统和软件的完整标识，（若适用）包括标识号、标题、缩略词语、版本号和发行号。

1.2 系统概述

应简述本文档适用的系统和软件的用途，它应描述系统和软件的一般特性；概述系统开发、运行和维护的历史；标识项目的投资方、需方、用户、开发方和支持机构；标识当前和计划的运行现场；列出其他有关的文档。

1.3　文档概述

应概述本文档的用途和内容,并描述与其使用有关的保密性和私密性的要求。

1.4　与其他计划之间的关系(若有)

描述本计划和其他项目管理计划的关系。

1.5　基线

给出编写本项目开发计划的输入基线,如软件需求规格说明。

2　引用文件

本章应列出本文档引用的所有文档的编号、标题、修订版本和日期,本章也应标识不能通过正常的供货渠道获得的所有文档的来源。

3　交付产品

3.1　程序

3.2　文档

3.3　服务

3.4　非移交产品

3.5　验收标准

3.6　最后交付期限

列出本项目应交付的产品,包括软件产品和文档。其中,软件产品应指明哪些是要开发的,哪些是属于维护性质的;文档是指随软件产品交付给用户的技术文档,例如用户手册、安装手册等。

4　所需工作概述

本章根据需要,分条对后续章描述的计划作出说明,(若适用)包括以下概述:

a. 对所要开发系统、软件的需求和约束;

b. 对项目文档编制的需求和约束;

c. 该项目在系统生命周期中所处的地位;

d. 所选用的计划/采购策略或对它们的需求和约束;

e. 项目进度安排及资源的需求和约束;

f. 其他的需求和约束,如项目的安全性、保密性、私密性、方法、标准、硬件开发和软件开发的相互依赖关系等。

5　实施整个软件开发活动的计划

本章分以下几条。不需要活动的条款用“不适用”注明,如果对项目中不同的开发阶段或不同的软件需要不同的计划,这些不同之处应在此条加以注解。除以下规定的内容外,每条中还应标识可适用的风险和不确定因素及处理它们的计划。

5.1　软件开发过程

本条应描述要采用的软件开发过程。计划应覆盖论及它的所有合同条款,确定已计划的开发阶段(适用的话)、目标和各阶段要执行的软件开发活动。

5.2　软件开发总体计划

包括软件开发方法、软件产品标准、可重用的软件产品、处理关键性需求、计算机硬件资源利用、记录原理、需方评审途径等方面。

6 实施详细软件开发活动的计划

本章分条进行描述。不需要的活动用“不适用”注明，如果项目的不同的开发阶段或不同的软件需要不同的计划，则在本条应指出这些差异。每项活动的论述应包括应用于以下方面的途径(方法/过程/工具)：

a. 所涉及的分析性任务或其他技术性任务；

b. 结果的记录；

c. 与交付有关的准备(如果有的话)。

论述还应标识存在的风险和不确定因素及处理它们的计划。

6.1 项目计划和监督

本条分成软件开发计划、系统测试计划等若干分条描述项目计划和监督中要遵循的方法。各分条的计划应覆盖合同中论及它的所有条款。

6.2 建立软件开发环境

分成软件工程环境、软件测试环境等若干分条描述建立、控制、维护软件开发环境所遵循的方法。各分条的计划应覆盖合同中论及它的所有条款。

6.3 系统需求分析

6.4 系统设计

6.5 软件需求分析

描述软件需求分析中要遵循的方法。应覆盖合同中论及它的所有条款。

6.6 软件设计

应分成若干分条描述软件设计中所遵循的方法。各分条的计划应覆盖合同中论及它的所有条款。

6.7 软件实现和配置项测试

应分成若干分条描述软件实现和配置项测试中要遵循的方法。各分条的计划应覆盖合同中论及它的所有条款。

6.8 配置项集成和测试

应分成若干分条描述配置项集成和测试中要遵循的方法。各分条的计划应覆盖合同中论及它的所有条款。

6.9 CSCI合格性测试

应分成若干分条描述CSCI合格性测试中要遵循的方法。各分条的计划应覆盖合同中论及它的所有条款。

6.10 CSCI/HWCI集成和测试

应分成若干分条描述CSCI/HWCI集成和测试中要遵循的方法。各分条的计划应覆盖合同中论及它的所有条款。

6.11 系统合格性测试

应分成若干分条描述系统合格性测试中要遵循的方法。各分条的计划应遵循合同中论及它的所有条款。

6.12 软件使用准备

应分成若干分条描述软件应用准备中要遵循的方法。各分条的计划应遵循合同中论及它的所有条款。

6.13 软件移交准备

应分成若干分条描述软件移交准备要遵循的方法。各分条的计划应遵循合同中论及它的所有条款。

6.14 软件配置管理

应分成若干分条描述软件配置管理中要遵循的方法。各分条的计划应遵循合同中论及它的所有条款。

6.15 软件产品评估

应分成若干分条描述软件产品评估中要遵循的方法。各分条的计划应覆盖合同中论及它的所有条款。

6.16 软件质量保证

应分成若干分条描述软件质量保证中要遵循的方法。各分条的计划应覆盖合同中论及它的所有条款。

6.17 问题解决过程(更正活动)

应分成问题/变更报告等若干分条描述软件更正活动中要遵循的方法。各分条的计划应覆盖合同中论及它的所有条款。

6.18 联合评审(联合技术评审和联合管理评审)

应分成若干分条描述进行联合技术评审和联合管理评审要遵循的方法。各分条的计划应覆盖合同中论及它的所有条款。

6.19 文档编制

应分成若干分条描述文档编制要遵循的方法。各分条的计划应覆盖合同中论及它的所有条款。应遵循本标准第5章文档编制过程中的有关文档编制计划的规定执行。

6.20 其他软件开发活动

应分成若干分条描述进行其他软件开发活动要遵循的方法。各分条的计划应覆盖合同中论及它的所有条款。

7 进度表和活动网络图

本章应给出以下内容:

a. 进度表。标识每个开发阶段中的活动,给出每个活动的初始点、提交的草稿和最终结果的可用性、其他的里程碑及每个活动的完成点。

b. 活动网络图。描述项目活动之间的顺序关系和依赖关系,标出完成项目中有最严格时间限制的活动。

8 项目组织和资源

本章应分成若干条描述各阶段要使用的项目组织和资源。

8.1 项目组织

应描述本项目要采用的组织结构,包括涉及的组织机构、机构之间的关系、执行所需活动的每个机构的权限和职责。

8.2 项目资源

应描述适用于本项目的资源。

9 培训

9.1 项目的技术要求

根据客户需求和项目策划结果确定本项目的技术要求,包括管理技术和开发技术。

9.2 培训计划

根据项目的技术要求和项目成员的情况确定是否需要进行项目培训,并制订培训计划。如不需要培训,应说明理由。

10 项目估算

本章应分若干条说明项目估算的结果。

10.1 规模估算

10.2 工作量估算

10.3 成本估算

10.4 关键计算机资源估算

10.5 管理预留

11 风险管理

本章应分析可能存在的风险、所采取的对策和风险管理计划。

12 支持条件

12.1 计算机系统支持

12.2 需要需方承担的工作和提供的条件

12.3 需要分包商承担的工作和提供的条件

13 注解

本章应包含有助于理解本文档的一般信息(例如原理)。本章应包含为理解本文档需要的术语和定义、所有缩略语和它们在文档中的含义的字母序列表。

附录

附录可用来提供那些为便于文档维护而单独出版的信息(例如图表、分类数据)。为便于处理,附录可单独装订成册。附录应按字母顺序(A,B 等)编排。

案例研究:熟悉“三步走”,了解创新驱动发展战略

(1) 请通过网络搜索,了解邓小平设想的著名的现代化发展“三步走”战略:

第一步:____

____

第二步:____

____

第三步：________________________________

____

(2) 请通过网络搜索,了解党的十五大提出的现代化发展“三步走”战略：

第一步：________________________________

____

第二步：________________________________

____

第三步：________________________________

____

(3) 请分析,改革开放30年来,我国经济高速发展主要是依靠________________________________来实现的。

为什么说:“创新成为国家战略已刻不容缓”?

____

____

____

(4) 请通过网络搜索,仔细阅读和认真领会《国家创新驱动发展战略纲要》。《纲要》提出的创新驱动发展的“三步走”战略是：

答：________________________________

____

____

____

____

(5) 为实现战略目标,《纲要》明确了实施创新驱动发展战略的总体部署,强调要按照“坚持双轮驱动、构建一个体系、推动六大转变”进行布局,构建新的发展动力系统。

请记录：

(1)“双轮驱动”是指：________________________________

____

____

(2)“一个体系”是指：________________________________

____

____

(3)“六个转变”是指：

① ________________________________

____

____

② ________________________________

____

____

③ ____________________

____

____

④ ____________________

____

____

⑤ ____________________

____

____

⑥ ____________________

____

____

课后习作：自选研究方向，编制个人学术规划

1. 习作内容

假设你今年已经大学三年级，我们先做个有益的小调查。

请问：

(1) 你学习的专业是：____________________

你认为：

大一学年的课程主要是：□ 基础课　□ 专业基础课　□ 专业课　□ 不了解

大二学年的课程主要是：□ 基础课　□ 专业基础课　□ 专业课　□ 不了解

大三学年的课程主要是：□ 基础课　□ 专业基础课　□ 专业课　□ 不了解

你认为，现在你熟悉自己所学的专业吗？

□ 熟悉　□ 基本熟悉　□ 一般　□ 不了解

所谓大学生，“是社会的一个特殊群体，是指正在或已经接受过大学教育的人，是社会新技术、新思想的前沿群体，国家培养的高级专业人才”。所以，如果你还不很了解和熟悉你的所学专业，那你得加倍努力了；或者，即使你认为自己已经比较熟悉自己的所学专业，也应该为今后的专业发展制定自己的个人学术规划。

(2) 请自选发展方向，编制你自己的个人学术规划。

注意：

① 个人今后的发展并不一定必须是现在所学的专业，请按照你的实际想法来编制发展规划。

② 规划可以是短期的、中期的或者长期的，请明确说明。

请另外附纸完成你的习作，并粘贴在这里(适当折叠)。

(粘贴线)

2. 习作总结

3. 习作评价(教师)

延伸阅读：整体中文写作水平不能继续这么差劲了

李方　2013年6月28日

作为"大家"的项目负责人,我还有一个梦想,那就是提升中文专栏写作的整体水平。

我和同事们真心觉得,当下中文写作的整体水平真心很差劲。比较典型的像豆瓣小清新,文字风调雨顺,逗号句号也都点得不差,就是每段看上去都长得挺像,甚至你把各段打乱重排,只怕顺读下来也没什么问题。作者更像是被文字牵着走,小区遛狗范儿——你想想你们小区傍晚那些遛狗的姑娘,是不是被狗拖着不知遛到哪去了。说得损点,豆瓣基本就是遛狗文字,遗憾的是还有很多人觉得好得不得了。大众的阅读口味败坏了。

很多年前,我跟一个评论家探讨他一篇文章为什么写得大失水准,他自己也觉得写得磕磕绊绊、佶屈聱牙。我说,其实并不是你在文字发挥上有什么差异,而是对要写的东西你压根就没想明白。世界上根本不存在"好的文字"这种说法,好的文字必然是好的思维和逻辑的结果。换句话说,如果作者脑子里一团糨糊,那么写出来的文字也高明不到哪去。我们是朋友,都对怎样写好文章有很强的好奇心,因此说话完全不必顾忌。

大概这是目前中文专栏写作普遍水平低劣的根本原因,我们没有养成良好的思维习惯和逻辑习惯。如果信马由缰想到哪写到哪,甚至写到哪想到哪,的确人人皆可为作家,豆瓣小清新是也。然而真正优秀的写作是非常艰苦的,你需要下工夫去收集材料,然后分析整理这些材料,尝试从材料里边看到一些别人看不到的东西。不客气地讲,目前中文写作里边舍得拿出几倍于写作时间去搜集整理材料的人太少了,往往是有一点灵感或者动机,就急不可耐地一挥而就。文章的高度其实就是思想的高度、逻辑的高度,除非像韩寒那样极有天赋。思想和逻辑则必须经过艰苦打磨,也就是从占有材料、分析材料出发,才有可能高于常人。

在称之为"大家"的作者里边,我发现那些受日本文化熏陶的,文章往往更扎实,也更受读者欢迎。在做事上,日本人基本是一个老老实实的民族,不讲取巧,肯下死工夫。他们做学问,收集资料的本事让你目瞪口呆。他们做杂志、做封面故事,恨不得把所有能够找到的相关资讯都堆到你面前，很变态。你读日本人的专栏，或许他的观点不见得高明，但他有资料上的自信，他最后在文章里呈现给你的，可能只是他能找到的十分之一。这种风格，也深深影响了一批有日本背景的中国作家，我愿意借此向他们表达我的敬意。

“大家”的签约作者都是成名人物，我们当然不能建议他们怎么写甚至怎么改，我们只是希望倡导某种文风（不仅仅是日系，还有很多“系”，但无疑都是舍得下点工夫的，好的文字来自好的思维与逻辑，而好的思维与逻辑则来自优秀的搜集分析资料的习惯），来提升当下中文写作的水平。我知道这是一个太大的梦想，不是一个专栏产品能够承载的。但我们为什么不去尝试一下呢？腾讯是一家具有了不起的产品文化的公司，它几乎变态地对产品用户体验的不断打磨，我觉得跟写文章也很有相似之处。那么，这对我和我的团队，也许是一个不错的机会，让我们尝试去做点什么。

资料来源：李方. 整体中文写作水平不能继续这么差劲了[EB/OL]. (2013-06-28)[2016-05-10]. http://dajia.qq.com/blog/297554104256184.

第4章 chapter 4

申请申报类应用文

科技申请申报类应用文是一种意愿类实用文体，它是集体或个人就科学技术中的某一具体事宜向上级或有关部门申述情况、说明理由、表达意愿、提出请求的书面材料，是开展科技活动必须填报的前提性申请文件。只有在有关部门批准后，申报单位才能开展所申请的活动，办理所申请的事宜，实现所申请的愿望。因此，它对于开展科技活动有着决定性作用和重要的意义。

课前阅读：发明问题解决理论 TRIZ

TRIZ 是由一位苏联学者根里奇·阿奇舒勒(G. S. Altshuller)及他的同事于 1946 年最先提出的。最初是从 20 万份专利中取出符合要求的 4 万份，作为各种发明问题的最有效的解。他们从这些最有效的解中抽象出了 TRIZ 解决发明问题的基本方法，这些方法又可以普遍适用于新出现的发明问题，协助人们获得这些发明问题的最有效的解。现在，国际上已经对超过 250 万项出色的专利进行过研究，并大大充实了 TRIZ 的理论和方法体系。有的公司根据 TRIZ 和专利的数据库创造出计算机辅助创新系统，使发明创新的自动化初现曙光。但是，TRIZ 更多的是一种思想或者方法，人们应该通过大量的习题来掌握它，计算机是无法完全取代人的。

TRIZ 理论成功揭示了创造发明的内在规律和原理，着力于澄清和强调系统中存在的矛盾，其目标是完全解决矛盾，获得最终的理想解。它不是采取折中或者妥协的做法，而是基于技术的发展演化规律研究整个设计与开发过程，不再是随机的行为。实践证明，运用 TRIZ 理论可大大加快人们创造发明的进程，而且能得到高质量的创新产品。

TRIZ 理论中重要的理论之一是技术系统进化理论。在技术系统 S 曲线的基础上，该理论主要有八大进化法则，这些法则可以用来解决难题，预测技术系统，产生并加强创造性问题的解决工具。这八大法则包括三条生存法则和五条发展法则，内容如下：

三条生存法则如下：

(1) 系统完备性法则。

(2) 系统能量传递法则。

(3) 系统各部分之间的韵律协调法则。

五条发展法则如下：

(1) 系统理想度增加法则。

(2) 系统各部分不均衡进化法则。

(3) 向超系统进化法则。

(4) 向微观级进化法则。

(5) 增加物-场度法则。

几十年来,阿奇舒勒和他的TRIZ研究机构提出了TRIZ系列的多种工具,如最终理想解、矛盾(冲突)矩阵、76个标准解、物质-场分析、科学效应等。

矛盾(冲突)普遍存在于各种产品的设计之中。按传统设计中的折中法,冲突并没有彻底解决,而是在冲突双方取得折中方案,或称降低冲突的程度。TRIZ理论认为,产品创新的标志是解决或移走设计中的冲突,而产生新的有竞争力的解。设计人员在设计过程中不断地发现并解决冲突是推动产品进化的动力。

技术冲突是指一个作用同时导致有用及有害两种结果,也可指有用作用的引入或有害效应的消除导致一个或几个系统或子系统变坏。技术冲突常表现为一个系统中两个子系统之间的冲突。

现实中的冲突是千差万别的。如果不加以归纳,则无法建立稳定的解决途径。TRIZ理论归纳出39个通用工程参数描述冲突。实际应用中,首先要用该39个工程参数中的至少2个来表示组成冲突的双方内部性能,然后在冲突矩阵中找出解决冲突的发明原理。

TRIZ中的发明原理是由专门研究人员对不同领域的已有创新成果进行分析、总结,得到的具有普遍意义的经验,这些经验对指导各领域的创新都有重要参考价值。目前常用的发明原理有40条,实践证明,这些原理对于指导设计人员的发明创造具有重要的作用。找到确定的发明原理以后,就可以根据这些发明原理来考虑具体的解决方案。应当注意,尽可能将找到的原理都用到问题的解决中去,不要拒绝采用任何推荐的原理。假如所有可能的原理都不满足要求,则应该对冲突重新定义,并再次求解。

习作点评

这里是针对第3章"规划计划类应用文"布置的课后习作而在课堂上开展师生互动讨论的教学环节设计。

请记录:你希望在课堂上讨论和澄清的问题是:

(1) ____________________

____

(2) ____________________

____

(3) ____________________

____

(4) ____________________

____

(5) ____

____

4.1 概 述

除具有科技应用文的共性特征外,科技申请申报类应用文还具有自身的个性特征。概括起来主要有以下几点:

(1) 针对性强。科技申请申报类应用文的读者对象是特定的、具体的,并且是个别的。它的读者仅限于有相应审批权限的上级机关或有关部门的领导和管理者。如科研课题申报书、技术投标书、技术项目引进申报书等,只供上级主管部门领导决策时参考使用。成果奖励申报书只供各级成果奖励办公室评审使用。专利请求书只供各级专利局审查使用。

(2) 规范化的表格体式。申请申报类科技应用文的写作目的非常明确,内容比较单一,在实践中大都形成固定的、简洁的、便于使用的统一格式。例如科研课题申报书、技术引进申报书、验收鉴定申请书、成果推广申请书等都是如此。写作时,只须按照现有的表格填写就行了,无须在文章的体式上下工夫。

(3) 时效性强。科技申请申报类应用文是针对工作中某一具体问题提出的,而这些问题的开展具有很强的时间要求,时机一过就得不到批准。

(4) 竞争性强。由于各种条件的限制,上级有关部门只能批准少数意义重大的申报课题、技术引进项目、成果奖励,而且每项申请申报的内容都面临着众多的竞争,都要接受上级有关部门的评审和筛选。因此,从内容上说,申请申报类应用文有着很强的竞争性。

(5) 论述性强。申请申报书的目的在于获得上级有关部门的批准,为此,要对申报项目或成果的目的、作用、意义、内容、经济效益、社会效益、学术作用进行全面说明和论证,使上级有关部门清楚地了解申报内容,正确地作出选择和评价。

(6) 语言简明准确、科学性强。

按科技活动的进程分类,科技申请申报类应用文主要分以下几类:

(1) 科技活动的准备阶段:科研课题(项目)申报书、科研课题(项目)投标书和技术引进项目申报书等。

(2) 科技活动的实施和进行阶段:补充经费申请书和特殊问题处理申请书。

(3) 科技成果的管理、推广阶段:项目鉴定、验收申请书、专利请求书、科技成果奖励申报书和科技成果推广申请书。

(4) 其他:加入国际科技组织申请书和召开科技或学术会议申请书。

4.2 项目申报书

由于科研课题(项目)的内容、性质、类型不同,科研课题(项目)申报书的内容结构也有所不同,但一般应包括以下几个部分:

1. 封面

科研课题申报书的封面主要有类号、编号、密级、课题级别和类别、项目名称、承担单位、协作单位、申报单位、起止时间和填报时间等内容，按照申报书的填写说明，根据具体情况填写即可。

2. 国内外概况和目的、意义

(1) 介绍国内外概况。即阐明该科研选题的背景，指出该选题在国内外同类研究中所处的学术地位或技术水平。具体地，一般应包括以下几个方面：国内外研究现状、水平和发展趋势，已有哪些先进技术或理论方法，采取的科学技术原理，主要技术经济指标或学术水平；现有技术或理论方法存在的缺点或尚待解决的关键技术或理论问题。写作时，应简明扼要，分清主次。

(2) 选题的目的。指该研究课题为了解决什么问题以及最终要达到的目标。它不仅是课题成员的努力方向，也是批准选题的重要依据。写作选题目的通常用一两句话概括，并放在开篇第一句的显著地位。

(3) 课题的意义。指预测课题获得预期成果之后将会对国民经济建设产生什么作用和影响，能有多大的经济效益或社会效益，或者是在学术上有什么价值，对学科发展能起多大推动作用等。这部分内容是申报书能否获准的关键。写作时既要实事求是，又要深入浅出，论述合理，简明扼要，突出重点。

3. 课题的内容、技术关键和指标

这部分是科研课题申报书的技术核心。

课题的内容，是指该课题具体研究哪些方面的内容。技术关键，是指决定、制约该课题开展的主要技术环节、难点、关键技术等。指标，是指该课题最终所要达到的技术水平(或理论水平)和获得的综合经济、社会效益指标。这一部分内容写作时常采用条款方式，将内容逐一列出。

4. 现有条件

现有条件是指保证完成该项课题研究任务的客观条件，主要包括现有的实验场地、实验设备、文献资料、人员水平和结构、原材料以及该课题的前期研究状况等内容。

5. 主要措施

主要措施是指为了完成该研究课题准备采取的技术措施和组织措施。技术措施包括拟采取的研究方法、技术路线以及技术条件等。组织措施是指课题人员的选择和配备、协作安排和协调等。

6. 试验地点、规模和进度安排

试验地点、规模是指课题研究所需进行试验的场所和大小程度。试验地点，要充分

利用现有的试验条件,结合社会上已有的先进试验设备和手段进行选择。进度是指分阶段(如月、季度或年)的安排意见,各阶段预计达到的指标。进度安排是主管部门或委托单位检查课题研究进展的依据,要写得详尽、具体,操作性强,在时间安排上要留有余地。

7. 经费概算和经费来源

经费概算包括课题研究中所需的材料费、设备购置费、差旅费、资料费、基建费、人工费用、管理费等。估算费用必须实事求是,从需要出发,还要考虑批准的可能性,否则将达不到获准的目的。经费来源分国家拨款、自筹和委托方支付三种情况,应写明拨款数量,有时还要附各阶段支付的比例。

8. 关键设备和材料

该项和第4项的区别是:第4项指的是现有的设备和材料,其中也可能包括关键的设备和材料。本项内容是指完成该课题还要添置的关键设备和材料。写作时,采用列表法,将主要的设备和材料的名称、规格、型号、数量、价格都写上。还要写清是国外引进、国内购买,还是借调等途径。

9. 承担单位和主要协作单位

写作时,除了要把承担单位、协作单位的全称写清楚,还要写明各单位的具体分工情况、各自所承担的任务、要完成的技术指标和进度,要力求具体,避免课题实施过程中扯皮。

10. 项目负责人和参加人员

主要包括课题成员各自的姓名、技术职称、专业、所在单位以及在本项目中的分工等。

11. 主管部门审查意见

这一项由接受申报书的科研项目主管单位填写。内容包括对申报项目提出的综合评价,对是否批准项目实施提出建议,以及其他需要说明的问题。

4.3 发明申报书

发明申报书是发明者向国家申报发明奖励的书面报告,它不属于专利文书范围。为了激励广大科技人员的创造性,世界上许多国家实行科技发明奖励制度。我国于1978年12月28日公布了《中华人民共和国发明奖励条例》,以奖励重大发明。

《发明奖励条例》中规定了所奖励的发明是一种重大的科学技术成就,它必须同时具备下列三个条件:

(1) 前人所没有的;

(2) 先进的;

(3) 经过实践可以应用的。

凡是符合上述条件的发明均可申报发明奖。国家科委在《发明奖励条例》颁布后就制作了发明申报书的统一格式,并对一些问题作了说明。1983年1月26日,对发明申报书格式及编写要求进行了修订。

4.3.1 发明申报书的主要内容

发明者向国家申报发明奖,需要按照国家科技部制作的发明申报书统一格式认真填写、上报。发明申报书的核心部分是发明的详细内容及列为发明的理由,写好这一部分有重要作用。

文本结构的发明申报书主要内容如下:

(1) 报头部分,包括发明申报书的名称、国际专利分类号、建议密级、批准密级和序号。

(2) 发明名称,要简明、准确,与发明内容一致。

(3) 发明者,包括发明单位名称、发明人姓名。

(4) 申报部门,即受理申报书的部门。

(5) 起止时间,发明开始研制时间到通过鉴定或首次用于生产时间。

(6) 申报日期,包括基层申报日期和部门申报日期。

(7) 发明详细内容,包括当前国内外尚未解决的技术问题、发明的详细内容及发明权项、发明的作用意义、发明可以应用的事实根据、保密要点。

(8) 附件目录,包括国内外专利文献及非专利文献情况、技术鉴定证书、应用证明、发明人情况表。

(9) 申报部门审查意见。

(10) 国家科技部发明评选委员会审批意见。

4.3.2 发明申报书的注意事项

写作发明申报书特别要注意写好发明的详细内容及列为发明的理由,这是发明申报书的核心部分,要注意以下几点:

(1) 在"国内外尚未解决的技术问题"一项中,要写清楚本发明所属的技术领域及主要用途。引用已查阅文献来说明本发明技术上的先进性,本发明采用什么技术手段解决了前人未解决的问题。

(2) 在"发明的详细内容"一项中,要写清楚本发明的全部内容,包括技术诀窍。

(3) 在"发明权"项中,要写清楚发明权项的全部内容,要以发明内容为依据,可以是一项,也可以是多项,发明权项内容全部用文字表达,文字要简洁、概括。

(4) 在"发明的作用意义"一项中,要有定量描述,并要有具体数据。

4.4 软件著作权申报

著作权也称为版权,是指作者对其作品所享有的权利。

我国著作权法第三条规定的各类作品均可申请登记。包括文字作品;口述作品;音乐、戏剧、曲艺、舞蹈、杂技艺术作品；美术、建筑作品；摄影作品；电影作品和以类似摄制电影的方法创作的作品；工程设计图、产品设计图、地图、示意图等图形作品和模型作品；计算机软件；法律、行政法规规定的其他作品。

4.4.1 计算机软件著作权登记办法

2002 年 2 月 20 日，国家版权局令第 1 号颁布了《计算机软件著作权登记办法》，主要内容如下：

第一章　总　　则

第一条　为贯彻《计算机软件保护条例》(以下简称《条例》)制定本办法。

第二条　为促进我国软件产业发展，增强我国信息产业的创新能力和竞争能力，国家著作权行政管理部门鼓励软件登记，并对登记的软件予以重点保护。

第三条　本办法适用于软件著作权登记、软件著作权专有许可合同和转让合同登记。

第四条　软件著作权登记申请人应当是该软件的著作权人以及通过继承、受让或者承受软件著作权的自然人、法人或者其他组织。

软件著作权合同登记的申请人，应当是软件著作权专有许可合同或者转让合同的当事人。

第五条　申请人或者申请人之一为外国人、无国籍人的，适用本办法。

第六条　国家版权局主管全国软件著作权登记管理工作。

国家版权局认定中国版权保护中心为软件登记机构。

经国家版权局批准，中国版权保护中心可以在地方设立软件登记办事机构。

第二章　登记申请

第七条　申请登记的软件应是独立开发的，或者经原著作权人许可对原有软件修改后形成的在功能或者性能方面有重要改进的软件。

第八条　合作开发的软件进行著作权登记的，可以由全体著作权人协商确定一名著作权人作为代表办理。著作权人协商不一致的，任何著作权人均可在不损害其他著作权人利益的前提下申请登记，但应当注明其他著作权人。

第九条　申请软件著作权登记的，应当向中国版权保护中心提交以下材料：

(一) 按要求填写的软件著作权登记申请表；

(二) 软件的鉴别材料；

(三) 相关的证明文件。

第十条　软件的鉴别材料包括程序和文档的鉴别材料。

程序和文档的鉴别材料应当由源程序和任何一种文档前、后各连续 30 页组成。整个程序和文档不到 60 页的，应当提交整个源程序和文档。除特定情况外，程序每页不少于 50 行，文档每页不少于 30 行。

第十一条　申请软件著作权登记的，应当提交以下主要证明文件：

（一）自然人、法人或者其他组织的身份证明；

（二）有著作权归属书面合同或者项目任务书的，应当提交合同或者项目任务书；

（三）经原软件著作权人许可，在原有软件上开发的软件，应当提交原著作权人的许可证明；

（四）权利继承人、受让人或者承受人，提交权利继承、受让或者承受的证明。

第十二条　申请软件著作权登记的，可以选择以下方式之一对鉴别材料作例外交存：

（一）源程序的前、后各连续的30页，其中的机密部分用黑色宽斜线覆盖，但覆盖部分不得超过交存源程序的50%；

（二）源程序连续的前10页，加上源程序的任何部分的连续的50页；

（三）目标程序的前、后各连续的30页，加上源程序的任何部分的连续的20页。

文档作例外交存的，参照前款规定处理。

第十三条　软件著作权登记时，申请人可以申请将源程序、文档或者样品进行封存。除申请人或者司法机关外，任何人不得启封。

第十四条　软件著作权转让合同或者专有许可合同当事人可以向中国版权保护中心申请合同登记。申请合同登记时，应当提交以下材料：

（一）按要求填写的合同登记表；

（二）合同复印件；

（三）申请人身份证明。

第十五条　申请人在登记申请批准之前，可以随时请求撤回申请。

第十六条　软件著作权登记人或者合同登记人可以对已经登记的事项作变更或者补充。申请登记变更或者补充时，申请人应当提交以下材料：

（一）按照要求填写的变更或者补充申请表；

（二）登记证书或者证明的复印件；

（三）有关变更或者补充的材料。

第十七条　登记申请应当使用中国版权保护中心制定的统一表格，并由申请人盖章（签名）。

申请表格应当使用中文填写。提交的各种证件和证明文件是外文的，应当附中文译本。

申请登记的文件应当使用国际标准A4型297mm×210mm（长×宽）纸张。

第十八条　申请文件可以直接递交或者挂号邮寄。申请人提交有关申请文件时，应当注明申请人、软件的名称，有受理号或登记号的，应当注明受理号或登记号。

第三章　审查和批准

第十九条　对于本办法第九条和第十四条所指的申请，以收到符合本办法第二章规定的材料之日为受理日，并书面通知申请人。

第二十条　中国版权保护中心应当自受理日起60日内审查完成所受理的申请，申请符合《条例》和本办法规定的，予以登记，发给相应的登记证书，并予以公告。

第二十一条　有下列情况之一的,不予登记并书面通知申请人:

(一)表格内容填写不完整、不规范,且未在指定期限内补正的;

(二)提交的鉴别材料不是《条例》规定的软件程序和文档的;

(三)申请文件中出现的软件名称、权利人署名不一致,且未提交证明文件的;

(四)申请登记的软件存在权属争议的。

第二十二条　中国版权保护中心要求申请人补正其他登记材料的,申请人应当在30日内补正,逾期未补正的,视为撤回申请。

第二十三条　国家版权局根据下列情况之一,可以撤销登记:

(一)最终的司法判决;

(二)著作权行政管理部门作出的行政处罚决定。

第二十四条　中国版权保护中心可以根据申请人的申请,撤销登记。

第二十五条　登记证书遗失或损坏的,可申请补发或换发。

第四章　软件登记公告

第二十六条　除本办法另有规定外,任何人均可查阅软件登记公告以及可公开的有关登记文件。

第二十七条　软件登记公告的内容如下:

(一)软件著作权的登记;

(二)软件著作权合同登记事项;

(三)软件登记的撤销;

(四)其他事项。

第五章　费　　用

第二十八条　申请软件登记或者办理其他事项,应当交纳下列费用:

(一)软件著作权登记费;

(二)软件著作权合同登记费;

(三)变更或补充登记费;

(四)登记证书费;

(五)封存保管费;

(六)例外交存费;

(七)查询费;

(八)撤销登记申请费;

(九)其他需交纳的费用。

具体收费标准由国家版权局会同国务院价格主管部门规定并公布。

第二十九条　申请人自动撤回申请或者登记机关不予登记的,所交费用不予退回。

第三十条　本办法第二十八条规定的各种费用,可以通过邮局或银行汇付,也可以直接向中国版权保护中心交纳。

第六章 附 则

第三十一条 本办法规定的、中国版权保护中心指定的各种期限，第一日不计算在内。期限以年或者月计算的，以最后一个月的相应日为届满日；该月无相应日的，以该月的最后一日为届满日。届满日是法定节假日的，以节假日后的第一个工作日为届满日。

第三十二条 申请人向中国版权保护中心邮寄的各种文件，以寄出的邮戳日为递交日。信封上寄出的邮戳日不清晰的，除申请人提出证明外，以收到日为递交日。中国版权保护中心邮寄的各种文件，送达地是省会、自治区首府及直辖市的，自文件发出之日满十五日，其他地区满二十一日，推定为收件人收到文件之日。

第三十三条 申请人因不可抗力或其他正当理由，延误了本办法规定或者中国版权保护中心指定的期限，在障碍消除后三十日内，可以请求顺延期限。

第三十四条 本办法由国家版权局负责解释和补充修订。

第三十五条 本办法自发布之日起实施。

4.4.2 申请软件著作权登记的作用

对于软件开发者来说，办理软件著作权登记虽然不是国家强制的政策，但是为软件办理登记，有百利而无一害。

(1)《软件著作权登记证书》是在软件著作权发生争议时证明软件权利的最有力证据，在进行诉讼或发生一般纠纷时，都能起到很好的证明作用。但如果没有登记，著作权人的权利就很难获得全面的保护。

(2)《软件著作权登记证书》是软件著作权人进行投资和交易的重要资本和财富，软件著作权登记证书是知识的最后凭证。

(3)《软件著作权登记证书》有时还是企业申请高新技术企业认定时非常重要的砝码，有了软件著作权登记证书，在一定程度上就能证明企业拥有核心自主知识产权，而这也是高新认定非常重要的部分。

(4)《软件著作权登记证书》是企业申请软件企业必不可少的证明材料。

(5) 从以上(3)、(4)点可以看出，软件著作权登记证书也是企业获得国家税收减免、人才优惠等国家政策的条件。

4.5 科技成果奖申报书

科技成果奖申报书的格式和写法因类型不同而有所区别。一般都印有统一的表格，按表格中的栏目填写。

科技成果奖励申报书，除要概括反映科技成果鉴定申请书的内容简介和科学技术成果鉴定书的鉴定意见外，写作时还应该注意科技成果申报的规范性，突出科技成果的创新性、科学性和应用性。

(1) 注意三类成果奖的特殊要求，按照统一印制下发的表格填写。

自然科学奖、发明奖、科技进步奖各自的特殊要求不同,其评审奖励的要求也各异。自然科学奖,其评审标准与国际标准一致,侧重科学水平、科学价值;发明奖,是重大的科技发明的奖励,申报该奖必须同时具备前人所没有的、先进的、经过实际证明可以应用的三个条件;科技进步奖,是对新科技推广、转让、应用和理论研究方面有突出贡献的奖励,它以强化高技术成果产业化为导向,侧重自主知识产权和经济社会效益。因此,写作发明奖申报书、进步奖申报书和自然科学奖申报书时,要突出各自的特点,并严格按照国家、省市科技部门统一印制下发的表格逐项填写。这些表格都有固定的栏目,每个栏目中都要求严格按规定的要求填写,不得漏项。

(2) 突出成果的实质性特点,写好本项目创新点。

写作时要用最精辟的词句突出申报成果的不同之处,在坚持实事求是的前提下标新立异,讲明成果的实质性特点,创新之处,与国内外现有技术、方法等比较的优点。成果奖的确定,一般经过三个程序,一是形式审查,二是检索查新,三是专家评定。如果申报未能充分突出成果的特点,在形式审查、检索查新、专家评定中都有可能被淘汰。项目的创新点是体现项目水平的核心部分,是授奖的依据。创新点部分一般只限400个汉字,写好这一部分的方法是反复推敲,千锤百炼。

此外,还应特别注意以下几点:

① 对申报成果的水平和价值,要恰如其分地评价,既不拔高也不过谦。自认为国内先进水平的成果,评审专家一般不会给出国际水平的评价。

② 具体明确成果的创新所在,不要笼统说是国际、国内首创。因为整体创新的研究甚少,往往是在前人或他人的研究基础上的创新。

③ 不要含糊其辞说这是国际、国内领先水平或先进水平,应具体标明达到20世纪80年代或90年代初、中、末期水平等,且要讲清楚是整体综合达到的水平,还是成果某一方面达到上述水平。

④ 除有绝对可靠的检索证据证明确属国内首次报道外,不要轻易说"本成果为国内外首次报道",而最好讲"未见国内外有类似或相同的报道",这样才会有回旋的余地。

⑤ 对一些因条件所限而未能探明或深入研究的问题,应如实提出,这样往往能取得同行专家的谅解。

⑥ 要力避华而不实的口号或语句。

(3) 体现系统性、科学性,注重效益反馈。

在写作申报书项目,说明本项目与当前国内外同类研究、同类技术的综合比较,应用、推广情况,效益及前景等栏目时,除整体体现科技成果奖系统性基本要求外,还应从整体上体现研究试验方案、技术路线的合理性,实验测试、数据处理、结论推断的严格性,科学技术资料的完整性,与国内外指标比较的先进性等。同时,注重效益反馈,在研究过程中,尤其是在成果转移到生产上或发表论文后,应注意搜集效益反馈的信息。

申报自然科学奖,要着重收集论著发表以后在学术界及社会上的反响,主要包括被同行引用的情况,被国内外引文刊物收录的情况,被学术会议纪要和专题情报汇集的情况以及指导应用、开发研究的情况等;申报发明奖,要着重收集发明的实施应用状况,即中试、投产、应用推广等情况,以及已获效益的证明材料;申报科技进步奖,主要是收集科技成果鉴定的技术文件,收集盖有财务专用章的经济效益证明材料。

上述这些都在一定程度上说明该成果的作用和意义,对成果的评奖有一定的辅助作用。

4.6 专利申请书

专利申请书共包括四个申请文件:专利请求书、专利说明书、说明书摘要、权力要求书。

1. 专利请求书的内容结构及写作方法

(1) 发明名称。名称应贴切、具体、明了,充分体现主题,不至于产生歧义;力求简明扼要,既能概括反映发明的范畴(领域)、类别,又不致泄露发明的本质特征;注意该名称与说明书中的名称相一致,并且要能够反映出是产品的发明还是方法的发明。

(2) 发明人或设计人的姓名、地址。这里的发明人系指主要的发明人,其他的次要发明人在下面栏目中填写。地址要包括邮政编码。

(3) 申请人的姓名、地址。如果申请人是法人,除写明法人的名称和地址外,还应当写明法定代表人、发明人或设计人的姓名和地址。由于要与申请人进行联系,还要写明申请人的联系电话。

(4) 专利代理机构。如果发明人委托专利代理人或代理机构代办申请,还要写明专利代理机构的名称、地址以及代理人的姓名,并要附上申请人签名或盖章的委托书以及专利代理机构的登记号。

(5) 申请费交纳情况和公布、展出及保密要求。写明已交纳多少申请费用,是通过什么渠道缴纳的;说明已在我国或国际展览会上首次展出还是已在规定的学术会议或技术会议上首次发表,哪些可能涉及国家重大利益需要作保密处理的。

(6) 申请文件清单。包括说明书、请求书、权力要求书、说明书附图、说明书摘要的份数和页数。

(7) 附加文件清单。包括代理人委托书、实质审查请求书、要求优先权声明、不丧失新颖性证明文件、优先权证明材料、要求提出公开声明等。

(8) 上述以外的发明人。

(9) 上述以外的申请人。

(10) 申请人或代理人签章。

此外,专利申请书还包括以下三个申请文件:

(1) 专利说明书。主要是将发明的内容清楚、完整地告诉别人,并且附图说明。因此,应详细介绍发明的技术过程,针对每个问题特征介绍解决的技术内容,提出以前类似发明的技术情况及弊病,说明本发明在克服这些弊病时采用的方法。同时还要指出本发明所取得的重要技术成果及其新颖性。撰写发明的技术内容时,文字要简明扼要,要有附图。力求使同行专家认可,又使同一技术领域里的普通专业人员能够按照说明书的内容去重复完成。尽可能广泛地说明发明的适用范围,举例说明有几种实施发明的方式方法。

(2) 说明书摘要部分,应简要说明该发明的技术特点。

(3) 权利要求书,应以发明专利说明书为依据,简明扼要地写明要求专利保护的范围。在一定条件下,最好提出一项(或几项)独立的专利权项。

2. 专利请求书写作要求和注意事项

(1) 编制专利请求书前,应先向专利局或专利事务所索取有关专利及其申请的资料,了解专利及其申请的有关知识和要求,按规定的格式和要求进行认真填写。

(2) 编制专利请求书应实事求是、认真、准确、严谨。

(3) 专利请求书是反映整个专利申请文件概况的一个简表,也称为"标头部分",必须全面地反映整个申请文件的结构、内容及有关信息。写作时既要填写全面,附件目录齐全,又要简明扼要,反映问题。

案例研究:TRIZ 理论的应用

下面,我们通过一个简单应用来了解一下 TRIZ 理论中创造性问题分析方法在现实问题解决中的应用。

埃及神话故事中会飞的魔毯曾经引起我们无数遐想,我们不妨一步步分析一下这个会飞的魔毯。

现实生活中虽然有毯子,但毯子都不会飞的,原因是由于地球引力,毯子具有质量,而毯子比空气重。那么,在什么条件下毯子可以飞翔?我们可以施加向上的力,或者让毯子的质量小于空气的质量,或者希望来自地球的重力不存在。如果我们分析一下毯子及其周围的环境,会发现这样一些可以利用的资源,如空气中的中微子流、空气流、地球磁场、地球重力场、阳光等,而毯子本身也包括纤维材料,形状、质量等。那么,利用这些资源可以找到一些让毯子飞起来的办法,比如毯子的纤维与中微子相互作用可使毯子飞翔;在毯子上安装提供反向作用力的发动机;毯子在没有来自地球重力的宇宙空间;毯子由于下面的压力增加而悬在空中(气垫毯);利用磁悬浮原理;或者毯子比空气轻。这些办法有的比较现实,但有的仍然看似不可能,比如毯子即使很轻,但也比空气重,对这一点还可以继续分析。比如毯子之所以重,是因为其材料比空气重,解决的办法就是采用比空气轻的材料制作毯子,或者毯子像空中的尘埃微粒一样大小,等等。

通过上面一个简单分析过程,我们会发现神话传说中会飞的毯子逐渐走向现实,从中或许可以得到很多有趣甚至十分有用的创意。这个简单的应用展示了金鱼法的创造性问题分析原理:即它首先从幻想式构想中分离出现实部分,对于不现实部分,通过引入其他资源可以将一些想法由不现实变为现实,然后继续对不现实部分进行分析,直到全部变为现实。因此,通过这种反复迭代的办法,常常会给看似不可能的问题带来一种现实的解决方案。

可以看出,TRIZ 理论中的这些创造性思维方法一方面能够有效地打破我们的思维定势，扩展创新思维能力，同时又提供了科学的问题分析方法，保证我们按照合理的途径寻求问题的创新性解决办法。

课后习作：模拟填写软件著作权申报文件

1. 习作内容

(1) 在网络上搜索选择提供软件著作权申报服务的具体网站(例如：浙江省软件行业协会网站 http://www.zsia.org/zsia/newsdetail.jsp? doc_id=20061026151018_7)，了解和熟悉软件著作权申报办法。

(2) 下载并保存相关文件，包括以下文件：

① 著作权登记申请表。

② 申请登记软件为原创软件的版本说明。

③ 非职务软件开发保证书。

④ 非职务软件开发证明。

⑤ 计算机软件著作权合作开发协议。

⑥ 软件开发时间情况说明。

(3) 模拟填写软件著作权的全部申报文件。

① 你设想的模拟软件的名称是：

____

② 除了《著作权申请登记表》，你还选择填写的文件是：

a. ______________________________

b. ______________________________

c. ______________________________

d. ______________________________

e. ______________________________

(4) 习作文件上传。

用 WinRAR 等压缩文件对习作文件夹进行压缩处理，并将压缩文件命名为

<班级>_<学号>_<姓名>_<著作权申报>.rar

请将习作压缩文件在要求的日期内，以电子邮件、QQ 文件传送或者指导老师指定的其他方式交付。

2. 习作总结

____

____

____

____

3. 习作评价(教师)

____

____

延伸阅读：都是套路！别轻信高通诉讼和魅族反击

[摘要]魅族是一家中国手机厂商，而高通则是全球无线通信巨头。在这种不对等的博弈中，各方都有不同目的。

2016年6月24日，高通发布公告，称魅族侵犯自身持有的无线通信专利，已向北京市知识产权法院提交对诉状，并表示依据中国现行相关法律条款，向魅族索赔5.2亿元人民币损失费。

面对高通的一纸诉状，魅族高级副总裁李楠第一时间回应称，发起诉讼是高通的权利，但表示魅族一直在和高通保持沟通，并且有数次深入的会谈，也欢迎高通随时来魅族继续之前的沟通。

6月28日，魅族再次召开媒体沟通会，介绍魅族在高通起诉这件事上的态度，表示支持对专利进行保护和付费，并严格遵守中国标准必要专利的相关法律，同时摆出了愿意谈判的姿态，但不接受高通一口价和不公开的条款。

1. 魅族的“不公平”是套路

对于专利的费用，魅族的态度已经很明确，要付，而且这笔钱从何而来，李楠也心里有数。

在被问及是否会因为专利费用而对现有的产品调价时，李楠表示，“我们应该还不打算动魅族手机的价格，但最终价格会转到消费者身上”，这么做实际上是在向高通发难——向魅族收钱就是向消费者收钱。

至于专利费所涉及的“不公平”条款，只是魅族要把这个话题带起来的切入点，而不能成为魅族在这场纠纷中胜出的依据。

有两个可以参照的地方。一方面，根据公开的信息，已经有超过100家中国厂商和高通签署了3G/4G相关的专利授权协议，高通也在公告中明确对魅族开出的条件是一样的，这意味着整个行业普遍接受了高通的方案；另一方面，高通在接受反垄断调查过程中已经提出了相关的整改计划，对魅族的诉讼也是请求法院来判定相关条款不违反《中华人民共和国反垄断法》规定，流程合规。

对于魅族提出的“不公平”和“黑盒子”概念，通信专家项立刚也表示，“如果大家都能接受，只有你不能接受，这似乎不是办法，还是积极准备应诉，或是庭外和解”。

那么魅族为什么还要扯皮？——攒曝光率。

魅族是一家中国手机厂商，而高通则是全球无线通信巨头，在这种不对等的博弈当中，体量相对较小的魅族或许更占据优势，甚至会得到额外的同情分。

一个最有可能的结果是，魅族最后向高通支付了专利费，成为了专利知识产权的拥护者，同时又赢得消费者拥趸。

2. 高通要创收

针对向魅族发起的诉讼，高通执行副总裁、法律事务总顾问唐·罗森博格表示，“高通的技术是所有移动终端的核心组成部分，魅族在未获得许可的情况下使用这些技术，不仅违反法律，而且对那些诚信经营、尊重专利权的被许可厂商也造成了不公平”。

按照高通的说法，已经签署专利授权协议的厂商都交了钱，如果魅族在未支付授权费用的情况下使用相关专利，对于已经充值的合作伙伴来说是不公平的，所以魅族也得交钱。

向魅族发起专利诉讼，并索赔5.2亿元，直接目的就是创收，只不过官方对这件事讲得比较委婉。

对高通来说，发改委对高通开出60.88亿人民币的天价罚单，这项非营业性支出直接拉低了高通2015年财政年度的营业收入，而接近高通2013年在中国市场收入8%的罚款额度，成为高通向未授权但却采用自身专利企业收取费用的客观原因之一。

高通总裁德里克·阿贝尔此前针对发改委开出的罚单时曾表示，“我们很高兴垄断调查告一段落，考虑到随着中国3G/4G技术越来越多地被采用，相信我们的专利授权业务会越来越好”（通俗地说，就是罚吧，认了，罚完我们好继续收授权费）。

可能和德里克·阿贝尔的预期不太完全一致的是，虽然反垄断调查结束了，但授权业务并没有因此而出现好转。相反，由于部分国产手机厂商少报销售额甚至停止向高通支付无线技术专利费，导致高通2015年第四财季净利润下滑了44%。

3. 魅族和高通早就想“在一起”

虽然接下来可能面临的是曲折的诉讼过程，但高通和魅族双方“在一起”的诉求是明确的。

今天的沟通会，李楠被问及魅族和高通什么时候开始接触时表示，“我们从2009年开始就有接触，2015年进入了深入的谈判”，只不过客观现实是双方在这个过程中没有实质性的突破，所以才导致市面上没有出现采用高通方案的魅族手机。

但魅族对于高通的技术却是持正面评价的，“高通、三星和联发科（MTK）这三家在不同价位上的解决方案是交替领先的，之前用三星，是因为三星在制程上是领先的（对魅族来说），最理想的情况是三家都用，哪家领先就用哪家”。

这意味着，未来双方在专利费用缴多少，以及通过什么形式缴纳的问题解决之后，魅族可能会很快扎进高通的怀抱。

高通方面，尽管从未正面对魅族发起过邀请，但不能回避的现实是，魅族的出货量从去年开始快速提升，如果让这样一个潜在的合作伙伴长期处于竞争对手阵营，得不偿失。

根据Strategy Analytics发布的2015年第三季度手机处理器、平板处理器以及LTE基带调查报告，按照营收份额计算，高通的处理器营收占据了整个行业总营收的36%，位列第一，苹果和联发科分别为27%和20%，尽管仍然处于龙头地位，但趋势却在下滑，相比之下,高通在2014年第三季度的营收则是占据了40%。

对高通来说,通过专利诉讼的形式来加速魅族引入高通方案的进程,一方面可以为提升自身的份额和营收扩大空间,另一方面也形成了对联发科等对手的挖角之势。

4. 国产手机厂商在海外处境尴尬

近年来,国产手机纷纷选择出海,拓展市场份额,但今天高通在中国市场本土,利用专利大棒将国产厂商拉下马,也能侧面反映出国产手机品牌在海外市场可能出现尴尬。

关于这个问题,李楠在媒体沟通会上提到的"外观专利不是核心专利"的说法也值得关注。

李楠说,"魅族的最核心的价值一直是设计和用户体验,魅族的专利都集中在这个领域,但是这些不足以抵抗核心的通信技术专利"。

和魅族有同样尴尬的品牌不在少数,除了中兴、华为、联想、酷派等在内的100多家厂商悉数和高通签署专利授权协议外,最新消息显示,剩余为数不多的几家企业当中,OPPO也正在和高通签署专利授权协议,预计未来两周内就会确定。

遭受核心专利储备不足困扰的还有小米,被专利卡在美国市场门外,一直是悬在小米头上迟迟未能解决的问题。

5月份,小米高级副总裁雨果·巴拉在接受采访时就表示,小米终究会进入美国市场,但2016年不太乐观。不过,通过和高通签署专利授权协议,以此在海外市场获得"反授权"(高通合作伙伴专利豁免),另辟蹊径拓展海外市场,成为小米在短期内不多的选择之一,而此举也在印度市场小米和爱立信的专利诉讼过程中被验证有效。

从某种程度上来说,对知识产权尊重,为专利授权买单,不见得就是一件坏事情,至少短期内可以通过反授权的形式打开海外市场的大门。但从长期来讲,通过自身的核心专利积累才能治本,自主研发是一方面,资本并购也是一方面,至于购买的对象,倒是可以关注关注黑莓。

资料来源:腾讯数码.【壁上观】都是套路!别轻信高通诉讼和魅族反击[EB/OL].(2006-06-29)[2016-07-10]. http://digi.tech.qq.com/a/20160629/006691.htm.

第5章 chapter 5

招标投标类应用文

招标与投标是国际上普遍应用的有组织的商业交易方式，是一种竞争性的经济活动，在国外已有几百年的历史。我国开展招标投标活动的时间不长。为了规范招标投标活动，保护国家利益、社会公共利益和招标投标活动当事人的合法权益，提高经济效益，保证项目质量，1999年8月30日，第九届全国人民代表大会常务委员会第十一次会议通过了《中华人民共和国招标投标法》(以下简称《招标投标法》)。推行招标投标对促进我国市场经济健康发展，繁荣国内外经济贸易和科技事业有着十分重要的意义。

课前阅读：招标公告（范文）

请阅读、分析下面这份招标公告的写作特色。

招标公告

为加快×××科技园区的建设，按照《×××科技园区条例》第四十八条之规定，B市国土资源和房屋管理局决定以公开招标的形式出让×××西区9宗地的国有土地使用权。本次招标出让的×××西区土地为七通一平的熟地，各种市政管线在中标人地上建筑物竣工前保证具备通达条件。××××年10月25日，×××西区的道路市政工程已开工，××××年3月15日，×××西区区内市政基础设施建设已全面开工。

一、招标出让的土地基本情况

×××西区位于B市H区海淀镇，规划范围东起中关村大街，西至规划的彩和坊路，北起规划的北四环路，南至规划的海淀镇南街，总占地面积51.44公顷。整个西区共划分为25个地块，除5个公共绿化用地，可出让的宗地地块为20个，此次公开招标的地块为9宗地，用地性质均为科贸综合，土地使用权出让年限为50年，自中标人与B市国土资源和房屋管理局签订《土地出让合同》之日起计算。每宗地的详细情况请参阅招标文件。

二、投标人资格

中华人民共和国境内外企业、其他组织或个人均可参加投标。允许独立投标或联合投标。非房地产开发公司中标的，可以获得房地产单项开发经营权。中标人必须严格按照经B市规划委员会审定的×××西区修建性详细规划进行开发建设。

三、购买招标文件

投标人可于××××年6月6日起,向科技园拍卖招标有限公司购买招标文件。招标文件售价为人民币1000元。

四、投标期限

(1) 本次招标自公告之日起30个日历日后,开始接收投标人的投标文件。投标人的投标文件送达科技园拍卖招标有限公司(B市H区北四环中路×××号海泰大厦×××室)。当收到某个招标地块第一份有效投标文件次日起七日内,招标人就该地块单独在《中国日报》、《人民日报》、《国土资源报》、《中国建设报》、新浪网进行通告,通告期限为30个日历日,在此通告期限内其他投标单位仍然可以对该地块投标。通告期结束日即为该地块的投标截止日期。逾期送达或不符合规定的投标文件恕不接受。

(2) 截至×××年10月10日,对未收到投标文件的招标地块,科技园拍卖招标有限公司也不再接收投标文件。

五、投标须知

本次招标不接受电话、邮寄及口头投标。详见招标文件。

六、投标文件

(1) 投标书。

(2) 投标人有效的营业执照(或法人资格证明文件)复印件。

(3) 资信证明。

(4) 法定代表人证明、身份证复印件或法定代表人授权委托书及代理人身份证复印件。

(5) 董事会(或权力机构)关于投标的决议。

(6) 以个人身份投标的须提交身份证复印件。

(7) 投标保证金,每幅地块为人民币壹佰万元。

(8) 附件:详细说明投标地块拟建建筑物的功能、建筑设计标准、建筑规模、建设速度、经营计划、产业性质等事项。

招标人:B市国土资源和房屋管理局

授权发标单位:科技园建设股份有限公司

联系电话:+86××××××××××××　传真:+861××××××××××××

联系地址:B市H区北四环中路×××号××大厦×××室(邮政编码)

招标代理机构:科技园拍卖招标有限公司

联系电话:+86××××××××××××　传真:+861××××××××××××

联系地址:B市H区北四环中路×××号××大厦×××室(邮政编码)

××××年6月1日

[**分析**] 这份招标公告写法上采用分条列项的方式,简明扼要,内容周全。对招标各事项等做了准确、简明的介绍,使投标人一目了然。该文结构严谨,层次清楚,格式规范,语言简洁准确。

习作点评

这里是针对第 4 章“申请申报类应用文”布置的课后习作而在课堂上开展师生互动讨论的教学环节设计。

请记录：你希望在课堂上讨论和澄清的问题是：

（1）____

____

（2）____

____

（3）____

____

（4）____

____

（5）____

____

5.1 概　　述

招标投标类应用文是为了适应市场经济和科技项目中招标、投标的需要，按照一定格式和要求编制的各种具有法律性质的文书。招标投标类文书有着特殊重要的地位，它的文书质量好坏直接关系到招标与投标的成功与否，以及随后整个交易过程能否顺利进行。因此，写好招标投标类文书至关重要。

在招标投标的一般过程中，需要编制和写作多种书面材料，如招标公告或投标邀请书、招标文件、投标文件、资格预审公告、中标公告、中标通知书等。此外，在有关环节中，还有招标申请书、投标申请书及向有关行政监督部门提交招标投标情况的书面报告等。可以说，在整个招标投标活动中，各种书面文件的准备和编制是相当复杂和繁重的。

5.1.1 招标投标文件的主要内容

招标投标文件的主要内容可分为三大部分，即程序条款、技术条款、商务条款。无论工程还是货物，通常都包含下列 9 项内容：

（1）招标邀请函。

（2）投标人须知。

（3）招标项目的技术要求及附件。

（4）投标书格式。

（5）投标保证文件。

（6）合同条件（合同的一般条款及特殊条款）。

(7) 技术标准、规范。

(8) 投标企业资格文件。

(9) 合同格式。

其中:

"招标邀请函"的内容包括招标机构编制,简要介绍招标单位名称、招标项目名称及内容、招标形式、售标、投标、开标时间地点、承办联系人姓名地址电话等。

开标时间除给投标商留足准备投标书、传递投标书的时间外,国际招标应尽量避开国外休假和圣诞节,国内招标应避开春节和其他法定节假日。

"投标人须知"由招标机构编制,是招标的一项重要内容。着重说明本次招标的基本程序,包括投标者应遵循的规定和承诺的义务;投标文件的基本内容、份数、形式、有效期和密封及投标其他要求;评标的方法、原则、招标结果的处理、合同的授予及签订方式、投标保证金。

5.1.2 招标文件

《招标投标法》第十条规定,"招标分为公开招标和邀请招标"。公开招标,是指招标人以招标公告的方式邀请不特定的法人或者其他组织投标。邀请招标,是指招标人以投标邀请书的方式邀请特定的法人或者其他组织投标。发布招标公告或发出投标邀请书是招标活动正式开始的标志。招标公告或投标邀请书是招标过程中首先使用的又是唯一的周知性文书,它的目的是告知招标开始的信息,并邀请投标人参加投标,是法律上的一种邀请行为。潜在的投标法人或组织从招标公告或投标邀请书获取初步的信息,然后才能按照其中告知的方式及时间地点进一步获取更详细、更全面的招标书(或称招标文件)。

招标性文件主要讲解招标公告和投标邀请书这两种基于不同招标方式的招标性文书的写作。投标性文书则重点讲解投标函。

5.1.3 商务标与技术标

所谓商务标,是投标文件中有关商务的部分。在投标中必须要报价,其中包括每一项的报价分析或说明。商务标包括商务流程、送货、付款、合同等内容。商务标实际上就是投标文件中的预算部分,关系到中标之后是赢利还是亏本。

所谓技术标,是投标文件中的技术部分,涉及技术方面的方案、技术资料、设备、人力、实施计划、保障措施等。

5.2 招标公告

所谓招标,是指招标人对商品、工程和服务等事先公布采购及承包的条件和要求,以一定的方式邀请投标人投标,并按照公开规定的程序,在投标人中优选合作伙伴的行为。

招标公告书依照有关法律规定提出招标项目、由进行招标的法人或者其他组织编制的关于招标内容、招标事项和具体要求的文件。这些文件种类繁多,不一而足,但都应当根据招标项目的特点和需要编制，其内容应涵盖招标的方式和程序、招标项目的技术要求、对投标人资格审查的标准、投标报价要求和评标标准等所有实质性要求和条件以及拟签订合同的主要条款等。

5.2.1 招标公告的相关规定

根据《招标投标法》的规定，招标人采用公开招标方式的，应当发布招标公告。依法必须进行招标的项目的招标公告，应当通过国家指定的报刊、信息网络或者其他媒介发布。据此法律规定，所谓招标公告，就是招标人通过一定的传播媒介发布招标信息，公告招标有关事项，邀请有能力投标的单位参加投标报价的文书。

招标公告必须在招标项目已按照国家有关规定履行项目审批手续，取得批准，招标人应当有进行招标项目的相应资金或者资金来源已经落实，招标文件编制并报送备案的情况下方能发布。刊登招标公告必须及时，根据原国家发展计划委员会 2000 年 7 月 1 日发布的《招标公告发布暂行办法》第四条，依法必须招标项目的招标公告必须在指定媒介发布。招标公告的发布应当充分公开，任何单位和个人不得非法限制招标公告的发布地点和发布范围。此外，不同类型的招标项目对招标公告的发布有着更为具体、严格的规定，如机电产品的出口招标，规定每次招标前 20 个工作日，招标委员会在《国际商报》等媒体上公告招标的有关事项；房屋建筑和市政基础设施工程施工的公开招标，除应当在国家或者地方指定的报刊、信息网络或者其他媒介上发布招标公告外，同时还应在中国工程建设和建筑业信息网上发布招标公告。

从合同法来看，招标公告是一种要约邀请，目的是介绍招标项目概况和说明招标具体事宜，其作用体现在以下 3 方面：

(1) 充分公开招标信息，吸引更多的参与者，促进竞争，为招标人提供择优选择的机会。

(2) 向潜在投标人公布招标的目的、性质、投标资格要求、步骤等，从而避免招、投标双方的盲目性。

(3) 促使招投标双方按照所约定事项行事，减少工作中的随意性，避免产生不必要的纠纷。

5.2.2 招标公告的主要内容

按照《招标投标法》的规定，招标公告应当载明招标人的名称和地址，招标项目的性质、数量、实施地点和时间以及获取招标文件的办法等事项。此外，招标人可以根据招标项目本身的要求，在招标公告中要求潜在投标人提供有关资质证明文件和业绩情况，并对潜在投标人进行资格审查；国家对投标人的资格条件有规定的，依照其规定，不同类型的招标项目往往以《招标投标法》的规定为基础，再根据招标项目的特点确定至少应载明的内容。通常，招标公告包括以下主要内容：

(1) 招标人名称、地址、联系方式和银行账号等。

(2) 招标情况说明，如对获得招标项目批准、招标批准、招标缘由和目的、招标公告编号的说明。

(3) 招标项目概况,包括招标项目性质、资金来源、项目编号和名称、实施地点、招标内容或范围、数量、承包方式等。

(4) 投标者的条件,如资质要求(特别是需要进行资格预审的招标,应说明投标人需提供的相关证明材料)及是否需要投标保证金、履约保证金等。

(5) 获取招标文件或资格预审文件的办法,包括获取方式、地点、时间、售价等。

(6) 投标起止日期、地点和方式等。

(7) 资格预审时间、方式、事项等。

(8) 现场勘察时间、地点。

(9) 开标时间、地点和方式。

(10) 其他内容,如投标人提出书面问题的时间、投标无效的说明等。

《招标投标法》对招标公告内容的规定,是潜在投标人了解招标项目概况和招标事宜所必需的基本信息。以上所列内容,在写作招标公告的时候,并不是要面面俱到,而是要在保证必要内容的基础上,根据招标人和招标项目的不同情况灵活运用各项的增减和繁简,如关于招标项目的说明、投标人的资格等。在不同项目的招标公告中,差别往往较大,这些都要具体情况具体分析。

5.2.3 招标公告的结构

招标公告的结构一般由标题、前言、主体和结尾四个部分构成。

1. 标题

标题通常有以下形式。

(1) 由招标人名称、招标项目名称和文种构成,如《H市烟草专卖局办公楼及附属设施建设招标通告》、《H市市政公用事业管理局雨水改造设备采购招标公告》等。

(2) 由招标人名称和文种组成,如《××进出口总公司国际招标部招标公告》。

(3) 由招标项目名称和文种组成,如《电脑办公设备招标通告》、《Z省马铃薯脱毒中心建设工程招标公告》等。

(4) 只用文种,如《招标公告》、《招标通告》等。

国际招标还应写明招标人国名。有招标书编号的,应在标题下标明。凡属国际金融组织或外国政府贷款的项目,标题下还需写明贷款编号。

2. 前言

前言要求以简要的文字写明招标的依据、目的、范围、名称、招标方式等,如“C市Q区市容环境管理局的青华路容貌整治工程,经C市Q区发展计划局‘CQ计项目[2013]11号’文件核准为公开招标。工程施工招标已到有关行政监督部门备案,现决定对该项目进行公开招标,选定承包人”。

前言的作用主要是统领全文,展开下文。

3. 主体

这是招标公告的核心部分。招标项目概况，投标者条件和要求，各招标程序（投标、开标、资格预审等）的时间、地点和方式，获取招标文件的办法，都集中在主体部分。

主体部分写作的形式通常有两种：一是采用文章形式，分层分段地进行叙述和说明；二是用分条列款的方式逐条书写，以求清晰。两种写作形式都可以穿插表格。正文内容要条理清楚，表达明确。

4. 结尾

结尾应写清招标人或招标代理人的名称、发文时间、地址、邮政编码、电话、联系人姓名、电子信箱、开户银行和账号等。

一份招标公告，最重要的是把招标的项目、范围、程序、购买招标文件的时间和地点等内容写清楚，明确地传达给潜在投标人，以便为下一步工作的顺利开展奠定良好的基础。因此，写作招标公告应做到要求合法合理、内容真实完整、表述简明准确。

5.2.4 招标公告的编制原则

在组织编制招标公告时，应该注意以下原则：

(1) 全面反映使用单位需求的原则。一般情况下，招标的使用单位（业主方）对自己的工程、项目、货物了解程度的差异很大，项目也有其复杂性，招标机构要针对使用单位状况、项目复杂情况，组织好使用单位设计、编制好标书。做到全面反映使用单位需求。

(2) 科学合理的原则。技术要求、商务条件必须依据充分并切合实际；技术要求根据项目现场实际情况、可行性报告、技术经济分析确立，不能盲目提高标准、提高设备精度、房屋装修标准等，否则会带来功能浪费，多花不必要的钱。

(3) 公平竞争（不含歧视性条款）。招标的原则是公开、公平、公正，只有公平、公开才能吸引真正感兴趣、有竞争力的投标厂商竞争，通过竞争达到采购目的，才能真正维护使用单位利益、维护国家利益。作为招标机构要编制、审定标书，审定标书中是否含歧视性条款是最重要的工作。作为政府招标管理部门，监督部门在管理监督招标工作，其中最重要的任务也包括审查招标文件中是否存有歧视性条款。这是保证招标是否公平、公正的关键环节。

(4) 维护本企业商业秘密及国家利益的原则。招标书编制要注意维护使用单位的商业秘密，也不得损害国家利益和社会公众利益。

5.3 投标邀请书

投标邀请书，又称招标书。根据《招标投标法》的规定，招标人采用邀请招标方式的，应当向三个以上具备承担招标项目能力的和资信良好的特定法人或者其他组织发出投标邀请书。由此可见，投标邀请书是招标人向预先选择的、特定的投标者发出的邀请参加投标的一种专用文书。

有关招、投标的各种法律法规对适宜邀请招标的情况都有说明，如《招标投标法》第十一条规定，"国务院发展计划部门确定的国家重点项目和省、自治区、直辖市人民政府确定的地方重点项目不适宜公开招标的，经国务院发展计划部门或者省、自治区、直辖市人民政府批准，可以进行邀请招标"。

《工程建设项目施工招标投标办法》规定，有下列情形之一的，经批准可以进行邀请招标：

(1) 项目技术复杂或有特殊要求，只有少量几家潜在投标人可供选择的。

(2) 受自然地域环境限制的。

(3) 涉及国家安全、国家秘密或者抢险救灾，适宜招标但不宜公开招标的。

(4) 拟公开招标的费用与项目的价值相比，不值得的。

(5) 法律、法规规定不宜公开招标的。

根据《中华人民共和国政府采购法》第二十九条规定，符合下列情形之一的货物或者服务，可以依照本法采用邀请招标方式采购：

(1) 具有特殊性，只能从有限范围的供应商处采购的。

(2) 采用公开招标方式的费用占政府采购项目总价值的比例过大的。

从以上这些规定不难看出邀请招标方式以及投标邀请书的适用条件和范围。至于特定的投标者如何确定，可以是招标人已有了解的投标方，也可以通过资格预审程序来选择符合相应资格条件的投标者。

5.3.1 投标邀请书的主要内容

从内容上看，虽然适用于不同的招标方式和范围，但实际上，投标邀请书与招标公告应当载明的内容是一致的。有关招投标的法律法规对投标邀请书内容的规定，都是遵循对招标公告内容的规定的。如《招标投标法》第十七条第二款规定，"投标邀请书应当载明本法第十六条第二款规定的事项"，即"招标公告应当载明招标人的名称和地址，招标项目的性质、数量、实施地点和时间以及获取招标文件的办法等事项"。再如《水运工程机电设备招标投标管理办法》第十二条规定，"招标公告(投标邀请书)应当包括以下主要内容：招标人的名称和地址；招标依据；招标项目的概况，包括采购设备的名称、招标范围、供货时间和资金来源等；招标方式、时间、地点、获取招标文件的办法；对投标人的要求；其他事项"。

需要说明的是，由于邀请招标方式的前提是招标人对受邀请的投标者有一定的了解或倾向性，因此投标邀请书的内容往往会相对概括，例如对投标方资质的要求可以省略。当然，繁简的取舍仍要根据具体的情况决定。

由于投标邀请书不是对社会公开发布的，因此，它在格式上不同于招标公告，采取的是书信体。从结构上看，除了与招标公告相同的标题、前言、主体和结尾4个部分，书信体的主要体现是"称谓"部分。

(1) 标题较招标公告简单，只需写明文种名称，即"投标邀请书"。由于是书信体，有时也称"投标邀请函"。

(2) 称谓。指受邀参加投标的单位名称,需要顶格写。

(3) 正文。与招标公告的前言和主体相同,用以说明招标依据、目的以及具体事项。在写法上,可采取分层表述,也可分条列项,视内容繁简而定。

(4) 落款。与招标公告结尾相同,应写清招标人的名称、地址、邮政编码、电话、联系人姓名、发文时间等内容。

5.3.2 投标邀请书范文

投标邀请书

________________:

×××大学物资采购中心受×××大学委托,对×××大学3D打印机采购项目进行公开招标。

1. 招标编号:资采2013-006。

2. 招标项目名称:×××大学3D打印机采购项目。

3. 招标文件售价:每份人民币500元。招标文件售后不退。

4. 购买招标文件时间和地点:

时间:2013年11月9日,9:30至16:00。

地点:×××大学资产管理处(G区湖州街51号×××大学行政楼212室)。

购买标书时必须携带以下文件:

(1) 投标单位的营业执照副本原件及副本复印件(加盖公章)。

(2) 法人授权委托书原件及被授权人身份证原件及复印件(加盖公章)。

5. 投标截止时间:2013年11月16日上午8:30,逾期收到或不符合规定的投标文件恕不接受。

6. 开标时间:2013年11月16日上午8:50。

7. 投标地点:G区湖州街51号×××大学行政楼212室。

8. 开标地点:另行通知。

9. 凡对本次招标提出具体询问的,请与×××大学物资采购中心联系。

×××大学物资采购中心

地址:G区湖州街51号

邮编:×××××

联系人:孙老师、王老师

电话:

传真:

2013年10月30日

5.4 投 标 书

所谓投标，是指投标人响应招标人的邀请，根据招标条件，在规定的时间内参加投标竞争，争取中标从而达成签订合同的行为。

5.4.1 投标性文书

投标性文书就是对招标文件做出响应和承诺，为提出自己的应标能力和备选方案而制作的多种书面文件的集合，即相关法律法规中所称的“投标文件”。《招标投标法》第二十七条规定，“投标人应当按照招标文件的要求编制投标文件。投标文件应当对招标文件提出的实质性要求和条件做出响应。招标项目属于建设施工的，投标文件的内容应当包括拟派出的项目负责人与主要技术人员的简历、业绩和拟用于完成招标项目的机械设备等”。

投标文件的内容一般包括投标书(函)，各种证明投标人信誉、资质、业绩等的文件，响应投标项目技术要求、价格、实施等的文件，响应合同条款的文件，法定代表人授权委托书等。

投标是一个比实力、比技术、比信誉、比价格、比策略的竞争过程，也是一个限制与反限制的过程。可以说，投标性文书是整个招标投标过程中的核心文件，招投标活动的最终环节——中标，是以投标性文书为凭据的。同时，投标性文书还是中标后签订合同的基础。因此，投标人必须对招标项目做出周密细致的研究，慎重考虑各种因素后制作投标性文书。

投标书又称技术投标书、投标申请书，它要求密封后邮寄或派专人送到招标单位，故又称投标函。它是投标单位在充分领会招标文件，进行现场实地考察和调查的基础上所编制的投标文书，是对招标公告提出的要求的响应和承诺，并同时提出具体的标价及有关事项来竞争中标。

5.4.2 投标书的主要内容

投标单位因为参与公平竞争而拥有获得新的市场机会。因此，为了在竞争中取胜，投标单位必须努力改善经营策略，不断提高管理水平，进行技术改造和革新，以达到招标公告规定的标准和条件，进而提高企业的经济效益，增强企业的综合素质。

投标书是招标工作时采购当事人都要遵守的具有法律效力的文件，因此逻辑性要强，不能前后矛盾，模棱两可，用语要精炼、简短。对政策法规的准确理解与执行，有利于标书制作者剔除歧视性条款。

投标书是整个招投标过程中最重要的环节之一。投标书必须表达出使用单位的全部意愿，不能有疏漏，它也是投标商编制投标书的依据，投标商必须对标书的内容进行实质性的响应，否则被判定为无效标(按废标处理)。投标书同样也是评标最重要的依据。

按招标的范围，可分为国际招标书和国内招标书。国际招标书和投标书要求两种版本，按国际惯例是以英文版为准，但实际情况下通常是以建设采购方所在地的语言为准。

如果国外企业进行国际招标，一般是以英语（或当地语言）为准。如果是中国单位进行国际招标，招标文件中一般注明，当中英文版本产生差异时以中文为准。

按招标的标的物划分，又可分为三大类：货物、工程、服务。根据具体标的物的不同，还可以进一步细分。如工程类进一步可分施工工程、装饰工程、水利工程、道路工程、化学工程等。每一种具体工程的标书内容差异非常大。货物标书也一样，简单货物如粮食、石油；复杂货物如机床、计算机网络，标书的差异也非常大。

5.4.3 投标书的结构

法律规定，投标文件应按照招标文件规定的内容和要求编制。有时，投标函和投标文件是投标人根据招标文件的要求自行制作的。但通常，投标函及投标文件中其他文件的格式是招标文件提供的。

根据投标的特点以及评标、定标的准则，投标书的内容一般应包括封面、对招标文件的理解、投标单位的现有条件、技术方案的选择、进度安排和完成期限以及经费概算或报价等内容。

1. 封面

技术投标书的封面同科研计划申请书一样，包括项目名称、投标单位、联合投标单位和填报日期等内容。

项目名称就是投标者所要承担的任务名称。它必须与招标书中招标项目的名称一致，否则会被误认为是其他项目的投标而作废标处理。

投标单位是指参与投标竞争并准备承担该技术项目的单位或召集单位。其他参加投标的联合单位填在联合（协作）单位一栏。投标方单位的名称一定要写全称，不能使用简称。若投标方有其他单位的人员以个人名义参加，则其所在单位不能作为投标的联合方参加投标。

2. 投标项目的目的、意义、内容、技术要求和指标

投标项目所需达到的目的以及研究开发的主要内容、要实现的技术指标是招标文件中已经被指定的东西。作为一个完整的投标文件，对于这部分内容，必须予以复述。

3. 投标方现有的基础条件

也称为资格审查条件，它是向招标方展示投标方承担该项技术所具备的能力和保障条件，是影响技术投标成败的重要依据。具体可从如下几个方面进行论述：

(1) 投标单位的技术力量。包括是否从事同类或类似项目研究，研究水平在全国或同业中所处的地位，技术队伍素质和结构以及联合投标单位的搭配情况。

(2) 项目负责人情况。包括项目负责人专业技术职务，在同类项目或类似项目中的获奖情况，论文、著作和报告情况，实践经验、组织能力和联络活动能力等。

(3) 投标单位的物质基础。包括现有的实验场地、实验仪器、设备和测试手段，可利用的外部设备和测试设备，财政经济状况。

(4) 投标单位的资信度。包括投标单位历史发展情况、投标单位信誉状况及经营作风、投标单位内部管理特别是技术管理情况。

4. 技术方案

技术方案是投标的关键内容,主要包括技术路线、技术关键及其解决的途径,预计达到的技术经济指标及经济社会效益等。除了要对其内容进行论证外,还应就其有关方面的综合优越性加以论述。如该技术具有先进性,竞争力强;具有可靠性,能与招标单位的生产现状、设备条件和技术素质相适应;具有可行性,设计合理,技术风险程度低;具有成套性,能提供成套服务等。为了论证上述技术性能,还必须就该技术的国内外研究现状、水平和发展趋势加以说明,提供论证背景材料。写作时,要充分了解各方面的情况,实事求是地说明该技术的各种优越性,指出其存在的不足,这样就会赢得招标者的信任。

5. 进度安排和完成期限

这部分内容包括年度目标、阶段目标和最终目标完成的时间安排以及最后完成期限。完成期限必须符合招标书规定的时间要求。编制进度表时,要充分估算各阶段任务的难易、复杂程度,力求在最短时间内提前完成任务。为了防止不可预见因素,还必须在时间上留有余地,以免不能按期完成任务而造成经济和声誉上的损失。

6. 经费概算和物质条件要求

由于投标书中的内容、指标、时间期限都应满足招标的需求,不能附加条件,因此投标成败的关键在于报价的恰当与否。最恰当的报价应当竞争力强,中标的可能性大,又能使自己获得尽可能多的利润。由于招标方一般要优先考虑投标者是否有自筹经费,所以投标方应根据自己的实际情况和对该项目的期望程度,如实地填报力所能及的自筹经费额度。

7. 其他

(1) 投标方和联合投标方。

这部分内容包括参加投标的主要和协作单位。在写作时,不仅要把投标单位、协作投标单位的全称写清楚,而且还要写明各单位分工的具体情况。

(2) 项目负责人和参加人员。

5.4.4 投标书范文

投　标　书

致:××集团采购中心

　　××公司授权__________(全权代表姓名)__________(职务、职称)为全权代表,参加贵中心组织的××印务总公司印刷材料招标项目的有关活动,并对该项目进行投标,提供投标须知规定的全部投标文件,正本一份,副本六份,其内容包括:

1. 投标书(函)。

2. 开标一览表。

3. 投标技术响应文件。

4. 商务条款响应文件。

5. 按招标文件投标人须知和技术规范要求提供的有关文件。

6. 资格证明文件。

据此函,投标人同意如下:

1. 我们已详细审查全部招标文件及附件。

2. 若中标,我方将严格按招标文件的具体规定与项目法人签订经济合同,并严格履行合同规定的义务。若在合同执行的过程中发现货物质量、规格、性能、数量等有差异,我方一定尽快更换或退货,并承担相应的经济责任。

3. 本投标有效期与招标文件的要求一致。

4. 在整个招标过程中,我方若有违规行为,贵中心可按招标文件规定给予惩罚,我方完全接受。

5. 投标人同意提供按照贵方可能要求的与其投标有关的一切数据、情况和技术等资料。

6. 与本投标有关的一切往来通信请寄:

详细地址:

电话:

传真:

邮编:

投标单位(盖章)

法定代表人签字:

日期:

案例研究:改写范文写作招标公告

请参考本章的"课前阅读:招标公告(范文)",改写完成一份某单位信息技术产品采购的招标公告。信息技术产品可以是批量采购的电脑设备、网络工程设备、软件产品、信息技术设备耗材等。

注意:这里完成的招标公告将用于编制下面的"课后习作:信息技术设备采购投标书"。

请另外附纸完成你的习作,并粘贴在这里(适当折叠)。

- -

(招标公告-粘贴线)

课后习作：信息技术设备采购项目投标书

1. 习作内容

(1) 请参考本章“5.4 投标书”以及根据在本章“案例研究”中改写完成的招标公告，写作对应的“信息技术设备采购投标书”。

请另外附纸完成你的习作，并粘贴在这里(适当折叠)。

(投标书-粘贴线)

(2) 请根据你完成的投标书，准备一份应标演讲所需要的PPT演示文稿。在下一周的课堂教学环节中，将随机抽取学生上讲台进行应标演讲(讲标)，并给定作业成绩。(例如：完成作业的记3分，抽到并完成演讲的记4分或者5分)

2. 习作总结

____

____

____

____

3. 习作评价(教师)

____

____

延伸阅读：网络阅读与写作——与李方老师商榷

朱建陵[①] 2013年7月3日

看到腾讯网李方老师的一篇文章《整体中文写作水平不能继续这么差劲了》，忽然心虚了起来。他说：“不客气地讲，目前中文写作里边舍得拿出几倍于写作时间去搜集整理材料的人太少了，往往是有一点灵感或者动机，就急不可耐地一挥而就。”心虚的原因是20年来，我从事的新闻业，给我的就是这样“一挥而就”的训练，鼓励新闻记者成为“三分钟专家”。

进入台湾新闻业是在1991年底，从改写新闻稿开始学习起，第一次受命写一篇新闻

① 朱建陵，先学政治，再学国际关系，之后，是长达20年的祖国内地新闻“跑”者。关心所有台湾、内地两岸议题及内地政治、社会议题。经历台湾最剧烈的政治变迁，旁观内地最快速的社会变化。

评论，应该是在1992年。至今记得那回，那是前网络、前Google时代，单位拥有一个庞大的剪报数据室，接到撰写评论的指示之后，急忙从选取剪报、影印开始，在桌上摞了厚厚一叠新闻数据之后，开始细心阅读。

有回，受命写一篇新闻评论，只记得将数据囫囵吞枣地塞入脑子之后碰到一个大困难，发现自己对该新闻的认识陷入歧路亡羊的困境，歧路之中又有歧路。于是当天，从晚上七时找数据开始，一直到晚上十时左右，左思右想，实在找不到出路，估计已经不可能在十一时以前交稿，不得不厚着脸皮向单位主管说："抱歉！我写不出来！"

受到这次刺激之后，我下了苦功，自己做剪报，依据各种新闻类别，书架上整齐排列了上百个档案夹。然后知道，新闻记者的"三分钟专家"，其实就像艺人上台表演一样，是"台上三分钟，台下十年功"。

在此之后，再被指派撰写评论，多数是一些已经驾轻就熟的问题，甚至是已经思虑良久的问题。也就是说，如果撰写一篇评论需要十分的功夫，之前已经具备其九了。

对粗浅的"三分钟专家"来说，网络时代必然遭到淘汰。早年靠着剪报数据冒充专家，少有人能发现，而网络时代提供信息搜寻方便的同时，也将带来考验。评论者必须言人所未言，因为你看得到的数据，所有人也都看得到，如何在浩如烟海的信息中找出一条线索、理出一个头绪，更有赖"台下十年功"。

至于网络时代究竟应该如何写作，个人以为，应该从网络时代人们究竟如何阅读谈起。

我十几年前就放弃了电视，因为看电视获取新知的投资报酬实在太低，多数时候越看越生气。约略五年前开始，我也不再自掏腰包买报纸了，如果网上都看得到，何必浪费纸张，弄得满手油墨，还要定期提着沉重的旧报纸去丢垃圾。

网上的阅读，一开始是从各家报纸的在线版电子报开始，而后转向各主要新闻入口网站。但月前发现，自己已经很久没再上新闻入口网站了，都是透过社交网络(微博、推特、脸书)的链接，了解当日最热门、最被议论的新闻。

当然，我每天还固定浏览许多独立的新闻网站，把重要的新闻、评论截取下来存档。这样的存盘功夫，我已经做了13年。

多年来的网络阅读，我汲取了一些经验。

首先，1500字长度的文章是顶端，2000字是极限，再长的文章，是拿来存档用的，除非是绝对精品，少有人有耐心读完；其次，遣词用字不宜太过深奥，文章逻辑不宜转太多弯，那也是对阅众耐心的一大考验；第三，真正的好文章，和往日登载在报纸上的效果不同，绕梁可以超过三日，而其受众范围则更加广阔，不局限于一家报纸的订户，甚至不局限于台湾，可以跨过台湾海峡，甚至跨过太平洋。

至于网络写作问题，我以为，小说，以其长度，还是应该交给书本；诗歌，以其阅读情境及氛围，正襟危坐在桌前，盯着屏幕，也实在不适合，还是应该交给书本。网络写作，散文及时评仍应该是主流，其他文体之于网络，可能主要是一个传播方式，而不是一个良好的阅读平台。

再之，网络写作与网络阅读的一个重大问题，是浮滥。

既然是一个平民写作、平民阅读的时代，人人可以键字为文，难免充满烂竽。为节省时间,我自己选择的阅读方式,首先是慎选每日必浏览网站,并随时更替;其次是记下看过好文章的作者名字,并随时扩充,每当新添一个认可的作者名字时,总是充满喜悦。

透过这样的方式,李方老师忧心的“整体中文写作水平”差劲问题,至少在我的阅读经验里,并没那么严重。

资料来源:朱建陵.网络阅读与写作:与李方老师商榷[EB/OL].(2013-06-28)[2016-05-10].http://dajia.qq.com/blog/223408121912753.

第6章 chapter 6

合同协议类应用文

《中华人民共和国民法通则》第85条规定,"合同是当事人之间设立、变更、终止民事关系的协议。依法成立的合同,受法律保护"。广义合同指所有法律部门中确定权利、义务关系的协议。狭义合同指一切民事合同。还有最狭义合同仅指民事合同中的债权合同。《中华人民共和国合同法》第2条规定,"合同是平等主体的自然人、法人、其他组织之间设立、变更、终止民事权利义务关系的协议。婚姻、收养、监护等有关身份关系的协议,适用其他法律的规定"。

协议在法律上是合同的同义词。只要协议对买卖合同双方的权利和义务做出明确、具体和肯定的约定,即使书面文件上被冠以"协议"或"协议书"的名称,一经双方签署确定,即与合同一样,对买卖双方具有约束力。

课前阅读:技术开发(委托)合同(范文)

[导读] 下面是一份标准的技术开发(委托)合同范本,该合同在约首部分便将签约当事人双方的资料逐项详细说明,使人一目了然。正文开头简明介绍了签约的目的、根据、项目名称和签约的基本原则后,即分条列项地开始合同主要条款的写作。条款的拟订切合技术开发合同的实际签订需要和技术规范,层次清楚,条目清晰,分项细致,逻辑顺畅,内容完整,责权分明,语言简洁,界定明白。约尾部分相关手续交代清楚、无遗漏。

技术开发(委托)合同

委托方(甲方):	受托方(乙方):
住所地:	住所地:
法定代表人:	法定代表人
项目联系人:	项目联系人:
联系方式:	联系方式
通信地址:	通信地址:
电话:	电话:
传真:	传真:
电子信箱:	电子信箱:

本合同甲方委托乙方研究开发____________项目，并支付研究开发经费和报酬，乙方接受委托并进行此项研究开发工作。双方经过平等协商，在真实、充分地表达各自意愿的基础上，根据《中华人民共和国合同法》的规定，达成如下协议，并由双方共同恪守。

第一条　本合同研究开发项目的要求如下：

1. 技术目标：________________________。
2. 技术内容：________________________。
3. 技术方法和路线：____________________。

第二条　乙方应在本合同生效后______日内向甲方提交研究开发计划。研究开发计划应包括以下主要内容：

1. ______________________________。
2. ______________________________。
3. ______________________________。
4. ______________________________。

第三条　乙方应按下列进度完成研究开发工作：

1. ______________________________。
2. ______________________________。
3. ______________________________。
4. ______________________________。

第四条　甲方应向乙方提供的技术资料及协作事项如下：

1. 技术资料清单：________________________。
2. 提供时间和方式：______________________。
3. 其他协作事项：________________________。

本合同履行完毕后，上述技术资料按以下方式处理：

____________________________________。

第五条　甲方应按以下方式支付研究开发经费和报酬：

1. 研究开发经费和报酬总额为______________________。

其中：

(1) ______________________________。
(2) ______________________________。
(3) ______________________________。
(4) ______________________________。

2. 研究开发经费由甲方______(一次、分期或提成)支付乙方。具体支付方式和时间如下：

(1) ______________________________。
(2) ______________________________。
(3) ______________________________。

(4) ____。

乙方开户银行名称、地址和账号为：

开户银行：____。

地址：____。

账号：____。

3. 双方确定，甲方以实施研究开发成果所产生的利益提成支付乙方的研究开发经费和报酬的，乙方有权以____________________的方式查阅甲方有关的会计账目。

第六条 本合同的研究开发经费由乙方以__________________________的方式使用。甲方有权以_________________________的方式检查乙方进行研究开发工作和使用研究开发经费的情况，但不得妨碍乙方的正常工作。

第七条 本合同的变更必须由双方协商一致，并以书面形式确定。但有下列情形之一的，一方可以向另一方提出变更合同权利与义务的请求，另一方应当在______日内予以答复；逾期未予答复的，视为同意。

1. ____。

2. ____。

3. ____。

4. ____。

第八条 未经甲方同意，乙方不得将本合同项目部分或全部研究开发工作转让第三方承担。但有下列情况之一的，乙方可以不经甲方同意，将本合同项目部分或全部研究开发工作转让第三方承担：

1. ____。

2. ____。

3. ____。

4. ____。

乙方可以转让研究开发工作的具体内容包括：_______________。

第九条 在本合同履行中，因出现在现有技术水平和条件下难以克服的技术困难，导致研究开发失败或部分失败，并造成一方或双方损失的，双方按如下约定承担风险损失：____

____。

双方确定，本合同项目的技术风险按________________________的方式认定。认定技术风险的基本内容应当包括技术风险的存在、范围、程度及损失大小等。认定技术风险的基本条件是：

1. 本合同项目在现有技术水平条件下具有足够的难度。

2. 乙方在主观上无过错且经认定研究开发失败为合理的失败。

一方发现技术风险存在并有可能致使研究开发失败或部分失败的情形时，应当在______日内通知另一方并采取适当措施减少损失。逾期未通知并未采取适当措施而致使损失扩大的，应当就扩大的损失承担赔偿责任。

第十条　在本合同履行中,因作为研究开发标的的技术已经由他人公开(包括以专利权方式公开),一方应在________日内通知另一方解除合同。逾期未通知并致使另一方产生损失的,另一方有权要求予以赔偿。

第十一条　双方确定因履行本合同应遵守的保密义务如下:

甲方

1. 保密内容(包括技术信息和经营信息):________________。

2. 涉密人员范围:________________。

3. 保密期限:________________。

4. 泄密责任:________________。

乙方

1. 保密内容(包括技术信息和经营信息):________________。

2. 涉密人员范围:________________。

3. 保密期限:________________。

4. 泄密责任:________________。

第十二条　乙方应当按以下方式向甲方交付研究开发成果。

1. 研究开发成果交付的形式及数量:________________。

2. 研究开发成果交付的时间及地点:________________。

第十三条　双方确定,按以下标准及方法对乙方完成的研究开发成果进行验收:
________________________________。

第十四条　乙方应当保证其交付给甲方的研究开发成果不侵犯任何第三方的合法权益。如发生第三方指控甲方实施技术侵权的,乙方应当________________。

第十五条　双方确定,因履行本合同所产生的研究开发成果及其相关知识产权权利归属,按下列第________种方式处理。

1. (甲、乙、双)方享有申请专利的权利。

专利权取得后的使用和有关利益分配方式如下:________________。

2. 按技术秘密方式处理。有关使用和转让的权利归属及由此产生的利益按以下约定处理。

(1) 技术秘密的转让权:________________。

(2) 技术秘密的使用权:________________。

(3) 相关利益的分配办法:________________。

双方对本合同有关的知识产权权利归属特别约定如下:________________。

第十六条　乙方不得在向甲方交付研究开发成果之前,自行将研究开发成果转让给第三方。

第十七条　乙方完成本合同项目的研究开发人员享有在有关技术成果文件上写明技术成果完成者的权利和取得有关荣誉证书、奖励的权利。

第十八条　乙方利用研究开发经费所购置与研究开发工作有关的设备、器材、资料等财产,归________(甲、乙、双)方所有。

第十九条　双方确定，乙方应在向甲方交付研究开发成果后，根据甲方的请求，为甲方指定的人员提供技术指导和培训，或提供与使用该研究开发成果相关的技术服务。

1. 技术服务和指导内容：____。

2. 地点和方式：____。

3. 费用及支付方式：____。

第二十条　双方确定，任何一方违反本合同约定，造成研究开发工作停滞、延误或失败的，按以下约定承担违约责任。

1. __________违反本合同第________条约定，应当____________________（支付违约金或损失赔偿额的计算方法）。

2. __________违反本合同第________条约定，应当____________________（支付违约金或损失赔偿额的计算方法）。

3. __________违反本合同第________条约定，应当____________________（支付违约金或损失赔偿额的计算方法）。

4. __________违反本合同第________条约定，应当____________________（支付违约金或损失赔偿额的计算方法）。

5. __________违反本合同第________条约定，应当____________________（支付违约金或损失赔偿额的计算方法）。

第二十一条　双方确定，甲方有权利用乙方按照本合同约定提供的研究开发成果，进行后续改进。由此产生的具有实质性或创造性技术进步特征的新的技术成果及其权利归属________（甲、乙、双）所有。具体相关利益的分配办法如下：________。

乙方有权在完成本合同约定的研究开发工作后，利用该项研究开发成果进行后续改进。由此产生的具有实质性或创造性技术进步特征的新的技术成果，归________（甲、乙、双）方所有。具体相关利益的分配办法如下：____________________。

第二十二条　双方确定，在本合同有效期内，甲方指定____________为甲方项目联系人，乙方指定____________________为乙方项目联系人，项目联系人承担以下责任：

1. ____。

2. ____。

3. ____。

一方变更项目联系人的，应当及时以书面形式通知另一方。未及时通知并影响本合同履行或造成损失的，应承担相应的责任。

第二十三条　双方确定，出现下列情形，致使本合同的履行成为不必要或不可能的，一方可以通知另一方解除本合同：

1. 因发生不可抗力或技术风险。

2. ____。

3. ____。

第二十四条　双方因履行本合同而发生的争议，应协商、调解解决。协商、调解不成的，确定按以下第________种方式处理：

1. 提交________________________仲裁委员会仲裁。

2. 依法向人民法院起诉。

第二十五条　双方确定，本合同及相关附件中所涉及的有关名词和技术术语，其定义和解释如下：

1. ____。

2. ____。

3. ____。

4. ____。

5. ____。

第二十六条　与履行本合同有关的下列技术文件，经双方以书面方式确认后，为本合同的组成部分。

1. 技术背景资料：____。

2. 可行性论证报告：______________________________________。

3. 技术评价报告：____。

4. 技术标准和规范：______________________________________。

5. 原始设计和工艺文件：__________________________________。

6. 其他：____。

第二十七条　双方约定本合同其他相关事项为：____________。

第二十八条　本合同一式________份，具有同等法律效力。

第二十九条　本合同经双方签字盖章后生效。

甲方：(盖章)　　　　　　　　　　　　乙方：(盖章)

法定代表人/委托代理人：(签名)　　　法定代表人/委托代理人：(签名)

年　月　日　　　　　　　　　　　　　年　月　日

印花税票粘贴处：

(以下由技术合同登记机构填写)

合同登记编号：

1. 申请登记人：

2. 登记材料：

(1)

(2)

(3)

3. 合同类型：

4. 合同交易额：
5. 技术交易额：
技术合同登记机构(印章)
经办人：
年 月 日

习作点评

这里是针对第5章“招标投标类应用文”布置的课后习作而在课堂上开展师生互动讨论的教学环节设计。

请记录：你希望在课堂上讨论和澄清的问题是：

(1) ____________________

____

(2) ____________________

____

(3) ____________________

____

(4) ____________________

____

(5) ____________________

____

6.1 技术合同

技术合同的写作格式已经规范化、表格化了，原国家科学技术委员会与国家工商行政管理局共同制定并公布了技术合同示范文本，包括技术开发合同、技术转让合同、技术咨询和技术服务合同。

6.1.1 技术开发合同

技术开发合同主要条款的一般写法如下。

1. 项目名称

项目名称是指技术开发合同的具体分类名称，如×××技术委托开发合同，×××产品合作开发合同。要用简明、准确的语言反映合同的技术特征和法律特征，名称与内容必须相符。

2. 标的内容、形式和要求

标的内容是指当事人通过履行合同所要完成的科学技术成果。当事人必须明确约定技术开发合同标的的技术成果形式,还应注明开发成果的科技水平以及衡量和评定的主要技术指标和经济指标。经济指标是指量化的经济效益。技术指标是指所研究开发的技术在该技术领域内所要达到或应完成的某种技术标准和参数。技术指标应具体写明是国际标准、国家标准还是行业标准等,应用具体数据写明具体设计要求、技术先进程度。

3. 研究开发计划

当事人双方应约定一个周密、合理的工作计划,包括实施研究开发工作的总体计划、年度计划、半年度计划等,各种计划应明确约定每一阶段所要解决的技术问题、完成的研究内容、达到的目标及完成的期限。

4. 研究开发经费、报酬及其支付或结算方式

当事人双方应当明确写明合同研究开发经费的总金额以及研究开发经费和报酬的来源。如果是合作开发,应明确双方分担经费的数额,并在合同中分别写明。技术开发合同经费结算方式主要有两种:一是经费包干,实行经费包干使用,研究开发方的报酬应包含在结余的研究开发经费中,委托方不另行支付报酬;二是实报实销,实行该结算方式,双方当事人应在合同中约定,当研究开发经费不足时,委托方应补充支付;当经费出现剩余时,研究开发方应如数返还;同时还应明确约定研究开发的报酬数额、支付的形式和时限等。有关合同价款支付方式,当事人可以协商议定。

5. 利用研究开发经费购置的设备、器材、资料的财产权属

双方当事人应根据合同的具体情况,合理划分设备、器材、资料的权属并明确约定,当事人应分别列出属于单方或共有的设备、器材、资料的清单。

6. 履行的期限、地点和方式

合同中应写明合同开始履行到履行完毕的起止期限,并约定合同履行的具体地点。实践中对合同履行地未约定或约定不明确的,推定在研究开发方所在地履行。合同的履行一般通过新(软件)系统、新材料、新产品、新工艺的研制、开发,样品、样机的试制等各种方式来完成。

7. 技术情报和资料的保密

(1) 合同内容涉及国家安全和重大利益需要保密的,必须在合同中载明秘密事项的范围。

(2) 对合同中涉及的仅为少数专家掌握并使拥有者在竞争中获得优势的技术情报、资料、数据、信息和其他技术秘密,当事人双方要约定承担保密义务。

(3) 当事人根据合同所涉及的技术进步程度、生命周期以及其在竞争中的优势等因素，商定技术保密的范围、时间以及各方所承担的保密责任。

(4) 当事人双方可以约定，无论合同是否变更、解除或终止合同，保密条款继续有效，各方均应继续承担约定的保密义务。

(5) 保密条款不得与国家法律、法规及有关政策相抵触。

8. 技术协作和技术指导的内容

双方可以约定技术协作和指导的具体内容以及协作和指导中各方所应承担的义务和责任。

9. 风险责任约定

对合同的风险责任做出合理的约定，约定风险责任承担主体、风险责任承担原则、比例及方式。

10. 技术成果的归属和分享条款

当事人在合同中对包括著作权、专利权、非专利技术使用权、转让权如何使用，归谁所有以及利益如何分配应当做出约定。确认技术成果权属应当遵循两个原则：一是精神权利不可侵犯的原则。精神权利是指与技术成果完成者人身和创造性劳动不可分割的荣誉权和身份权。二是经济权利合理分享的原则。经济权利是指通过使用、转让技术成果取得物质利益的财产权利。当事人应当根据平等互利的原则，在合同中约定技术成果合理的分享办法。

11. 验收的标准和方式

验收方法可采用技术鉴定会、专家技术评估等方式，委托方单方认可也可视为验收通过。最后由验收方出具验收证明及文件，作为合同验收通过的依据。

12. 违约金或者损失赔偿额的计算方法

约定双方对等的违约责任及违约金、损失赔偿额的具体计算方法。

1) 委托方的违约责任

(1) 委托方违反合同，造成研究开发工作停滞、延误或者失败的，应当支付违约金或赔偿损失。

(2) 委托方拖延支付研究开发经费，造成研究开发工作停滞、延误的，承担相应的责任；委托方逾期两个月不支付研究开发经费或者报酬的，研究开发方有权解除合同，委托方应当返还技术资料，补交应付的报酬，赔偿因此给受托方造成的损失。

(3) 委托方未按照合同约定提供技术资料、原始数据和协作事项有重大缺陷，导致研究开发工作停滞、延误、失败的，委托方应当承担责任；委托方逾期两个月不提供技术资料、原始数据和协作事项的，研究开发方有权解除合同，委托方应当赔偿因此给研究开发方所造成的损失。

(4) 委托方逾期六个月不接受研究开发成果的,研究开发方有权处理研究开发成果;所获得的收益在扣除约定的报酬、违约金和保管费后,退还委托方;所得收益不足以抵偿有关报酬、违约金和保管费的,研究开发方有权请求委托方赔偿损失。

2) 研究开发方的违约责任

(1) 研究开发方违反合同造成研究开发工作停滞、延误的,除应当采取补救措施继续履行合同外,还应当支付违约金或者赔偿损失;造成研究开发工作失败的,应当返还全部或者部分研究开发经费和报酬,并支付违约金或者赔偿损失。

(2) 研究开发方未按计划实施研究开发工作的,委托方有权要求其实施研究开发计划并采取补救措施。研究开发方逾期两个月不实施研究开发计划的,委托方有权解除合同。研究开发方应当返还研究开发经费,赔偿因此给委托方所造成的损失。

(3) 研究开发方将研究开发经费用于开发合同以外目的的,委托方有权要求其退还相应的经费。因此造成研究开发工作停滞、延误或者失败的,研究开发方应当支付违约金或者赔偿损失。经委托方催告后,研究开发方逾期两个月未退还经费的,委托方有权解除合同。研究开发方应当返还研究开发经费,赔偿因此给委托方造成的损失。

(4) 由于研究开发方的过错,造成研究开发成果不符合合同约定条件的,研究开发方应当支付违约金或者赔偿损失;造成研究开发工作失败的,研究开发方应当返还部分或者全部研究开发经费,并支付违约金或者赔偿损失。

13. 争议的解决方法

双方当事人可以约定选择采用协商解决、调解解决、仲裁解决或者诉讼解决四种解决方法中的一种或多种,但仲裁和诉讼不能同时选择。同时应写明仲裁委员会的具体名称,或约定具体的管辖法院。

14. 名词和术语的解释

为了避免因关键名词和术语在理解、认识上发生误解而影响合同履行,当事人必须对合同中出现的一些特定名词和术语做必要的说明和注释。

15. 附件

列入国家计划的科技项目订立的合同,应当附项目计划书、任务书及主管机关的批准文件。涉及专利的,应注明发明创造的名称、专利申请人和专利权人、申请日期、申请号、专利号及专利权的有效期限。

6.1.2 技术转让合同

技术转让合同主要条款的写法如下。

1. 非专利技术的内容要求和工业化开发程度条款

对所要转让的技术,要写清名称、技术标准、技术要求、物理和化学特性等,一般采用具体的数字技术指标来说明。同时要说明该技术成果工业开发程度,比如是属于小试、中试的阶段性成果，还是可以直接投入生产使用的工业化成果。对于新设备，要写明×台/月产或×台/年产以及设备的技术参数；对于新材料，要写明××件/月产、××件/年产以及材料的各种性能指标等；对于新工艺，要写明××kg/月产、×××t/年产以及产品的技术指标等。撰写要实事求是、清楚、明了、实在。

2. 技术情报和资料及其提交期限、地点和方式

转让方必须慎重防范，对入门费和技术使用费，应采取先付款后再交情报资料的方式，或者两者同时进行的做法。在此条款中详细写明白，在违约条款中也应详细写明。

3. 经费及其支付方式

约定此条款时，要协商选择双方都能接受的方式，并写明经费数量、支付时间或期限。

4. 技术秘密的范围和保密期限

根据实际情况明确约定具体的保密范围、时间以及各方应承担的保密责任。

5. 违约金或者损失赔偿额的计算方法

1）转让方违约责任

(1) 未按照合同约定转让技术的，除返还全部或部分使用经费外，还应当支付违约金或赔偿损失。

(2) 逾期两个月不办理有关标的物的移交手续，不提供有关技术情报和资料，应当返还价款并按合同支付违约金或赔偿损失。

(3) 实施专利或者使用技术秘密超越约定的范围的，违反约定擅自允许第三人实施该专利或者使用该项技术秘密的，应当停止违约行为，承担违约责任。

(4) 转让方违反合同保密义务，而使受让方遭受损失，应当支付违约金或赔偿损失。

(5) 技术秘密达不到约定指标的，转让方应当支付违约金或赔偿损失。

2）受让方违约责任

(1) 受让方未按照约定支付使用费的，应当补交使用费，并按照约定支付违约金；不补交使用费或者不支付违约金的，应当停止实施专利或者停止使用技术秘密，交还技术资料，支付违约金或赔偿损失。

(2) 受让方逾期两个月不支付使用费或价款的，转让方有权解除合同，受让方应当补交使用费，并支付违约金或赔偿损失。

(3) 实施专利或者使用技术秘密超越约定的范围的，违反约定擅自允许第三人实施该专利或者使用该项技术秘密的，应当停止违约行为，承担约定责任。

(4) 受让方违反合同保密义务，使转让方遭受损失，应当支付违约金或赔偿损失。

技术转让合同当事人根据实际情况约定什么性质的违约行为承担什么性质的违约责任，并约定违约金或赔偿金的具体计算方法。

6.1.3 技术咨询合同

技术咨询合同主要条款的写法如下。

1. 项目名称条款

使用简明、准确的语句反映出合同的技术特征和法律特征，如某产品研制技术咨询合同。项目名称一定要与内容相符合。

2. 咨询的内容、形式和要求条款

当事人应写明合同标的内容及其特征，即应写明该合同是就什么项目进行可行性论证、技术预测或专题技术调查及分析评价。同时还应写明咨询活动的必要性、意义以及社会经济效益等内容。咨询形式即受托方以什么样的方式来回答或完成委托方提出的技术问题。双方应约定受托方完成技术咨询合同所应达到的指标、要求以及应提交的咨询报告、技术资料和有关附件。

3. 履行期限、地点和方式条款

当事人应在合同中约定履行期限，委托方应给对方必要的准备时间。履行地点既可以约定在委托方所在地，也可约定在受托方所在地或者双方同意的其他地点。履行方式可以约定采用受托方向委托方提交可行性论证、技术预测、专题技术调查及分析评价报告等方式。

4. 委托方的协作事项条款

当事人可以约定委托方的协作事项包括阐明咨询的问题，向受托方提供技术背景材料及相关技术、数据；根据受托方的要求补充说明有关情况，追加有关资料、数据；提供的技术资料、数据有明显错误和缺陷的，应及时修改、完善；为受托方进行调查论证提供必要的工作条件。对协作事项的约定应当具体明确，应写明提供资料及工作条件的具体时间、内容、数量和方式等。

5. 技术情报和资料的保密条款

参见技术开发合同该条款。

6. 验收、评价方法条款

因技术咨询合同的成果大都属于软科学范畴，具有无形、难以操作的特点，其验收标准一般不易以硬性指标衡量，当事人应本着科学、公正、实事求是的原则进行验收，不能过于苛刻或显失公平。验收方式可以约定采用鉴定会、专家评估，也可以约定以委托方认可视为验收通过。不论采用何种方式验收，都应由验收方出具验收证明。

7. 报酬及其支付方式条款

当事人应明确约定技术咨询的报酬数额及支付方式。如果受托方进行必要的调查研究、分析论证、试验测定活动的经费不包含在合同报酬中,当事人还应约定此经费的负担及支付方式。

8. 违约责任条款

当事人应对违约金或者损失赔偿额的计算方法予以约定,如果合同中约定了违约金,违约金视同损失赔偿金额。损失赔偿额不重复计算,也可以特别约定损失超过违约金数额的、应补偿违约金不足部分。违约金不得超过合同报酬总额。损失赔偿额的计算不得显失公平。

1) 委托方的违约责任

(1) 委托方未按照合同约定提供必要的数据和资料,影响工作进度和质量的,所付报酬不得追回,未付的报酬应当如数支付。

(2) 委托方未按期支付报酬的,应当补交,并支付违约金或者赔偿损失。

(3) 委托方未按照合同约定提供必要的数据和资料,或者迟延提供合同约定的数据和资料,或者所提供的数据、资料有严重缺陷,影响工作进度和质量的,应当如数支付违约金或赔偿损失。

(4) 委托方逾期两个月不提供或者不补充有关技术资料、数据和工作条件无法开展工作的,受托方有权解除合同,委托方应当支付违约金或者赔偿损失。

2) 受托方的违约责任

(1) 受托方未按期提出咨询报告或者提出的咨询报告不符合合同约定的,应当减收或者免收报酬,并支付违约金或者赔偿损失。

(2) 受托方迟延提交咨询报告和意见的,应当支付违约金,咨询报告和意见不符合合同约定条件的,应当减收或者免收报酬。

(3) 受托方不提交咨询报告和意见,或者所提交的报告和意见水平低劣、无参考价值的,应当免收报酬,并支付违约金或者赔偿损失。

(4) 受托方在接到委托方提交的技术资料和数据之日起两个月内未进行调查论证的。委托方有权解除合同,受托方应当退还已收的报酬,并支付违约金或者赔偿损失。

9. 解决争议条款

双方当事人应当约定合同争议的解决方法,可以选择协商、调解、仲裁或者诉讼等办法解决合同争议。如果选择仲裁管辖,应写明仲裁委员会的具体名称;如果选择诉讼管辖,也应约定具体的管辖法院。

6.1.4 技术服务合同

技术服务合同主要条款的写法如下。

1. 服务项目名称条款

要写清楚技术服务合同涉及的技术标的项目的具体名称,名称应反映与标的相应的技术特征和法律特征,并与内容相符。

2. 技术服务内容、方式和要求条款

当事人应写明技术服务合同的标的及其特征,并明确约定技术服务所要达到的具体指标、经济指标以及实施效果等。

3. 合同履行期限、地点和方式条款

当事人应当约定技术服务合同履行的期限、地点和方式。约定期限时,权利方应给对方必要的准备时间,履行地点可以约定在委托方所在地,也可以在服务方所在地,或者双方同意的其他地点。

4. 工作条件和协作事项

工作条件和协作事项包括向服务方阐明所要解决的技术问题的要点;提供有关背景资料、数据、原始设计文件,并提供必要的样品材料、场地和必要的工作条件;同时双方对在合作中需要对方协作的具体问题,如交通、食宿等内容做出明确约定。

5. 验收标准和方式条款

技术服务合同实施完成后,其验收标准是合同标的约定的技术指标和经济指标。当事人应在合同中明确约定验收标准和验收方式。技术服务合同的验收方式,可以采用鉴定会、专家评估的形式,也可采用委托方单方认可方式,即视为验收通过。当事人还可以在合同中约定服务质量保证期,因为有些技术服务合同的标的在短期内难以发现缺陷,在保证期内有服务质量缺陷的,服务方应负责返工或采取补救措施,但属于因委托方使用、保管不当引起的问题除外。

6. 报酬和支付方式条款

合同中明确约定技术服务具体的报酬数额及支付方式,当事人可以协商议定采取一次总算、一次总付或一次总算、分期支付方式,也可以采取其他支付方式。

7. 违约金或者赔偿损失额的计算方法条款

1) 委托方的违约责任

(1) 未按照合同约定提供有关技术资料、数据、样品和工作条件,影响工作进度和质量的,不得追回支付的报酬,未支付的报酬应当支付。

(2) 逾期两个月不提供约定的物质技术条件的,受托方有权解除合同,委托方应当支付违约金或者赔偿由此给受托方造成的损失。

(3) 委托方逾期两个月不支付报酬或者违约金的,应当交还工作成果,补交报酬,支

付违约金或者赔偿损失。

(4) 委托方提供的技术资料、数据、样品、材料不符合合同约定，接到受托方通知后未按期答复的，应承担相应的责任。

(5) 委托方逾期6个月不领取工作成果，受托方有权处分工作成果，从其所获收益中扣除报酬、违约金和保管费后，剩余部分返还委托方；受托方所获的收益不足抵偿报酬、违约金和保管费的，有权要求委托方赔偿损失。

2) 受托方的违约责任

(1) 迟延交付工作成果的，受托方应支付违约金。逾期两个月未交付工作成果的，委托方有权解除合同，受托方应当交还技术资料和样品，返还已收的报酬，支付违约金或赔偿损失。

(2) 工作成果、服务质量有缺陷，但委托方同意利用的，受托方应当减收报酬并采取适当补救措施；工作成果、服务质量有严重缺陷，没有解决合同约定的技术问题的，受托方应当免收报酬，支付违约金或赔偿损失。

(3) 受托方对委托方提供的技术资料、样品等因保管不善而造成技术资料、样品灭失、缺少、变质、污染或者损坏的，应当赔偿相应的损失。

(4) 技术服务合同的标的在短期内难以发现缺陷的，当事人可以在合同中约定保证期，在保证期内发现服务质量缺陷的，受托方应当负责返工或采取补救措施，但因委托方使用、保管不当引起的问题除外。

(5) 受托方发现委托方提供的技术资料、数据、样品、材料或工作条件不符合合同约定，却不及时通知委托方，受托方应承担相应的责任。

(6) 受托方履行合同期间，发现继续工作对材料、样品或设备等有损坏危险，却未及时通知委托方或采取适当的措施，受托方应承担相应的责任。

8. 争议的解决办法条款

6.2 意 向 书

所谓意向书，是指当事人双方或多方之间，在对某项事务正式签订条约、达成协议之前，表达初步设想的意向性文书。意向书为进一步正式签订协议奠定了基础，是“协议书”或“合同”的先导，多用于经济技术的合作领域。

虽然意向书不具备合约的约束力，但表明签署人的严肃态度。意向书具有法律约束力。

意向书的特点是其具有协商性、灵活性、简约性。意向书不像协议、合同那样，一经签约不能随意更改。它比较灵活，在协商过程中，当事人各方均可按各自的意图和目的提出意见，在正式签订协议、合同前亦可随时变更或补充，最终达成协议。

意向书的写法结构是：标题＋正文＋尾部。

其标题一般是：项目名称＋文种(《意向书》)。

正文的构成是：导语＋主体＋结尾。

(1) 导语。写明合作各方当事人单位的全称、双方接触的简要情况、磋商后达成的意向性意见。然后用“本着×××原则,兴建×××项目”作为导语的结束。

(2) 主体。分条款写明达成的意向性意见,可参照合同或协议的条款排列。

(3) 结尾。通常写明“未尽事宜,在签订正式合同或协议书时再予以补充”一语,以便留有余地。

意向书的尾部写明意向书签订各方单位的名称、代表人姓名,并加盖公章、私章及日期。

6.3 协议书

科技协议书的内容大体有如下4项。

1. 标的

这是签约各方履行义务、享有权利所涉及的物质对象,也即签约各方要求实现的最终结果。必须写明事项、数量、质量、技术要求等,凡协议履行后最终应达到的各项指标均应写明,不得遗漏。

2. 责任

签约各方必须明确各自应履行的义务与所承担的责任,不但协作协议需要写明,就是服务协议也需要写清各方的义务与责任。例如,设计服务,甲方就应向乙方提供必要的设计依据与要求,否则乙方难以完成甲方委托的设计项目。

3. 期限

协议中应明确规定执行的有效时间,以确保协议结果的顺利实现。若干日、或几个月、或几年,不可模糊笼统,过于抽象,以免对工作造成损失。协议所载期限一定要具体,就是期限长的,也应分成几个阶段,注明各个阶段内应完成的项目。

4. 公证

为保证协议的切实执行,协议各方认为必要时,可在签约后到具有法律公证权限的公证机关公证,经过公证之后,协议便具有了法律效力。

《合同法》中明确规定了科技协议的内容,可根据这些规定,结合实际工作中的协议情况撰写科技协议书。

写科技协议书时,应注意以下几个问题:

(1) 签订协议书应慎重。确定协议书的内容是关键一步,这在签订前的协商阶段和在协商后起草协议书时都应该重视。

(2) 协商要做到细致明确。双方(或各方)合作涉及的一系列问题,都要充分交换意见,不能有疏漏;确实取得了明确的一致意见后,才能订立协议书。

(3) 签订协议书要符合国家法律要求,保证双方自愿互利。

(4) 协议书规定的权利、义务要明确,内容要具体,措施要实际。协议书一经签订,就有法律赋予的约束力,任何一方不履行就要受到相应的制裁,承担经济和法律责任。

(5) 协议书至少一式两份,双方各执一份;必要时须一式多份,交有关部门备案。

(6) 附件要附在协议正文之后,并在正文中写明附件的件数、页数。

(7) 临时拟写,各份内容必须完全相同,可在上面做上共同标记。几份齐缝处要写上“××协议书”字样。关键的数字要使用大写“壹、贰、叁、肆……”任何地方如有改动,必须在改动的地方加盖公章。

6.4 采购合同

采购就是从外界获得产品或服务。企业选择采购服务的目的如下:

(1) 降低固定成本和经常性成本。采购供应商常可以利用规模经济效应来节省成本。

(2) 可以使客户组织把重点放在自己的核心业务上。

(3) 得到技能和技术。通过从外界获取资源,可以在需要的时候获得专门的技能和技术。

(4) 提供经营的灵活性。在企业工作高峰期利用采购来获取外部人员,比起整个项目都配备内部人员要经济得多。

(5) 提高责任性。采购合同是一份要求卖方承担提供一定产品或服务的责任,而买方承担付款给卖方的责任,互相约束的协议。

经过双方谈判协商一致同意而签订的“供需关系”的法律性文件是商务性的契约文件,合同双方都应遵守和履行,并且是双方联系的共同语言基础。签订合同的双方都有各自的经济目的,采购合同是经济合同,双方受《经济合同法》保护和承担责任。

6.4.1 合同类型

买卖方的风险分担由合同类型决定。一般情况下,人们比较喜欢固定总价合同,大多数组织都鼓励甚至经常要求使用固定总价合同。但是,在有些情况下,其他某种合同类型可能对项目更加有利。如果拟采用非总价类型的合同,项目团队就必须说明使用该种合同的合理性。通常所选择的合同类型以及具体的合同条款和条件决定着买卖双方各自承担的风险水平。

通常合同分为两大类,即总价类和成本补偿类。还有第三种常用合同类型,即混合型的工料合同。在实践中,合并使用两种甚至更多合同类型进行单次采购的情况也是常见的。

1. 总价合同

此类合同为既定产品或服务的采购设定一个总价,也可以为达到或超过项目目标(如进度交付日期、成本和技术绩效或其他可量化、可测量的目标)而规定财务奖励条款。

卖方必须依法履行总价合同,否则就要承担相应的违约赔偿责任。采用总价合同,买方必须准确定义要采购的产品或服务。虽然允许范围变更,但范围变更通常会导致合同价格提高。

(1) 固定总价合同。固定总价合同是最常用的合同类型。大多数买方都喜欢这种合同,因为采购的价格在一开始就被确定,并且不允许改变(除非工作范围发生变更)。因合同履行不好而导致的任何成本增加都由卖方负责。在该合同下,买方必须准确定义要采购的产品和服务,对采购规范的任何变更都可能增加买方的成本。

(2) 总价加激励费用合同。这种合同为买方和卖方都提供了一定的灵活性,它允许有一定的绩效偏离,并对实现既定目标给予财务奖励。通常,财务奖励都与卖方的成本、进度或技术绩效有关。绩效目标一开始就要制定好,而最终的合同价格要待全部工作结束后,根据卖方绩效加以确定。该合同中要设置一个价格上限,卖方必须完成工作并承担高于上限的全部成本。

(3) 总价加经济价格调整合同。如果卖方履约要跨越相当长的周期(数年),就应该使用本合同类型。如果买卖方之间要维持多种长期关系,也可以采用这种合同类型。它是一种特殊的总价合同,允许根据条件变化(如通货膨胀、某些特殊商品的成本增加或降低),以事先确定的方式对合同价格进行最终调整。该合同条款必须规定用于准确调整最终价格的、可靠的财务指数。该合同试图保护买方和卖方免受外界不可控情况的影响。

2. 成本补偿合同

此类合同向卖方支付为完成工作而发生的全部合法实际成本(可报销成本),外加一笔费用作为卖方的利润。成本补偿合同也可为卖方超过或低于预定目标(如成本、进度或技术绩效目标)而规定财务奖励条款。最常见的三种成本补偿合同是:成本加固定费用合同、成本加激励费用合同和成本加奖励费用合同。

如果工作范围在开始时无法准确定义,则需要在以后进行调整,或者项目工作存在较高风险,就可以采用成本补偿合同,使项目具有较大的灵活性,以便重新安排卖方的工作。

(1) 成本加固定费用合同。为卖方报销履行合同工作所发生的一切可列支成本,并向卖方支付一笔固定费用,该费用以项目初始成本估算的某一百分比计算。费用只能针对已完成的工作来支付,并且不因卖方的绩效而变化。除非项目范围发生变更,否则费用金额维持不变。

(2) 成本加激励费用。为卖方报销履行合同工作所发生的一切可列支成本,并在卖方达到合同规定的绩效目标时向卖方支付预先确定的激励费用。在该合同中,如果最终成本低于或高于原始估算成本,则买方和卖方需要根据事先商定的成本分摊比例来分享节约部分或分担超出部分。例如,基于卖方的实际成本,按照 80/20 的比例分担(分享)超过(低于)目标成本的部分。

(3) 成本加奖励费用。为卖方报销履行合同工作所发生的一切合法成本,但是只有在满足了合同中规定的某些笼统、主观的绩效标准的情况下,才能向卖方支付大部分费用。完全由买方根据自己对卖方绩效的主观判断来决定奖励费用,并且卖方通常无权申诉。

3. 工料合同(T&M)

工料合同是兼具成本补偿合同和总价合同某些特点的混合型合同。在不能很快编写出准确工作说明书的情况下，经常使用工料合同来增加人员、聘请专家和寻求其他外部支持。

这类合同与成本补偿合同都是开口合同，合同价因成本增加而变化。在授予合同时，买方可能并未确定合同的总价值和采购的准确数量。因此，如同成本补偿合同，工料合同的合同价值可以增加。很多组织会在工料合同中规定最高价格和时间限制，以防止成本无限增加。另一方面，由于合同中确定了一些参数，工料合同又与固定单价合同相似。当买卖双方就特定资源类别的价格取得一致意见时，双方就预先设定了单位人力或材料费率(包含卖方利润)。

此外，专家的技术判断常用来评估本过程的输入和输出。专家的采购判断可用来制定或修改卖方建议书评价标准。专家的法律判断可以是法律工作者提供的相关服务，用来协助判断一些比较特殊的采购事项、条款和条件。这些判断，包括商务和技术专长，不仅适用于需要采购的产品、服务或成果的技术细节，也适用于采购管理过程的各个方面。

6.4.2 合同内容

一个内容全面的合同能分清责任，并把重点放在项目的可交付成果上。由于合同在法律上具有约束力，所以卖方对按合同规定交付的工作更能负起责任。

采购合同的内容条款一般应包括以下内容：

(1) 供方与分供方的全名、法人代表，以及双方通讯联系的电话、电报、电传等。

(2) 采购货品的名称、型号和规格，以及采购的数量。

(3) 价格和交货期；交付方式和交货地点。

(4) 质量要求和验收方法以及不合格品的处理，当另订有质量协议时，则在采购合同中写明见“质量协议”。

(5) 违约的责任。

6.4.3 合同授予

根据建议书或投标书评价结果，那些被认为有竞争力，并且已与买方商定了合同草案(在授予之后，该草案就成为正式合同)的卖方，就是选定的卖方。对于较复杂、高价值和高风险的采购，授予合同前需要得到高层的批准。

向被选定的卖方授予一项采购合同。合同可以是简单的订购单或复杂的文件。无论合同文件的复杂程度如何，合同都是对双方具有约束力的法律协议。它强制卖方提供指定的产品、服务或成果，强制买方给予卖方相应补偿。合同是一种可诉诸法院的法律关系。

合同文件的主要内容会有所变化，但经常包括工作说明书(SOW)或可交付成果描述：进度基准；绩效报告；履约期限；角色和责任；卖方履约地点；价格；支付条款；交付地点;检查和验收标准;担保;产品支持;责任限制;费用和保留金;罚款;奖励;保险和履约担保;对分包商的批准;变更请求处理;合同终止和替代争议解决。

6.4.4 结束采购

结束采购是完结单次项目采购的过程,为此,需要确认全部工作和可交付成果均可验收。本过程还包括一些行政工作,例如,处理未决索赔、更新记录以反映最后的结果,以及把信息存档供未来使用等。需要针对项目或项目阶段中的每个合同开展结束采购过程。在多阶段项目中,合同条款可能仅适用于项目的某个特定阶段。在这种情况下,结束采购过程就只能结束该项目阶段的采购。采购结束后,未决争议可能需要进入诉讼程序。合同条款和条件可以规定结束采购的具体程序。

合同提前终止是结束采购的一个特例。合同可由双方协商一致而提前终止,或因一方违约而提前终止,或者为买方的便利而提前终止(如果合同中有这种规定)。合同终止条款规定了双方对提前终止合同的权力和责任。根据这些条款,买方可能有权因各种原因或仅为自己的便利而随时终止整个合同或合同的某个部分。但是,根据这些条款,买方应该就卖方为该合同或该部分所做的准备工作给予补偿,并就该合同或该部分中已经完成和验收的工作支付报酬。

为结束合同,需要收集全部采购文档,并建立索引和加以归档。有关合同进度、范围、质量和成本绩效的信息以及全部合同变更文件、支付记录和检查结果,都要编入目录。这些信息可用于总结经验教训,并可为以后合同的承包商评价工作提供基础。

采购审计是指对从规划采购过程到管理采购过程的所有采购过程进行结构化审查,其目的是找出可供本项目其他采购合同或执行组织内其他项目借鉴的成功经验与失败教训。

在每个采购关系中,通过谈判公正地解决全部未决事项、索赔和争议,都是一个重要的目标。如果通过直接谈判无法解决,则可以尝试替代争议解决(ADR①)方法,如调解或仲裁。如果所有方法都失败了,就只能选择向法院起诉这种最不可取的方法。

案例研究:经济合同与技术合同的对比分析

请进一步搜索和学习相关合同文本案例,熟悉经济合同和技术合同,并撰写一短文,论述经济合同与技术合同的异同之处。

请另外附纸完成你的习作,并粘贴在这里(适当折叠)。

(粘贴线)

① ADR(Alternative Dispute Resolution)是起源于美国的争议解决的新方式,意为“解决争议的替代方式”,或者翻译为“非诉讼纠纷解决程序”。由于它没有复杂的程序,且不伤及当事人之间的合作关系,因此被很多西方国家采用。现在流行的几种主要ADR方式有:调解、调停、微型听审、聘请一名法官(或称专家裁定)、在法院协助下的ADR。

课后习作：自选（模拟）项目技术开发合同写作

1. 习作内容

根据技术开发合同范文自选一(模拟)项目,完成一份技术开发(委托)合同习作。

请记录:你选择的(模拟)技术开发项目是:________________________________

____

请另外附纸完成你的习作(打印稿,请注意合同文本的制作质量),并粘贴在这里(适当折叠)。

- -

(粘贴线)

2. 习作总结

____

____

____

____

3. 习作评价(教师)

____

____

延伸阅读：移动阅读时代：网络文学大战的背后力量

[**导读**] 移动互联网扩大了网络文学的阅读群体,网络文学题材也可能因此得到拓宽。

起点文学①创始团队从盛大②出走加入腾讯,这让近几年发展较为平静的中国网络文学市场又掀起了波澜。

就在起点团队确定加入腾讯后不久,百度、新浪等公司也都吹响进军网络文学的号角:百度正式推出了自己的网络文学站点百度多酷,而新浪则将旗下的读书频道拆分后成立文学公司。

一时间,盛大过去对网络文学的"垄断"地位已经被打破,网络文学又成了各家互联网公司争抢的蛋糕。这其中最大的原因就是因为移动互联网逐渐兴起,越来越多的人开

① 起点文学网是国内最大的现实类原创小说门户,成立于2010年11月8日,前身是起点出版频道。

② 盛大文学(www.cloudary.com.cn)是盛大集团旗下文学业务板块的运营和管理实体,2008年7月宣布成立。盛大文学运营的原创网站包括起点中文网、红袖添香网、小说阅读网、榕树下、言情小说吧、潇湘书院六大原创文学网站以及天方听书网和悦读网。

始在手机和平板设备上进行阅读,而由于支付也已经较为便利,网络文学的市场一下子变得更大了。

来自易观智库的数据预计2012年全年移动阅读市场规模将突破54.2亿元。到2014年,中国移动阅读市场销售规模将达到82.3亿元,2015年收入规模达到103.2亿元,移动阅读活跃用户达到6.5亿。

在网络文学市场变大的同时,由于越来越多的公司进入这一领域,对网络文学作者的争夺也会变得更加激烈,因为只有好的作品才能获得读者的买单。

移动互联网放大网络文学价值

过去,网络文学都和网络游戏有很大的关联,比如起点和盛大游戏、纵横中文网和完美世界。而百度多酷的CEO也是前休闲游戏网站7K7K总裁孙祖德,新浪新成立的网络文学公司也属于游戏范围。

网络文学之所以会和网络游戏紧密相关,是因为网络文学可以为网络游戏提供很好的内容和题材,很多网游都来自网络文学的内容。这一方面是因为网络文学的读者和网游玩家重合度较高,另一方面是因为网络游戏也可以借助原著的火热进行宣传,获得更多用户关注。

但是文学和游戏的紧密关联也凸显出网络文学本身的尴尬,那就是,网络文学本身并不是一个很大的市场。而且由于网络游戏的发展已经进入成熟期,导致网络文学市场也很难有突破性的大发展。

移动互联网的到来释放了网络文学的价值。移动互联网给网络文学带来的最大利好是扩大了网络文学的用户群,并且增加了阅读的便利性。

完美世界旗下的网络文学公司纵横中文网在接受腾讯科技采访时表示:随着智能手机的迅速发展以及3G网络的普及,手机读者数量增长迅速。由于手机端的付费更便捷,用户付费意愿大幅提高。

分析机构易观的数据显示,2013年,中国移动互联网市场用户规模将达到6.48亿,而阅读则是移动互联网的强需求应用。在手机和平板上的阅读体验更接近实体图书,而且由于各种阅读应用都在独立提高用户体验,因此在手机上的阅读体验远远好于PC上的阅读体验。

移动设备的便携性也是其相对PC的一大优势。这让用户可以随时随地阅读,增加了用户的阅读时间。而阅读时间的增加就增加了用户的阅读量以及用户的阅读欲望,这也放大了单一用户的价值。

网络文学是为数不多的用户愿意为之付费的互联网产品。由于其和网游结合紧密,而网游用户也有为互联网产品付费的习惯,因此网络文学和网络游戏为中国互联网培养了大量的付费用户。

由于网络文学本身的收入大多来自用户付费,因此支付对于网络文学来说非常重要。移动互联网的支付方式也日渐成熟。最主要的是可以通过运营商进行支付,这加大了用户支付的便利性,让用户在希望付费阅读作品时能够顺利地完成支付。

便利的支付也能刺激用户的付费行为。用户本来就有向运营商付费的习惯,而移动阅读往往也是小额支付，并且通过短信就能完成支付，在用户有冲动消费的时候，这些条件都能帮助用户完成支付。

争抢网络文学作者

对于网络文学公司来说，最核心的资产就是愿意为自己平台提供高质量原创内容的作者团队。

虽然早年不乏网络文学作者靠一部作品的流行而暴富的现象，但是这些状况已经越来越少。网络文学的生产方式已经非常固化，知名写手背后往往有一个团队，并且有成熟的运作套路。这些人处于网络文学金字塔的顶端，但是更多底层的作者只有微薄的收入，大部分还需要另外一份工作来养家糊口。

由于收入分配已经定型，高收入作者更愿意砸钱为作品进行推广，而新人的作品则很难得到曝光的机会。这就导致了网络文学的作品在趋向单一，而且难有创新。

"2006年以后历史小说获得成功的都是穿越题材，月关、灰熊猫、奥公公都是这个路数。这个行业已经被幕后操盘手控制，不再是2004年刚刚兴起的时候只要作品好就能火的时代，你看财富榜上的收入在不断增加，但这只是表象，没有团队的个人已经很难在这个行业扬名立万了。"2003年起就投身网络文学创作的老张（化名）向腾讯科技做出上述表示。他认为，少数寡头控制的网络文学行业正在失去活力。

但是，随着各大互联网公司纷纷进入网络文学市场，这种状况有可能被打破。更多公司就意味着更多机会。

大量互联网公司的涌入，需要更多的作者来创造内容，但是成熟的团队毕竟有限，这就使这些互联网公司在争抢成熟网络文学作者的同时也需要大力发掘新人。由于各家网络文学公司之间的竞争会比过去盛大一家独大时期更激烈，这也使得网络文学的作者会更加重视内容，写出更好的作品。

同时，由于移动互联网扩大了网络文学的阅读群体，网络文学的题材也可能得到拓宽。原本一些小众的网络文学题材可能在移动互联网时代同样获得足够的用户，那么这类题材的作者也能拥有一批愿意为自己的作品付费的读者。

作者的创新力被激活以及网络文学题材的多样化，都能够进一步促进网络文学的繁荣。那么，网络文学的蛋糕就会越来越大，这些此刻进军网络文学的互联网公司也将因此受益。

资料来源：朱旭冬. 移动阅读时代：网络文学大战的背后力量[EB/OL]. (2013-07-05)[2016-05-10]. http://tech.qq.com/a/20130705/011610.htm.

第7章 chapter 7

报告说明类应用文

科技报告是指记录某一科研项目调查、实验、研究的成果或进展情况的报告，又称研究报告、报告文献，是科技文献中的一大门类。每份科技报告自成一册，通常载有主持单位、报告撰写者、密级、报告号、研究项目号和合同号等。按内容可分为报告书、论文、通报、札记、技术译文、备忘录、特种出版物。大多与政府的研究活动、国防及尖端科技领域有关，发表及时，课题专深，内容新颖、成熟，数据完整，且注重报道进行中的科研工作，是一种重要的信息源。查寻科技报告有专门的检索工具。

课前阅读：可行性研究报告的编写提示

GB/T 8567—2006《计算机软件文档编制规范》为软件开发活动中的可行性研究报告提出了编写提示。可行性分析(研究)报告是项目初期策划的结果，它分析了项目的要求、目标和环境，提出了几种可供选择的方案，并从技术、经济和法律各方面进行了可行性分析，可作为项目决策的依据。

FAR也可以作为项目建议书、投标书等文件的基础。

可行性分析(研究)报告

1 引言

本章分为以下几条。

1.1 标识

本条应包含本文档适用的系统和软件的完整标识，(若适用)包括标识号、标题、缩略词语、版本号和发行号。

1.2 背景

说明项目在什么条件下提出，提出者的要求、目标、实现环境和限制条件。

1.3 项目概述

本条应简述本文档适用的项目和软件的用途，它应描述项目和软件的一般特性；概述项目开发、运行和维护的历史；标识项目的投资方、需方、用户、开发方和支持机构；标识当前和计划的运行现场；列出其他有关的文档。

1.4 文档概述

本条应概述本文档的用途和内容，并描述与其使用有关的保密性和私密性的要求。

2 引用文件

本章应列出本文档引用的所有文档的编号、标题、修订版本和日期，本章也应标识不能通过正常的供货渠道获得的所有文档的来源。

3 可行性分析的前提

3.1 项目的要求

3.2 项目的目标

3.3 项目的环境、条件、假定和限制

3.4 进行可行性分析的方法

4 可选的方案

4.1 原有方案的优缺点、局限性及存在的问题

4.2 可重用的系统，与要求之间的差距

4.3 可选择的系统方案1

4.4 可选择的系统方案2

4.5 选择最终方案的准则

5 所建议的系统

5.1 对所建议的系统的说明

5.2 数据流程和处理流程

5.3 与原系统的比较(若有原系统)

5.4 影响(或要求)

5.4.1 设备

5.4.2 软件

5.4.3 运行

5.4.4 开发

5.4.5 环境

5.4.6 经费

5.5 局限性

6 经济可行性(成本-效益分析)

6.1 投资

包括基本建设投资(如开发环境、设备、软件和资料等)，其他一次性和非一次性投资(如技术管理费、培训费、管理费、人员工资、奖金和差旅费等)。

6.2 预期的经济效益

6.2.1 一次性收益

6.2.2 非一次性收益

6.2.3 不可定量的收益

6.2.4 收益/投资比

6.2.5 投资回收周期

6.3 市场预测

7 技术可行性(技术风险评价)

本公司现有资源(如人员、环境、设备和技术条件等)能否满足此工程和项目实施要求,若不满足,应考虑补救措施(如需要分承包方参与、增加人员、投资和设备等),涉及经济问题应进行投资、成本和效益可行性分析,最后确定此工程和项目是否具备技术可行性。

8 法律可行性

系统开发可能导致的侵权、违法和责任。

9 用户使用可行性

用户单位的行政管理和工作制度;使用人员的素质和培训要求。

10 其他与项目有关的问题

未来可能的变化。

11 注解

本章应包含有助于理解本文档的一般信息(例如原理)。本章应包含为理解本文档需要的术语和定义,所有缩略语和它们在文档中的含义的字母序列表。

附录

附录可用来提供那些为便于文档维护而单独出版的信息(例如图表、分类数据)。为便于处理,附录可单独装订成册。附录应按字母顺序(A,B等)编排。

习作点评

这里是针对第6章"合同协议类应用文"布置的课后习作而在课堂上开展师生互动讨论的教学环节设计。

请记录:你希望在课堂上讨论和澄清的问题是:

(1) ______________________________

____

(2) ______________________________

____

(3) ______________________________

____

(4) ______________________________

____

(5) ______________________________

____

7.1 概　　述

科技报告是对科学、技术研究结果或研究进展的记录，又称研究报告、报告文献。在科研活动的各个阶段，由科技人员按照有关规定和格式撰写科技报告，它以积累、传播和交流为目的，能完整而真实地反映其所从事科研活动的技术内容和经验的特种文献。它具有内容广泛、翔实、具体、完整，技术含量高，实用意义大，而且便于交流，时效性好等其他文献类型所无法比拟的特点和优势。做好科技报告工作可以提高科研起点，大量减少科研工作的重复劳动，节省科研投入，加速科学技术转化为生产力。

详细的科技报告是继图书、期刊、档案等类型文献之后出现的一种文献，是人类科技发展和信息文化发展的产物，在人类的知识信息传播和利用中起着越来越重要的作用，世界各国在科技文献信息交流中都将它列于首位。在我国，建立系统、完善的科技报告法规制度以及相应的管理体制，还是近些年的事情。

7.1.1 科技报告的发展

科技报告的出现早于科技期刊，在科学交流制度化之前很久，科学家们就已经在交换报告。但是，作为一种传递科技情报的特定类型文献，科技报告的历史只能追溯到20世纪初。当时只是研究或设计单位向提供经费的机构提交关于研究或设计任务完成情况及财物消耗情况的报告。第二次世界大战期间，西方国家的科研活动，特别是那些与战争关系密切领域的研究活动加强，由于保密的需要和纸张短缺，大量研究成果以内部报告的形式出现。当时美国的许多大学实验室和工业公司也与政府机构签订合同，进行科学研究，并向主办机构提供科研进展报告。大战结束时，美、英等国派往德、日等国的专家组获取了大量科技资料，然后整理成科技报告。

战后，科技报告数量迅速增长。据估计，1945—1950年间，科技报告的年产量在0.75万～10万件之间，至20世纪70年代增至每年5万～50万件，到20世纪80年代，每年约达70万件，其中美国约占半数以上。

7.1.2 科技报告的特点

科技报告具有以下特点：

(1) 迅速反映新的科研成果。以科技报告形式反映科研成果，比这些成果在期刊上发表一般要早一年左右，有的则并不在期刊上发表。

(2) 内容多样化。它几乎涉及整个科学、技术领域和社会科学、行为科学以及部分人文科学领域。

(3) 保密性。大量科技报告都与政府的研究活动、高新技术有关，使用范围控制较严。

(4) 报告质量参差不齐。大部分科技报告是合同研究计划的产物，由工程技术人员编写。由于撰写受时间限制、因保密需要以工作文件形式出现等因素影响，因此报告的质量相差很大。

(5) 每份报告自成一册，装订简单，一般都有连续编号。

7.1.3 美国的四大科技报告

世界上较著名的科技报告系列有美国政府的四大报告(PB报告、AD报告、NASA报告、AEC/ERDA/DOE报告)，英国航空委员会(ARC)报告，英国原子能局(UKAEA)报告，法国原子能委员会(CEA)报告，联邦德国航空研究所(DVR)报告，日本原子能研究所报告，东京大学原子核研究所报告，三菱技术通报和苏联的科学技术总结等。

1. PB报告

1945年6月，美国成立商务部出版局，负责整理、公布从第二次世界大战战败国获取的科技资料，并编号出版，号码前统一冠以"PB"字样。20世纪40年代的PB报告(10万号以前)主要为战败国的科技资料，20世纪50年代起(10万号以后)则主要是美国政府科研机构及其有关合同机构的科技报告。PB报告的内容绝大部分属科技领域，包括基础理论、生产技术、工艺、材料等。20世纪70年代以后，PB报告侧重于民用工程技术。1970—1975年间，每年发表PB报告约8000件，至1978年，总共发表约30万件。

2. AD报告

凡美国国防部所属研究所及其合同户的技术报告均由当时的美国武装部队技术情报局(ASTIA)整理，并在规定的范围内发行。AD报告即为这个情报局出版的文献。PB、AD报告的主要检索工具为美国《政府报告通报和索引》。

3. NASA报告

美国国家航空与宇宙航行局拥有的研究机构产生的技术报告。主要内容为空气动力学、发动机及飞行器结构、材料、试验设备、飞行器的制导及测量仪器等。主要检索工具为《宇航科技报告》(STAR)。

4. AEC/ERDA/DOE报告

1946年，美国建立原子能委员会，简称AEC，AEC报告即为该委员会所属单位及合同户编写的报告。1975年，该委员会改名为能源研究与发展署(简称ERDA)，AEC报告于1976年改称ERDA报告。1977年，该署又改组扩大为美国能源部(简称DOE)，1978年7月起逐渐改为冠以DOE的科技报告，内容仍以原子能为重点。其主要检索工具为《核子科学文摘》，继之为《能源研究文摘》。

7.1.4 科技报告的分类

按科技报告反映的研究阶段大致可分为两大类：一类是研究过程中的报告，如现状报告、预备报告、中间报告、进展报告、非正式报告；另一类是研究工作结束时的报告，如总结报告、终结报告、试验结果报告、竣工报告、正式报告、公开报告等。

按科技报告的文献形式可分为以下几类：

(1) 报告书，是一种比较正式的文件。

(2) 札记，研究中的临时记录或小结。

(3) 论文，准备在学术会议或期刊上发表的报告。

(4) 备忘录，供同一专业或同一机构中的少数人沟通信息用的资料。

(5) 通报，对外公布的、内容较为成熟的摘要性文件。

(6) 技术译文。

按科技报告的使用范围，可划分为绝密报告、机密报告、秘密报告、非密限制发行报告、非密报告、解密报告等。

按照任务不同，科技报告可以分为以下几类：

(1) 科技考察报告。这类报告写作比较灵活，细致实在，但不是尽观察所得全部写上，应在考察记录的基础上分类归纳，记述成文。科技考察报告又可细分为三种：科技情况考察报告；学科研究考察报告；资源考察报告。

(2) 科技研究报告。这类报告类型复杂，一般有三种分类方法。

① 按发表时间分为：初期报告、进展报告、中间报告和总结报告。

② 按技术内容分为：报告书、札记、通报、备忘录。

③ 按文献作用分为：研究成果报告、设备和材料说明报告、操作指示报告、生产报告、技术经济分析报告(又叫可行性研究报告)。

这类报告写作格式一般有三大部分。

① 前言部分：介绍报告内容在本学科中的地位和作用。

② 正文部分：包括实验过程，装置，材料，操作方法或新设备、新机器的构造，性能，使用方法和注意事项等。

③ 结论：研究结果的讨论，所依据的科学理论、参考文献等。

科技研究报告一般不在报刊公开发表，仅供内部交流，每篇单独成册，格式固定。

(3) 科技政策报告。又叫年度报告。它是政策部门给国家最高级领导和决策机构提供科技政策方面的报告。

(4) 科技实验报告。在科研活动中，人们为了检验某种科学理论或假设，进行创造发明或解决实际问题，往往要进行实验。通过观察、分析、综合、判断，如实记录，写成文章，这就是科技实验报告。

(5) 科学游记。它是以游记体裁来介绍科学知识的一种科技作品。文学性较强，并具有文学游记的各种特点，但又与文学游记不同，包含丰富的科学知识。

7.2 调查报告

调查报告是通过对典型的问题、情况、事件的深入调查，经过分析、综合写出的真实地反映情况、揭示其本质或客观规律的书面报告。调查报告的运用范围十分广泛，凡制定正确的方针政策，解决各种实际问题，弄清事情真相，交流典型经验，吸取教训，推动工作等,都离不开调查报告。

根据调查报告的内容和作用,可分为基本情况调查报告、典型经济调查报告、问题调查报告等。

7.2.1 调查报告的特点

调查报告具有以下特点。

1. 针对性

调查报告的针对性体现在撰写目的上。撰写调查报告,一是为了给决策者提供决策的依据;二是发现典型,总结经验,指导工作;三是为领导机关了解情况,处理实际问题。因此,从实际出发,有针对性地调查研究,总结经验,回答人们最关心的问题,提出现实生活中迫切需要解决的问题,是调查报告的关键所在。调查报告的针对性越强,社会作用越大。

2. 写实性

调查报告的主旨是调查研究后所揭示的客观事物的本质和规律。因此,写调查报告必须是自己亲自调查了解到的情况,绝不能道听途说、东拼西凑一些材料。在调查报告中,不仅主要人物和事实要真实,就是事件的时间、地点、过程及各种细节也要真实,不能有半点浮夸和歪曲。

3. 逻辑性

调查报告的表达采用叙议结合的方式,简明扼要、条理清楚地叙述事实,以了解、剖析事物的本质及其发展趋向,对于解决问题具有积极的作用。

7.2.2 调查报告的格式和写法

调查报告一般由标题和正文两部分组成。

1. 标题

调查报告的标题形式比较灵活,通常有两种构成形式:一种是双行标题,又叫主副式标题;一种是单行标题。双行标题由主标题和副标题构成,与新闻专访的标题相似。单行标题又分两种构成形式:一种是公文式标题,由事由和文种构成;另一种是内容概括式标题,这种形式相当灵活。

2. 正文

正文一般分前言、主体、结尾三部分。

1) 前言

前言着重介绍基本情况并提出问题。

前言有几种写法：第一种是写明调查的起因或目的、时间和地点、对象或范围、经过与方法，以及人员组成等调查本身的情况，从中引出中心问题或基本结论；第二种是写明调查对象的历史背景、大致发展经过、现实状况、主要成绩、突出问题等基本情况，进而提出中心问题或主要观点；第三种是开门见山，直接概括出调查的结果，如肯定做法、指出问题、提示影响、说明中心内容等。前言起到画龙点睛的作用，要精练概括，直切主题。

2）主体

主体是调查报告的核心内容，也是对调查研究结果的具体引证、论说部分。其结构形式分为纵式结构和逻辑结构两种。

这是调查报告最主要的部分，所以要详述调查研究的基本情况、做法、经验，以及分析调查研究所得材料中得出的各种具体认识、观点和基本结论。

3）结尾

结尾是调查报告的结束语，简明扼要，言尽即止。

结尾的写法也比较多，可以提出解决问题的方法、对策或下一步改进工作的建议；或总结全文的主要观点，进一步深化主题；或提出问题，引发人们的进一步思考；或展望前景，发出鼓舞和号召。

7.2.3 调查数据的采集

调查项目的数据采集环节是整个项目的一项重要基础工作，包括文本信息采集和影像信息材料采集。在调查数据采集这一环节，主要工作内容是整理数据资料，做到真实、全面、准确、详细、统一。

除了采用访问和观察方法外，原始资料的获得也可以采用定性研究方法。定性研究方法是对研究对象质的规定性进行科学抽象和理论分析的方法，这种方法是选定较小的样本对象，进行深度的、非正规性的访谈，以进一步弄清问题，发掘内涵，为随后的正规调查作准备。在数据的处理上，要注意点面结合，既要有典型个案材料，也要有综合型数据材料，以增强说服力。

7.2.4 调查报告的写作要求

在调查报告的写作中，应注意以下几点要求。

(1) 调查报告要在充分占有材料的基础上进行分析研究，提炼新颖的观点，从而突出主题。

(2) 调查报告是日常工作中的主要内容，是经常性的工作。报告的主题立意要新，在提炼主题和观点的过程中，要以敏锐的眼光发现新的有价值的材料，并以新的视角分析取舍材料，以反映本质性和规律性的问题。

(3) 报告必须实事求是地反映工作、情况和问题，绝不能任意夸大或缩小事实。写报告要认真调查研究，尽量掌握第一手材料，包括概括性材料和各种具体典型事例，要对材料去粗取精，去伪存真，深入研究分析，准确提炼和表达观点。

(4) 报告内容丰富，各种不同类型报告写作的侧重点各不相同，写作时要根据内容和行文目的合理安排结构,分清主次,突出重点,详略得当。

7.3 学科研究考察报告

学科研究考察报告是为科学研究的目的,通过实地、实物考察后整理而成的报告,其范围很广。这类报告的写作有准备、考察和材料整理三个步骤。考察前,要明确目的和任务,然后围绕目的搜集资料,熟悉有关考察对象的有关情况,并初步确定考察的具体计划与方法。进入考察现场后,根据事先确定的方案和方法进行考察、测量、记录数据、拍摄照片等。考察结束后,首先要整理所获得的各种数据、标本和考察到的现象,再通过分析、归纳,提炼出系统的科学内容作为报告的主题。

这类报告写作比较灵活,大体可分为四类。

(1) 文章式:一篇考察报告就是一篇文章。这种格式写的考察报告的对象比较单一,可以一气呵成。

(2) 标题式:根据总的考察目的,下分若干项目,每个项目有一个小标题,合成一个总的考察报告。采用这种格式写的多为综合考察工作。

(3) 日记式:在考察过程中,新鲜事物层出不穷,有时也有些事物的考察结论,需要当日记下来,因此写起来方便自如。

(4) 论文式:一般包括标题、作者及其单位、摘要、前言、考察方法、考察结果、讨论、参考文献几部分。

7.4 可行性研究报告

以软件系统开发为例,明确系统定义以后,应对系统的可行性进行研究。可行性研究报告简称可行性报告,是按照一定格式陈述可行性研究结果的告知性文体。对于重要项目的可行性研究,一般要经过三个阶段才能完成:第一阶段叫机会研究,亦称投资研究,主要是鉴别一项预计的技术系统的开发是否有成功的可能,或寻求投资机会及有利的投资方向;第二阶段叫初步可行性研究,亦称预可行性研究,其任务是进一步分析技术系统的开发方案(技术路线),或者寻求和选择一个投资方案,说明要不要进行最终可行性研究,指出哪些关键问题要深入研究。第三阶段叫详细可行性研究,亦称最终可行性研究,其任务是对方案进行深入分析、比较和技术经济论证,从而选择或拟定最佳的开发(投资)方案。三个阶段的可行性研究要求逐级深化,调查深度要一步比一步加强,可靠性一步比一步准确。如果是较小或较简单的项目,一般只作最终可行性研究就行了。报告中必须对该项目"可行"还是"不可行"给出结论和建议。

7.4.1 技术、经济及社会可行性

可行性研究包括技术可行性、经济可行性以及社会可行性等方面。

(1) 技术可行性研究。这是根据现有的和准备充实的设备条件与技术力量来分析系

统在技术上实现的可能性,弄清现有技术条件能否保证顺利完成开发工作。

在设备条件方面,主要考虑计算机系统的内存容量、外存容量、运算速度、数据精度、汉字功能、多媒体能力、可靠性以及对数据传送与通信、网络、数据库等的需求及其实现的可能性等。

在技术力量方面,主要考察从事本系统开发与维护工作的技术人员的技术水平。在系统开发和维护的各个阶段,需要各类技术人员参加,如系统分析人员、设计人员、程序员、操作员、软硬件维护人员等。如果不能投入足够数量的上述人员,或者投入人员的技术水平不理想,则可以认为开发该系统在技术力量上有问题或者是不可行的。

(2) 经济可行性研究。其目的是希望以最小的开发成本取得具有最佳经济效益的软件产品。它除了研究开发与维护新系统所需要的费用是否能够可靠地提供外,主要是研究新系统将带来的经济效益是否超过其开发与维护所需的费用,论证搞这样一个项目是否合算等。经济可行性研究主要包括估计投资,即对开发中所需人员、硬软件支持或其他费用进行估算;效益分析,是对所开发的软件投入使用后带来的经济效益进行估算,如在提高生产效率、减少人工、加快信息处理速度等方面有多少好处。

(3) 社会可行性研究。这是指所开发的软件项目是否涉及知识产权纠纷等法律问题,这样的软件产品投入运行后,对生产、管理或经营体制带来变革的社会影响及社会承认能力。

7.4.2 内容结构

可行性研究报告的内容结构一般分为以下7个部分。

(1) 封面,内容有报告题目、项目名称、承担单位、承担单位负责人、项目负责人、起止日期等。

(2) 总论,内容有项目的内容、立项原因、目的和意义,推广的必要性和迫切性。

(3) 技术分析论证,内容包括国内外技术水平比较及发展趋势,国内引进情况,本项目的技术方案、技术关键的分析和论证,工艺过程和技术要求,本技术方案与国内外水平特点的比较,技术分析论证的结论意见。

(4) 经济效益分析,如市场预测、产品生命周期量、产值销售价与成本价的分析比较,利润预测。

(5) 承担本项目的条件,如技术力量、厂房、机器、设备、原材料、动力设备等条件。

(6) 费用预算,如设备添置费、设备安装费、引进设备费等,并说明这些费用的来源。

(7) 进度计划安排,如投产日期及推广应用情况。

以上各项,要一项一项、一个问题一个问题地分析论证,其中(3)~(6)项是整个报告的主体和核心,尤其要详细分析论证。可行性报告的结构形式一般应按上述格式,但在写作时要根据论证的对象和内容而定,不一定拘泥于上述7个问题,也可以把主体部分分为总论、正文、结论三大块,然后逐项加以论述。

7.4.3 撰写要求

撰写可行性研究报告,应该遵循以下要求:

(1) 实事求是,客观科学。可行性研究报告直接关系着项目的命运、国家的经济建设决策和实施效果,因此编写时必须本着客观公正的态度,科学地、实事求是地工作,绝不能以个人偏好任意抬高或贬低某一方案,分析评价和择优时绝不能马虎草率,必须仔细认真。例如,在项目备选方案的评价和择优中,必须满足一定的可比性条件,当这些条件不具备时,应创造条件,或者采用其他可行的评价方法;报告中的大量数据来自于预测和估算,应科学地、实事求是地对待。

(2) 论证系统,中心突出。可行性研究报告的系统性,本身就要求我们以系统全面的观点来看待问题,既不忽视各要素(子系统)的重要性,又必须考虑要素间的相互关系性,即系统的结构。优化的系统结构应当使系统的整体功能大于各要素功能的简单累加。所以,在技术方案确定、工艺流程的选择、主要设备的选择等问题上,都应着眼于整体功能,而不能因只考虑个别优秀的要素而忽视了系统整体。报告的中心内容便是项目最终确定的技术路线和实施方案是否合理可行及其理由,整个报告都是围绕这点展开的。

(3) 图表并用,明了方便。可行性研究报告中需要使用图表的地方应尽量使用。图表表示比文字叙述具有方便明了的特点,也便于读者、项目组织单位和评审机构及专家直接比较。如现金流量表、技术路线对比、敏感性经济效益分析图等。

7.4.4 注意事项

专家评审项目时,往往关注两个问题,一是项目的技术水准水平、项目的经济、社会价值,二是申报企业的技术基础和条件能否保障完成该项目的实施。可行性研究报告的撰写,要围绕回答好这两个问题进行。要回答好这两个问题,建议做好以下几点。

(1) 成立由技术人员、财务人员、科研管理人员(负责项目申报人员)组成的撰写小组,分工协作,共同完成可行性研究报告的撰写工作。可行性研究报告涉及公司企业科研管理、项目技术方案、前期基础、财务分析等多方面内容。单纯技术人员、财务人员或科研管理人员是无法完成一篇高质量的可行性研究报告的。小组里的技术人员应是该项目研发的负责人,因为只有他才能讲清楚项目研发的背景、技术发展趋势、开发方法、实现路线;小组里的财务人员应懂得管理会计,如果公司内无这样的财务人员,则要请会计事务所里有经验的注册会计师做财务分析;小组里的科研管理人员应熟悉有关科技管理制度和公司企业发展情况,了解公司经营思路、公司的管理、公司的发展历史和企业文化。

(2) 技术部分要通俗易懂。参加项目评审的既有同行技术专家,也有政府官员管理专家。即便是同行专家,由于研究方向不同,也可能对项目技术了解不多。因此,在撰写项目产品内容、功用、项目特点时,要通俗易懂,以便评审人员了解项目的特色、作用及价值。否则,再好的项目,评审人员也很难认识其价值。

(3) 财务分析要真实可信。由于目前科技项目立项都要经过预算评审,所以项目预算对能够保证项目的完成十分重要。项目财务分析部分既是企业财务预算管理能力的体现,又是对企业是否诚信的一次检阅。项目的投资经费预算分析,主要是项目实施所必需的原材料费用、仪器设备费用、人员费用、分析化验费用、差旅费、管理费等。实施产业化的项目还须进行必要的产品成本分析、利税预测和投资回收期预计,必须贯彻财务的谨慎原则，做到有理有据，使人感到真实可信。

(4) 经营、管理部分要展示公司企业的实力、经营思路、管理能力。公司企业简介、项目负责人介绍、项目开发团队、项目前期研究成果等内容要言简意赅，充分展示公司的实力；产品营销思路、竞争策略等内容要提出可行的措施办法，展示市场营销能力；项目组织管理措施、项目实施风险控制等内容要展示公司的管理能力，让评审人员认识到该企业有实力、有能力完成项目开发，有办法将项目产品实现产业化。

7.5 科研进度报告

科研进度报告是科研工作的阶段性真实记录。进度报告有月报、季报、半年小结、年终总结和终止课题报告等5种。科技进度报告主要反映的是进度。写作上要求内容真实、语言简明，主要讲任务的完成情况，一般不讲研究的过程与细节。可以用科技术语，以使文章简洁。其格式与内容如下：

(1) 课题名称。课题名称要写全称。

(2) 任务来源。这是指哪个单位下达的任务，也要写全称。这往往是报告的主送单位。

(3) 起止时间。这是指科研任务下达时间和协议中规定完成的时间。

(4) 课题要求。指课题应达到的指标，第一次写进度报告时，要把总的技术指标写得详细点，以后的进度报告可以不再详细写出，但要把本阶段应达到的技术指标写清楚。

(5) 计划完成情况。这是报告的重点部分。应按计划任务书上的条款，或按上一次进度报告中所拟的"下阶段工作计划"的内容逐条检查写作。

(6) 存在问题。研究中存在的问题要及时如实反映，并分析问题性质、产生的原因，提出解决的办法及解决问题的条件，说清哪些条件已具备，哪些需要去争取或创造。总之，既要提出问题，又要写清解决问题的办法。

(7) 成果的评价。对已取得成果的评价要恰如其分，不要言过其实。

(8) 下阶段工作计划。这部分要具体详细，特别是计划调整时，更应写详细。

(9) 课题负责人。除主要负责人外，有的还包括全体参加研究的人员名单。

科研进度报告无固定的格式，写法不尽一致，但一定要反映科研进展情况。

7.6 科技成果报告

科技成果报告要求写明下述内容：成果名称；任务来源；成果内容；主要技术指标；国内外技术水平比较；用途及应用范围；经济效果及社会效益；附件。科技成果报告分文章式和表格式两大类。一般文章式科技成果报告由两大部分构成。

(1) 前言。介绍任务来源、综述研究概况，说明成果依据的技术原理，给人以整体的认识。

(2) 正文。这是成果报告的主体，要求就成果内容涉及的方面逐项阐述。由于成果报告结论已很明确,一般不再于正文之外专写结论。

写作成果报告要特别注意客观真实性,对成果既不夸大,也不缩小;对成果评价要慎重,要恰如其分。有些课题的成果报告比较详尽,正文末尾有附录和参考文献。

表格式科技成果报告一般都有说明,按照其具体要求填写即可。

7.7 发明说明书

发明说明书中要详细说明发明的目的、与现有技术的关系、发明创造的实质内容以及与现有技术相比较所具有的优点和积极效果等内容。通常使用的发明说明书包括以下8个部分的内容:

(1) 发明或者实用新型的名称。发明或者实用新型的名称必须使用通用的或专业技术术语,准确、简明地表达该发明或实用新型的内容。

(2) 发明或者实用新型所属的技术领域。言简意赅地写明该项发明或者实用新型是属于哪一个技术领域的。开头语常用"本发明是关于……"。

(3) 发明或者实用新型的技术背景。具体地说,就是要写明对发明或者实用新型的理解、检索、审查有参考作用的现有技术。通常,只需把与本发明或实用新型有密切关联的现有技术叙述清楚,同时应说明该发明或者实用新型所解决的技术问题或难点,以便于公众或者专利局的审查人员迅速准确地检索有关现有技术,清楚地理解该发明或者实用新型。需要注意的是,介绍现有技术时,应作实事求是的评价,不能有意识地贬低、隐瞒重要的现有技术或夸大其缺点。

(4) 发明或者实用新型的目的。简明地阐明该发明或实用新型解决的问题,以反映申请专利的技术与现有技术的差异,说明新技术的效果。一般来说,说明发明或者实用新型的目的所用开头语是"本发明的目的是……",如果发明或者实用新型的目的不止一个,或用一段话难以表达完整时,可以分段另写,常用的开头语是"本发明的另一个目的是……"。

(5) 发明或者实用新型的内容。这一部分是说明书的核心部分。主要介绍发明或实用新型的构想及构想的具体实现方法和条件。发明或者实用新型内容的写作要清楚、完整,以使该技术领域的普通技术人员能够实施该发明创造为准,否则,专利局将驳回发明或者实用新型的专利申请。

(6) 发明或者实用新型与现有技术相比较所具有的优点或积极效果。通过现有技术与该发明或者实用新型的技术水平相比,把该发明或者实用新型的积极效果和明显优点具体地表达出来,以体现该发明或实用新型的新颖性、创造性和实用性。

(7) 附图和图面说明。如果发明或者实用新型有附图,则应用阿拉伯数字按顺序编号,并注意标记的前后一致;附图不能画在说明书各页上,应画在"说明书附图"之页上。附图图面说明要根据需要按附图上的符号及编号进行叙述说明。

(8) 发明或者实用新型实现的最好方式。要具体叙述发明或实用新型的产品是怎样制造的,如果是方法发明,则应说明是怎样使用的。如果需要的话,可以用具体数字来说明事实;如有附图,实施例要对照附图来写。

申请专利时，申请人除了要向专利局提交包括以上基本内容的发明说明书外，还必须提交说明书摘要。发明说明书摘要，又称专利文摘，是关于发明或者实用新型的技术要点说明的书面材料，其目的是为了使任何人能迅速获得关于发明的主要内容的情报。由于说明书摘要简明扼要，又易于翻译，因此说明书摘要在国际交流中有一定的作用。同时，说明书摘要能够作为对有关技术领域进行快速检索和浏览的情报资料，帮助科学技术人员以及专利使用者确定是否要看发明说明书的全文，所以说，说明书摘要对检索现有技术起着特殊的作用。

7.8 专利说明书

专利说明书又称专利权利要求书，其中应当说明发明或者实用新型的技术特征，清楚、简要地表述请求保护的范围。发明或者实用新型申请专利的权利要求书一般包括写在前面的一项独立权利要求，以及一项或若干项位于独立权利要求之后的从属权利要求。

1. 独立权利要求

独立权利要求应当从整体上反映发明或者实用新型的主要技术内容，记载构成发明或者实用新型必要的技术特征。按照我国专利法及专利法实施细则的有关规定，除发明或者实用新型的性质需用其他方式表述以外，独立权利要求应当包括以下两个部分。

(1) 前序部分。说明发明或者实用新型所属技术领域以及现有技术中与发明或者实用新型主题密切相关的技术特征。

(2) 特征部分。说明发明或实用新型技术的特征。这一部分应紧接前序部分，一般使用“本发明(或实用新型)的特征是……”、“本发明(或实用新型)的特征在于……”等句式。

写作独立权利要求时应注意以下两个问题。

(1) 一项发明或者实用新型应当只有一个独立权利要求，并且应写在发明或者实用新型的从属权利要求之前。

(2) 前序部分中说明的技术特征也是要求保护的技术特征构成部分，同样影响要求保护的内容范围，因此写作时也要字斟句酌，不能超出说明书记载的范围。

2. 从属权利要求

从属权利要求指的是引用其他权利要求的权利要求，它通常直接或者间接地从属于独立权利要求。从属权利要求包括所从属的权利要求中的所有技术特征，在此基础上再补充进去新的技术特征，对独立权利要求描述的发明或者实用新型作进一步的限制。

根据我国专利法以及专利法实施细则的有关规定，除了发明或者实用新型的性质需用其他方式表述外，从属权利要求包括以下两个部分。

(1) 引用部分。这一部分中要写明被引用的权利要求的编号。一般编号写在引用句子前面，如“根据权利要求 1.×××”。

(2) 特征部分。这一部分中要写明发明或者实用新型的附加技术特征,并对引用部分的技术特征作进一步限定。一般采用“本发明(或者实用新型)的特征在于……”句型。

写作从属权利要求时,应注意以下5个问题。

(1) 从属权利要求可以有多项,每项前应当用阿拉伯数字按顺序编号。

(2) 被引用的权利要求,可以是独立权利要求,也可以是从属权利要求。

(3) 引用一项或者若干项权利要求的从属权利要求,只能引用在前的权利要求。

(4) 引用两项以上其他权利要求的从属权利要求,不得互相引用。

(5) 从属权利要求不单纯从属在前的独立权利要求或者其他从属权利要求,而且要增加新的技术特征。

7.9 项目开发总结报告

在软件开发项目中,项目开发完成后应与项目实施计划对照,总结实际执行的情况,如进度、成果、资源利用、成本和投入的人力等。此外,还需对开发工作作出评价,总结出经验和教训。

GB/T 8567—2006《计算机软件文档编制规范》中定义了项目开发总结报告,其编写可以采用如下结构。

1 引言

1.1 编写目的

说明编写这份项目开发总结报告,报出预期的阅读范围。

1.2 背景

说明:

(1) 本项目的名称和所开发出来的软件系统的名称。

(2) 此软件的任务提出者、开发者、用户及安装此软件的计算机中心。

1.3 定义

列出本文件中用到的专门术语定义和外文首字母词组的原词组。

1.4 参考资料

列出要用到的参考资料,如:

- 本项目已核准的计划任务书或合同、上级机关的批文。
- 属于本项目的其他已发表的文件。
- 本文件中各处所引用的文件、资料,包括所要用到的软件开发标准。列出这些文件的标题、文件编号、发表日期和出版单位,说明能够得到这些文件资料的来源。

2 实际开发结果

2.1 产品

说明最终制成产品,包括:

- 程序系统中各个程序的名字，它们之间的层次关系，以千字节为单位的各个程序的程序量、存储媒体的形式和数量。
- 程序系统共有哪几个版本，各自版本号及它们之间的区别。
- 每个文件的名称。
- 所建立的每个数据库。如果开发中制订过配置管理计划，要同这个计划相比较。

2.2　主要功能和性能

逐项列出来软件产品所实际具有的主要功能和性能，对照可行性研究报告、项目开发计划、功能需求说明书的有关内容说明原定的开发目标是达到了、未完全达到或超过了。

2.3　基本流程

用图给出本程序系统的实际的基本处理流程。

2.4　进度

列出原定计划进度与实际进度的对比，明确说明实际进度是提前了还是延迟了，分析主要原因。

2.5　费用

列出原定计划与实际支出费用的对比，包括：

- 工时，以人月为单位，并按不同级别统计。
- 计算机的使用时间，区别 CPU 时间及其他设备时间。
- 物料消耗、出差费等其他支出。
- 明确说明经费是超出了还是节余了，分析主要原因。

3　开发工作评价

3.1　对生产效率的评价

给出实际生产效率，包括：

- 程序的平均生产效率，即每人月生产的行数。
- 文件的平均生产效率，即每人月生产的千字数。

列出原订计划数作为对比。

3.2　对产品质量的评价

说明在测试中检查出来的程序编制中的错误发生率，即每千条指令(或语句)中的错误指令数(或语句数)。如果开发中制定过质量保证计划或配置管理计划，要同这些计划相比较。

3.3　对技术方法的评价

给出对在开发中所使用的技术、方法、工具、手段的评价。

3.4　出错原因的分析

给出对于开发中出现的错误原因的分析。

4　经验与教训

列出从这项开发工作中所得到的最主要经验与教训及对今后项目开发工作的建议。

案例研究：自选项目的可行性分析

请在学习和熟悉可行性研究报告的基础上撰写一短文，从技术可行性、经济可行性以及社会可行性等三个方面开展自选项目的可行性研究与分析。

请记录：你选择的(模拟)技术开发项目是：________________________

____

请另外附纸完成你的习作并粘贴在这里(适当折叠)。

- -

(粘贴线)

课后习作：自选(模拟)项目撰写可行性研究报告

1. 习作内容

根据上面可行性研究报告的编写提示自选一(模拟)项目，完成该项目的可行性研究报告习作。

请记录：你选择的(模拟)技术开发项目是：________________________

____

请另外附纸完成你的习作(打印稿，请注意可行性研究报告的制作质量)，并粘贴在这里(适当折叠)。

- -

(粘贴线)

2. 习作总结

____

____

____

____

3. 习作评价(教师)

____

____

延伸阅读：全球超级计算机500强中国双第一

据新华社华盛顿2016年6月20日电，国际超级计算机“TOP 500”组织公布新一期全球超级计算机500强榜单，由中国国家超级计算无锡中心研制，使用中国自主芯片制造的“神威·太湖之光”（图7-1）取代“天河二号”登上榜首。中国超算上榜总数量也有史以来首次超过美国，名列第一。

图7-1 神威·太湖之光

“神威·太湖之光”的浮点运算速度为每秒9.3亿亿次。据《华尔街日报》报道，“神威·太湖之光”的运算速度为此前3年处在该榜单首位的“天河二号”的两倍以上，大约是目前排名第三的美国领先超级计算机系统的5倍。“TOP 500”组织在一份声明中写道：“中国在国际TOP 500组织第47期榜单上保持第一名的位置，凭借的是一个完全基于中国设计、制造，具有中国自主知识产权的处理器芯片而打造的新系统”。“神威·太湖之光”由国家并行计算机工程技术研究中心研制，安装在国家超级计算无锡中心。

排名第二的是来自中国广州、由中国国防科技大学研制的使用英特尔芯片的“天河二号”（图7-2），浮点运算速度为每秒3.386亿亿次。此前，“天河二号”超级计算机已在TOP 500榜单上连续六度称雄。这次500强榜单还有一个重大变化是，入围的美国超级计算机总数量首次被中国超越。中国现在入榜的超级计算机数量达到167台，美国则是165台。

图7-2 天河二号

全球超级计算机500强榜单由国际"TOP 500"组织每半年公布一次,在德国和美国轮流举行。可能很多人都想不到,1年前,中国在"TOP 500"榜上的超级计算机还仅有37台。2015年11月,中国上榜的计算机猛增到109台,超过欧洲与日本,排名第二。又过了仅仅半年时间,中国入榜的超级计算机数量达到167台,世界第一。

这次榜单前十名除了"神威·太湖之光"与"天河二号"外,第3到第10名依次为美国的"泰坦"与"红杉"、日本的"京"、美国的"米拉"和"三一"、瑞士的"代恩特峰"、德国的"花尾榛鸡"和沙特阿拉伯的"沙欣Ⅱ"。

"超级计算机:中国超过美国!"德国IT专业杂志*Heise*网络版20日以此为题作了报道,并刊登了一张中国秦朝兵马俑的照片。"全球超级计算机大会伴随着一声巨响启动:中国现在在全球超级计算机500强榜单上不仅占据着最快超级计算机的前两名,兵马俑军团还以数量和整体性占优"。

超级计算机新霸主运算速度到底有多快?"简单来说,这套系统1分钟的计算能力,相当于全球72亿人同时用计算器不间断计算32年;如果用2016年生产的主流笔记本电脑或个人台式机作参照,'太湖之光'相当于200多万台普通电脑。"国家超级计算无锡中心主任杨广文介绍。

"神威·太湖之光"由40个运算机柜和8个网络机柜组成。每个运算机柜比家用的双门冰箱略大,打开柜门,4块由32块运算插件组成的超节点分布其中。每个插件由4个运算节点板组成,一个运算节点板又含2块"申威26010"高性能处理器。一台机柜就有1024块处理器,整台"神威·太湖之光"共有40 960块处理器。"每一块处理器相当于20多台常用笔记本电脑的计算能力,4万多块再组装到一起,速度之快可想而知。"杨广文说。

只有5厘米见方的薄块"申威26010"不仅成为"神威·太湖之光"的心脏,也成为我国自主研发打破30年技术封锁的一柄利器。25平方厘米的方寸之间,集成了260个运算核心,数十亿晶体管,达到了每秒3万多亿次计算能力。单芯片计算能力相当于3台2000年全球排名第一的超级计算机。

超级计算机,被称为"国之利器"。杨广文表示,不可否认,"神威·太湖之光"的成功,标志着我国超级计算机研制能力已位居世界领先水平,但在技术储备、系统稳定性方面与发达国家仍有明显差距。

速度之争是超算领域最为直接的对决。与"天河二号"六连冠的辉煌相比,此次登顶的"神威·太湖之光"要想长期占据世界第一的地位变得异常艰难。2015年7月,美国启动"国家战略计算计划",目标是到2025年建造世界上运算最快的计算机。

"未来五到十年,从每秒十亿亿次到每秒百亿亿次是超算发展的决胜之地。"国家并行计算中心的相关科研人员表示,虽然超算大国都在进行部署,但其中需要解决的技术关键环节非常多。更为关键的是,无论速度有多快,发展超算始终是为了"致用",而这仍然是当前我国超算发展的短板。

资料来源:环球时报.全球超级计算机500强中国双第一[EB/OL].(2016-06-21)[2016-07-10]http://tech.qq.com/a/20160621/004766.htm.

第8章 chapter 8

鉴定评议类应用文

按照一定的格式表述科技成果评议鉴定结论的权威性文书，就是科技成果的鉴定评议类应用文。鉴定评议类应用文主要有科学技术成果鉴定证书、科学技术成果视同鉴定书、同行专家函审评议表等。

课前阅读：项目验收报告（范文）

省重大高新技术产业化奥美拉唑项目验收意见

某省科技厅组织专家验收委员会于2002年10月13日在某市召开“省重大高新技术产业化奥美拉唑项目”验收会，验收委员会听取了承担单位×××生物制药有限公司项目工作汇报，审查了有关资料，考察了生产现场，经过讨论形成如下验收意见：

(1) 提供验收的技术文件、资料等齐全、完整、可信，符合验收要求。

(2) 通过对该项目原料及制剂的生产工艺的改进和提高，采用中间体氯化物作为合成奥美拉唑的起始原料，减少了合成步骤，缩短了生产周期，提高了工艺收率，降低了原料成本；微丸制备采用国际先进的生产工艺技术，产品质量可控、稳定；临床使用表明，该产品疗效好，副作用少，与进口奥美拉唑一致。原料及制剂分别于2001年被认定为浙江省高新技术产品。

(3) 根据财务决算报告，该项目总投资7860万元，其中省科技厅拨款90万元，地方财政拨款55万元，银行贷款2800万元，自筹4915万元，经费使用合理，目前银行贷款已全部还清。

(4) 该项目自2001年6月投产以来，至今已形成年产奥美拉唑原料2吨、胶囊2500万粒的生产规模，累计实现销售收入11 926.9万元，利润2483万元，上缴税金1146万元，取得较好的社会经济效益，目前已成为企业的主导产品之一。

(5) 公司非常注重项目的产业化工作，不断改进生产工艺，提高产品质量；同时注重员工的技术培训，提高企业的技术创新能力和经营管理水平；该企业原料药、胶囊剂、片剂、粉针剂、冻干粉针剂等于2001年7月取得国家药品GMP证书。

(6) 公司重视环保工作，在项目实施中完善了环保设施，“三废”符合国家排放要求。

验收委员会认为：该项目产业化的实施是成功的，已基本完成和达到了“××省科技计划项目合同书”规定的各项任务指标要求，一致同意通过验收。

主任委员(签字)
副主任委员(签字)
2002年10月13日

资料来源：浙江省科学技术厅网.验收意见[EB/OL].(2002-10-13)[2016-05-10].http://www.zjkjt.gov.cn/news/node04/detail0410/2004/0410-1824.htm.

习作点评

这里是针对第7章“报告说明类应用文”布置的课后习作而在课堂上开展师生互动讨论的教学环节设计。

请记录：你希望在课堂上讨论和澄清的问题是：

(1) ________________________________

(2) ________________________________

(3) ________________________________

(4) ________________________________

(5) ________________________________

8.1 项目评审与课题鉴定书

项目评审，顾名思义就是审查和批准项目计划，或者针对项目变更、工作进展、项目计划执行情况以及未来计划的新情况等进行评审，同时对项目的财务状况及其他情况进行总结的一个步骤。项目评审的输入、步骤及其输出结果取决于不同的评分类型，并且不同评分类型的输入、输出、过程、步骤都是不同的。在整个项目管理生命周期里，通常需要有多个项目评审。

此外，项目评审可以为项目团队在处理项目风险时提供机会，以获得管理层的支持，同时也为项目团队继续开展项目工作提供高层管理方面的认可。

8.1.1 项目评审的步骤

项目的评审步骤指项目从选题或预立项开始，一直到获得批准并进入项目实施阶段之间所有需要评审的过程，主要包括四个阶段：预立、调研、规划、重大事项评估。

1. 预立阶段

项目预立阶段包括两个方面：一是根据公司的基本发展规划拟定项目原则性规划；二是在原则规划的基础上选择合适的产品或技术项目。

1）项目原则性规划的拟定

原则性规划主要是针对待开发的项目必须符合市场发展趋势并切合企业的实际状态，在这个基础上拟定选择项目的前提。

原则性规划体现为宏观规划，不涉及任何具体的项目内容。主要内容包括社会及人文发展趋势（实质上为市场趋势）、企业现状与社会趋势之间的步调分析等。因为任何产品的最终用户是人，所以社会及人文的发展趋势成为产品项目选择的关键一环。

符合社会发展趋势的项目，实际上就是符合市场发展趋势的产品，因此正确认识社会人文发展趋势的原则性规划是必不可少的步骤。在这个步骤的基础上，再结合企业自身的状态（包括产业定位、产业环境及其变化趋势、研发及生产能力、市场营销能力等）明确创新的方向。

原则性规划包括 4 个方面的内容：

(1) 明确企业的发展方向和目标，包括具体的产业领域和投入产出相关的数据。

(2) 明确企业实现发展目标的具体策略，包括每一阶段的投资计划、产出率、企业状态及环境的改变（包括具体可考量的数据）。

(3) 拟定实现目标的宏观策略。这种策略不涉及具体的项目，但需要就项目的基本特征（例如实施周期、市场规模、项目生命周期、投入产出等）作出基本规划。

(4) 拟定实现宏观策略的具体措施。这种措施从粗的角度对实现的宏观策略进行规划，针对具体的产业领域，但不针对具体的项目。

2）根据原则规划选择符合目标定位的产品项目

拟定创新原则规划后，再结合宏观的规划原则和项目各类信息初步选定一批待立项目，供进一步筛选。

2. 调研阶段

调研阶段针对的目标也包括两个方面：一是原则性规划与实际情况的符合程度；二是初步选择项目的相关信息。

(1) 因宏观原则性规划仅仅建立在有限意识和客观信息的基础之上，因此必须就其中的基本原则专项验证与客观状态的符合程度。主要包括两个方面：

其一，市场发展趋势的预计符合程度。在实际调研中专项结合各类市场特征，对规划原则给予印证，确定规划符合客观实际。具体操作方式通常为咨询模式，即向专业机构进行专题咨询，根据咨询报告与规划的符合程度进行判断。

其二，技术发展趋势的预计符合程度。技术趋势包括产业现状及环境发展趋势、企业技术与生产现状及其变化趋势等。该方面的具体操作方式通常采用专项咨询与企业规划部门共同验证相结合的方式。

(2) 初步选择的项目通常具有一些模糊特征,需要在具体调研中加以甄别。

3. 规划阶段

规划阶段是指本着原则性规划的基础,针对预立项目进行技术、市场、投入产出、实施风险及控制等方面的规划,使项目的可行性在规划中趋于明朗。

4. 重大方面评估阶段

事实证明,几乎每一项目都具有某类关键环节(或技术、或市场),往往需要将这些关键环节提取出来专项审核。必要时还必须有针对性地从事专项技术试验或市场实际调研。

重大评估往往需要权威专家的参与(主要包括技术专家和市场专家)。

重点项目的评审应考虑以下几个方面:

(1) 具有明确的科学问题、创新的学术思想、先进的研究目标、合理的研究方案以及必要的研究条件。

(2) 具有高水平、活跃在科学前沿的学术带头人和精干的研究队伍。

(3) 具有较厚实的研究基础,可望取得突破性进展。

(4) 具有合理的经费预算。

8.1.2 项目评审的工作程序

项目的评审步骤指项目从选题或预立项开始,一直到获得批准并进入项目实施阶段之间的所有需要评审的过程,主要包括四个阶段:预立、调研、规划、重大事项评估。

项目评审的工作程序如下:

(1) 项目登记。收到建设单位报送的评审项目资料后,由评审中心资料员按项目性质进行分类登记,对项目资料进行初审。

(2) 安排工程项目的评审。工程项目根据具体情况,由评审中心主任安排人员审核。

- 安排评审中心人员进行评审。
- 委托中介机构进行审核,由评审中心复审审核的结论,然后出具审核结论报告书。
- 评审人员要本着认真负责的态度进行审核,要认真仔细地阅读图纸和资料,在充分熟悉的基础上去实地踏勘图纸和资料上表达不清楚的地方,审核过程中要重点审核涉及变更及签证、工作量、定额套用、取费标准是否真实、合理、准确,主要材料价格应通过询价取得,出具审核结论前要取证甲乙双方的意见,再出具审核结论。
- 项目审核预(结)算的签发。根据评审人员出具的审核结论,经评审中心专业审核人员互相审核后,由中心主任认真把关复核,确认无误后签字,并报上级领导签发,最后由评审中心盖章。此结论作为相关部门拨付资金的依据。
- 评审中心档案人员要对审核的结论存档。加强各类资料的归集存档、保管和保密工作。

8.1.3 科学技术成果鉴定证书

科学技术成果鉴定证书内容结构和填写方法如下。

1. 封面

(1) 成果名称。

(2) 成果完成单位。指参加成果研究单位，有多个单位参加的成果研制，按在技术上作出创造性贡献的大小顺序排列。

(3) 鉴定形式。成果鉴定是检测鉴定、验收鉴定或专家评议。

(4) 组织鉴定单位。指负责组织科技成果鉴定的单位。

(5) 鉴定日期。指科技成果通过鉴定的日期。

(6) 编号。指国务院各部(委)科技成果管理机构按年度组织鉴定的顺序编号。

(7) 建议密级和批准密级及编号。指按科技保密有关规定，具有密级审批权单位批准的密级及编号。

2. 正文

正文是科学技术成果鉴定证书的内页内容。主要包括以下几项：

(1) 成果简要说明及主要技术指标。成果简要说明扼要介绍科技成果的来源、研究目的、定义和成果特点。主要技术指标要列出最能代表科技成果特点和品质的数据，必要时可辅以简单的文字说明。科技成果如为应用技术成果，应写明基本论点、论据、学术意义及被引用情况等；如系软科学成果，应写明理论依据及应用效果。"简要说明"要求文字表达言简意赅，这一部分的写作文字不宜过长，要简洁而切意。

(2) 推广应用前景及效益预测。由申请鉴定单位对其成果的推广应用范围和产生的经济效益或社会效益作出定量预测。成果的经济效益是该成果应用后取得的实际经济效果，如对发展国民经济所起的作用、科研投资总的经济效益以及节约劳动力、缩短生产和试验周期、提高工效和产品质量、简化流程、节约原材料和设备投资、降低能耗等带来的经济效益。社会效益是指对生态环境、人类健康、工作和生活条件等方面的影响和作用。对效益的预测要附有计算方法和依据。

(3) 鉴定意见。由鉴定委员会填写。鉴定意见是科技成果鉴定证书的核心部分，鉴定书中要特别注明科技成果研究中存在的问题及其改进建议。如鉴定时对评价结论有不同意见，应在鉴定报告中注明。鉴定意见之后要签署鉴定负责人的姓名和日期。鉴定意见一般分项写作，要求用词准确，评价全面，层次清晰。

(4) 主持鉴定单位意见。由具体主持科技成果鉴定工作的单位填写是否同意鉴定委员会意见，并加盖公章，写明日期。

(5) 组织鉴定单位意见。由负责科技成果鉴定工作的科技成果管理机构填写。主要阐明被鉴定成果是否有推广价值，在什么范围内实用，是否同意鉴定委员会意见等，并加盖公章，注明日期。

(6) 主要技术文件目录及提供单位。这一部分要写出技术文件名称、提供单位名称、文件作者姓名。若同一份文件是由几个单位的研究人员共同完成,主要完成单位应排在前面,或只署执笔者的姓名。

(7) 主要研究人员名单。包括研究人员姓名、年龄、文化程度、所学专业、职称职务、工作单位及对成果的创造性贡献。主要研究人员的排列顺序应按对科技成果作出创造性贡献的大小顺序排列。

(8) 鉴定委员会名单。

3. 附件

附件是鉴定委员会鉴定时的重要依据,一般由技术资料审查组撰写,内容包括技术文件审查报告和项目现场抽调报告两部分。科技成果鉴定证书是否需要附件部分,应根据实际情况进行取舍。

8.1.4 科学技术成果视同鉴定证书

科学技术成果视同鉴定证书由以下两部分构成:

1. 封面

(1) 成果名称。指参加视同鉴定的成果名称。
(2) 成果完成单位。
(3) 审批单位。指负责审批视同鉴定成果的科技成果管理机构。
(4) 审批日期。即视同鉴定项目通过审批的日期。
(5) 编号。
(6) 建议密级和批准建议密级及编号。

2. 正文

正文是科技成果视同鉴定证书的内页,主要内容包括以下几项:

(1) 成果简要说明及主要技术指标。其写作要点同《科技成果鉴定证书》中的内容基本相同。

(2) 推广应用前景及效益预测。由申请单位或个人对其成果的推广应用范围和产生的经济效益或社会效益作出定量预测。

(3) 视同鉴定证明及技术文件目录。视同鉴定证明指科技成果实施单位出具的财务部门的经济效益证明或社会效益证明;技术合同当事人出具的财务部门的经济效益证明或社会效益证明;专利实施单位出具的财务部门的经济效益和社会效益证明。写作时要根据具体情况不同,清楚写明属上述三者之一的何种证明。技术文件目录包括技术文件名称、提供单位名称和文件作者姓名。

(4) 科技成果管理机构审批意见。

(5) 主要研究人员名单。

8.1.5 同行专家函审评议表

根据科技管理工作的实际需要，同行专家函审评议表应设置以下栏目和内容：

1. 文表名称

文表名称即同行专家函审评议表，应以黑体字印于文头的正中位置。

2. 委托单位

委托单位即组织函审的单位名称，或寄发函审表的单位名称。函审都应由组织委托，不应由个人请托。

3. 被评人姓名、职务

被评人姓名、职务即成果所属权人姓名和专业技术职务。

4. 成果名称

表内填写的成果名称要与送审成果名称完全一致。

5. 评议目的

如成果鉴定、成果评奖、评审专业技术职务等。评奖要写清什么性质的奖励和级别，评审专业技术职务要写清楚拟评什么职务。设置“评议目的”这一内容是为了让同行专家写评议结论时给出相关的评语或推荐意见。

以上五项由委托单位或组织函审的单位填写。

6. 评议意见

这是同行专家函审评议表的核心内容，是全表的主体，由同行专家填写。写作“评议意见”时要着重写清以下三方面的内容：

(1) 审读概况。即审读了哪些送审材料和文件，如著作、论文成研究报告等，是通读、选读还是泛读。要写明成果的主要内容是什么，查对了哪些有关资料和证明材料，作品的出版、发表、被引用或应用情况如何。介绍审读概况，是为了让人了解评审人员的评议范围、评审方式和可信程度。

(2) 评价意见。写评价意见一般采用三种方法。一是夹叙夹议。“叙”即列举被审材料或文章中具有关键性、典型性、代表性的观点、数据、事例，以表明自己的议论评价是有依据的，“议”即评价、议论。可先叙后议，或边叙边议。二是先讲评议观点、结论性评语，再例举文章中的材料加以证明；三是对比分析法，在比较分析中阐述评价意见。

评价科学理论研究成果，要围绕以下各项指标进行：

- 该项目研究的目的、意义如何。
- 该成果提供了哪些新知识、新理论、新见解、新发现，其深度和广度如何；与国内外同学科比较，在学术水平上达到了何等高度。

- 该成果有何科学意义和理论价值。评价指标可分为四个档次,即对科学发展的普遍意义;对某一学科发展的普遍意义;对若干分支学科的意义;对某一分支学科的意义。
- 该成果是否得到了学术界公认,在国内外哪级学术刊物、学术会议上发表或宣读,被哪些单位、文章引用过,引用的次数多少。
- 成果的系统性、完整性、可读性如何;论据(包括数据)是否准确可靠,论证是否严密,论点是否正确、新颖。
- 实用价值如何,是否增加了人类对自然现象和规律的了解与认识,是否为新的知识和理论开创了新的应用途径,对基础研究是否提出了新的研究课题,在推动决策科学化、管理现代化和促进科技、经济与社会协调发展方面起到了什么作用,在指导实践上有何直接或间接的应用效益。

以上各项指标是对整个科学理论成果而言的。在具体评价基础研究理论成果、应用研究理论成果和软科学研究成果时,要有所侧重或另加补充。例如,在评价专业技术人员业务水平时,除评议其基础理论、专业知识和学术水平以外,还要对其业务能力、工作贡献等作出评价。

(3) 结论意见。这一部分一般应写三方面的内容。第一,对成果的优点做出概括的评价结论;第二,指出成果的缺点或存在的问题;第三,提出改进和完善建议,或者按照函审目的提出推荐建议。

7. 专家签署盖章

8. 单位意见

指评议专家所在单位签署意见。一般应写明该专家的专业技术职称和行政职务,是什么专业的专家,该评议材料是否是本人所写,对使用该评议材料有何建议。然后加盖公章,签上日期。

8.2 技术鉴定书

技术鉴定书又称科技鉴定书、科技成果鉴定书,是对科技成果进行评定后写成的鉴定性文件。完成科研工作后,科技行政管理机关聘请有关专家,按照规定的形式和程序,对科技成果的科学价值、学术水平、技术成熟性、经济合理性进行审查和评价,做出相应结论,写成科技鉴定书。1994 年 10 月 26 日,国家科委(现国家科技部)颁发了《科学技术成果鉴定办法》和《科技成果鉴定规程(试行)》,从 1995 年 1 月 1 日起正式实施。

根据国家科委规定,科技成果鉴定采取分级负责办法,根据科技项目大小和重要程度分为以下 4 级:

(1) 国家级鉴定,由国家科委组织鉴定。

(2) 部级鉴定,由国务院有关部门组织鉴定。

(3) 地方级鉴定,由省、市、自治区有关部门组织鉴定。

(4) 基层鉴定,由企业、学校、科研单位组织鉴定。

技术鉴定书具有以下特点：

(1) 权威性，科技成果鉴定由国家及地方各级科委统一组织和管理，科技鉴定书由国家及地方各级科委统一颁发，体现了它的权威性和结论性。

(2) 科学性，鉴定委员会专家具有较高学术水平、技术水平，他们对科技成果鉴定、评价的正确性负责，使其具有科学性。

(3) 公正性，科技成果鉴定、评价是在专家们进行了深入研究、分析的基础上作出的，充分反映了各方面意见，全体委员会在鉴定书上签名并表明意见，确保鉴定意见的公正。

技术鉴定书的主要作用是对科技成果进行技术鉴定，对科学研究结果做结论，使得科学技术成果经过技术鉴定得到认可，以保证其质量，有利于科技成果的推广和提高，从而促进科学技术的发展，为国民经济发展作贡献。

8.3 项目进度报告

科研（项目）进度报告是科研课题执行人在科研过程中向科研主管部门汇报课题研究工作进度的情况及阶段性成果的书面材料。如年度报告（定期）、进展汇报（不定期）等。

科研进度报告的主要功能如下：

(1) 课题执行人总结前一段研究工作的成绩和经验。

(2) 向主管部和协作单位通报信息，以便检查研究进度，安排进一步的研究工作。

科研进度报告由课题名称；课题概述（课题来源、起止时间、支持的经费等）；本阶段研究工作的内容、情况和存在问题；对本阶段研究进度的评价；下阶段研究工作的计划；参加这段工作的人员名单和报告时间等六部分构成。

8.3.1 中期报告

中期报告包括以下几个方面：

(1) 课题概述。一般在第一次进度报告中写，后续的进度报告可以不写。主要写明课题来源、起止时间、支持经费以课题要求等。

(2) 本阶段研究工作的内容、情况和存在问题。写法上应按工作计划上规定的本阶段任务条款或按上一次进度报告中“下一阶段工作的计划”的内容逐条检查落实，注意写明完成情况，也同时写明存在问题，分析存在问题的原因。如果不具备研究条件而未完成任务，应作出说明。这部分写得如何，是衡量进度报告的质量关键所在。

(3) 下阶段研究工作计划。这部分写作既要参照课题工作计划写出下一阶段将进行的研究，又要针对上阶段工作的经验和存在的问题，将未完成的任务移至下一阶段完成。如果研究工作计划有变动，应写明变动原因，并作出新的安排。

(4) 科研进度报告的编写方法。对单一课题，可采用时序式编写，按任务完成时间的先后顺序写。但重点放在本阶段研究工作的进展和结果上，避免写流水账。对项目比较多的课题，如分有多个子课题，可采用任务分项式编写，一项一项地写。也可把时序或任务分项式结合起来编写。

(5) 内容真实,把握分寸。科研进度报告写作的重点应放在"研究计划完成情况"和"未能按计划完成的工作"两部分上。写作中应如实反映研究的客观实际,正确估价取得的成果;写成绩不要过分夸大,同时要写明存在的困难和问题。

8.3.2 开发进度月报

开发进度月报的编制目的是及时向有关管理部门汇报项目开发的进展和情况,以便及时发现和处理开发过程中出现的问题。报告中应包括进度计划与实际执行情况的比较、阶段性成果、遇到的问题及其解决办法和下个月的打算等。

开发进度月报的编写内容如下:

开发进度月报

1. 标题

这一部分包括以下内容:

(1) 开发中的软件系统的名称和标识符。

(2) 分项目名称和标识符。

(3) 分项目负责人签名。

(4) 本期月报编写人签名。

(5) 本期月报的编号及所报告的年月。

2. 工程进度与状态

2.1 进度

列出本月内进行的各项主要活动,并且说明本月内遇到的重要事件,这里所说的重要事件是指一个开发阶段(即软件生存周期内各个阶段中的某一个,例如需求分析阶段)的开始或结束,要说明阶段名称及开始(或结束)的日期。

2.2 状态

说明本月的实际工作进度与计划相比是提前了、按期完成了、或是推迟了。如果与计划不一致,说明原因及准备采取的措施。

3. 资额耗用与状态

3.1 资额耗用

主要说明本月份内耗用的工时与机时。

3.1.1 工时

分为三类:

(1) 管理用工时,包括在项目管理(制订计划、布置工作、收集数据、检查汇报工作等)方面耗用的工时。

(2) 服务工时包括为支持项目开发所必需的服务工作及非直接的开发工作所耗用的工时。

(3) 开发用工时要分各个开发阶段填写。

3.1.2 机时

说明本月内耗用的机时,以小时为单位,说明计算机系统的型号。

3.2 状态

说明本月内实际耗用的资源与计划相比是超出了、相一致、还是不到计划数。如果与计划不一致,说明原因及准备采取的措施。

4. 经费支出与状态

4.1 经费支出

4.1.1 支持性费用

列出本月内支出的支持性费用,一般可按以下七类列出,并给出本月支持费用的总和:

(1) 房租或房屋折旧费。

(2) 工资、奖金、补贴。

(3) 培训费,包括给教师的酬金及教室租金。

(4) 资料费,包括复印及购买参考资料的费用。

(5) 会议费,召集有关业务会议的费用。

(6) 旅差费。

(7) 其他费用。

4.1.2 设备购置费

列出本月内支出的设备购置费,一般可分为如下3类:

(1) 购买软件的名称与金额。

(2) 购买硬设备的名称、型号、数量及金额。

(3) 已有硬设备的折旧费。

4.2 状态

说明本月内实际支出的经费与计划相比较是超过了、相符合、还是不到计划数。如果与计划不一致,说明原因及准备采取的措施。

5. 下个月的工作计划

6. 建议

本月遇到的重要问题、应引起重视的问题以及因此产生的建议。

8.4 项目验收报告

为规范项目的验收管理,强化责任机制,凡列入发展计划并组织实施的项目,在项目实施完成后,均应按照有关部门的相关规定进行项目验收,由相关专家组成的验收小组在对项目实施情况进行全面考核后,对项目绩效作出客观公正的评价,由此而形成的评估性文书称为项目验收报告,又称为项目验收意见书。

项目验收报告和项目总结报告既有联系又有区别。总结报告是在项目结束后尚未验收以前,由项目承担者向专家、有关部门和业务主管领导汇报项目开展情况、介绍项目有关问题的报告。项目验收报告是专家(组)研究分析项目各方面的情况(主要研究由项目承担者提供的总结报告)后对项目绩效作出的全面评价,对项目的验收有决定性的影响。

根据不同的分类标准,项目验收报告的分类各有不同:按项目内容属性划分,常见的有科技项目验收报告、资金项目验收报告和工程项目验收报告等;按项目重要程度划分,有重点项目验收报告和一般项目验收报告。

项目验收报告在结构上一般要求有标题、正文、结尾三部分。书写格式可以选择表格和文字表述方式。

1. 标题

常见的项目验收报告标题有三种:一是只标明文种的简要式标题,如《项目验收意见》;二是标明项目名称内容和文种的标题,如《水三村中央农村环保专项资金项目验收意见》;三是标明验收单位名称和文种的标题,如《建设项目竣工环境保护验收组验收意见》。

2. 正文

项目验收报告正文包括开头、验收意见和验收结论三项内容。

1) 开头

这一部分要标明项目名称、项目承担者和项目验收单位,并简要叙述和说明项目验收对象的基本情况。一般要交代清楚何时、何地监理单位组织专家对何企业承担的何基金项目进行验收;专家组是否对项目进行了实地考察和项目执行情况质询等内容。

2) 验收意见

这是项目验收报告的主体部分,主要是分条列项写清楚验收小组的评审意见。专家验收评审意见文字部分应包括以下内容:

(1) 验收材料是否齐全并符合要求。

(2) 依据合同指标,分别评价项目的经济目标、技术质量指标和总体目标完成情况(要有具体数字)。

(3) 对项目合同完成情况的总体评价意见及必要的说明。

(4) 评价项目的主要技术特征、社会经济意义。

(5) 未来市场前景与竞争力。

(6) 项目资金落实与支出情况,资金使用是否规范合理。

(7) 项目综合评分(各专家评价分的平均值)。

3) 验收结论

验收结论有以下3种:

(1) 验收合格,按《任务书》、《合同书》完成项目计划目标和任务,经费使用合理。

(2) 需要复议,完成项目计划目标和任务不足90%,或提供数据、资料不详,致使验收意见争议较大。

(3) 验收不合格，凡有下列情况之一者，不能通过验收：

- 完成项目计划目标和任务不足85%。
- 提供的验收文件、资料、数据不真实。
- 未能实现预定成果或成果无实用价值。
- 未经批准，项目承担单位擅自对项目的内容、目标、考核指标、技术路线等作了较大调整。
- 未经批准，延期超过原定计划规定期限半年以上未完成任务。
- 经费使用中存在严重问题。

最后，验收小组还可根据验收中发现的问题提出针对性的改进意见、措施。

3. 结尾

在项目验收意见的结尾，要写上验收小组组长的姓名及日期，署名日期写在正文的右下方。

案例研究：验收综合报告范文分析

请认真阅读下面有关国家自然科学基金验收和申报指南的综合报告(部分)，并进行相关分析。

《2013年度国家自然科学基金项目指南》前言

关键词：国家自然科学基金

2012年是“十二五”规划执行的第二年，在过去的一年里，国家自然科学基金委员会(简称自然科学基金委)各部门认真贯彻《国家中长期科学和技术发展规划纲要(2006—2020年)》和国家自然科学基金(简称自然科学基金)“十二五”发展规划，准确把握“支持基础研究、坚持自由探索、发挥导向作用”的战略定位，认真落实“尊重科学、发扬民主、提倡竞争、促进合作、激励创新、引领未来”的工作方针，始终坚持“依靠专家、发扬民主、择优支持、公正合理”的评审原则，着力培育创新思想和创新人才，为完善国家创新体系、建设创新型国家作出了积极贡献。

科学基金资助体系包含了研究类、人才类和环境条件类三个项目系列，其定位各有侧重，相辅相成，构成了科学基金资助格局。其中，研究项目系列以获得基础研究创新成果为主要目的，着眼于统筹学科布局，突出重点领域，推动学科交叉，激励原始创新，从而提高基础研究水平；人才项目系列立足于提高未来科技竞争力，着力积蓄基础研究后备人才队伍，支持青年学者独立主持科研项目，扶植基础研究薄弱地区科研人才，培养领军人才，造就拔尖人才，培育创新团队；环境条件项目系列主要着眼于加强科研条件支撑，特别是加强对原创性科研仪器设备研制工作的支持并促进资源共享，优化基础研究发展环境并增强公众对基础研究的理解。

2013年自然科学基金委将根据"十二五"规划的总体部署，继续坚持"更加侧重基础、更加侧重前沿、更加侧重人才"的战略导向，进一步优化资助模式，完善资助格局，实施原始创新战略、创新人才战略、开放合作战略、创新环境战略和卓越管理战略，形成更具活力、更富效率、更加开放的中国特色科学基金制，推动学科均衡协调可持续发展，促进若干主流学科进入世界前列，推动高水平基础研究队伍建设，造就一批具有世界影响力的优秀科学家和创新团队，推动我国基础研究整体水平不断提升，显著增强基础研究的国际影响力和若干重要科学领域的自主创新能力，为科技引领经济社会可持续发展、加快建设创新型国家奠定坚实的科学基础。

为了体现公开、公平、公正的资助原则，使依托单位和申请人更好地了解科学基金的资助政策，自然科学基金委现发布《2013年度国家自然科学基金项目指南》(简称《指南》)，以引导申请人正确选择项目类型、研究领域及研究方向，自主选题，申请科学基金的资助。

科学基金的大部分类型项目采取每年集中接收的方式受理申请。2012年，科学基金项目申请集中接收期间共收到各类项目申请170 877项，因非依托单位申请、过期申请及缺少电子或纸质申请书等原因不予接收的申请有85项，实际接收170 792项申请，比2011年同期增加26 089项，同比增长15.63%，其中面上项目申请同比增长13.13%；青年科学基金项目申请同比增长10.53%；地区科学基金项目申请同比增长32.07%；重大国际(地区)合作研究项目的申请量同比增长32.87%。重点项目、科学仪器基础研究专款项目、国家杰出青年科学基金等类型项目申请量与去年相比均略有减少，2012年度首次接收优秀青年科学基金项目申请3587项，2011年设立的国家重大科研仪器设备研制专项受到广泛关注，2012年度受理自由申请类国家重大科研仪器设备研制专项项目申请314项。

经初步审查后，不予受理的项目申请5141项，占申请总数的3.0%。在规定期限内共收到正式提交的复审申请709项。经审核，受理627项，由于手续不全等原因不予受理复审申请82项。复审结果认为原不予受理决定符合事实、予以维持的560项，认为原不予受理决定有误、重新进行评审的67项，占全部不予受理项目的1.3%。因此，2012年度申请项目集中接收期间共受理各类项目申请165 718项。

截至本《指南》发稿时，经过规定的评审程序，自然科学基金委2012年度批准资助研究项目系列的面上项目(包括青年-面上连续资助项目)16 891项，重点项目538项，重大研究计划项目145项，重大国际(地区)合作研究项目106项；人才项目系列的国家杰出青年科学基金项目200项，优秀青年科学基金项目400项，青年科学基金项目14 022项，地区科学基金项目2472项，创新研究群体30个，海外及港澳学者合作研究基金项目137项，国家基础科学人才培养基金项目91项；环境条件项目系列的科学仪器基础研究专款项目50项，国家重大科研仪器设备研制专项自由申请项目27项，国家重大科研仪器设备研制专项部门推荐立项建议项目11项，联合基金项目288项，科普项目21项，重点学术期刊项目33项，外国青年学者研究基金项目40项，青少年科技活动项目25项。此外，还有部分项目尚在审批过程中。有关类型项目申请与资助情况详见本《指南》相关部分的介绍。

本《指南》主要针对2013年度项目申请集中接收期间受理申请的各类型项目进行介绍。在前言之后，集中介绍各类型项目申请须知和限项申请规定，希望申请人认真阅读。面上项目、重点项目、青年科学基金项目和地区科学基金项目按科学部顺序介绍项目的总体资助情况及优先资助范围。其中面上项目的指南部分，科学部在介绍资助概况之外，还涉及该科学部总体资助原则与要求以及申请注意事项，然后以科学处为单位分别介绍学科发展趋势或资助范围和要求；其他项目类型进行整体介绍。各类型项目对申请人有特殊要求的，将在本《指南》正文中加以叙述。

不在集中接收期间受理的其他项目，将另行在自然科学基金委门户网站(http://www.nsfc.gov.cn)发布指南，请依托单位和申请人及时关注。

在项目申请受理、评审和管理过程中，自然科学基金委将继续严格按照《国家自然科学基金条例》(简称《条例》)和相关类型项目管理办法的规定规范管理工作程序，完善同行评审机制；积极鼓励源头创新，强调科学研究价值理念，营造宽松学术环境，支持不同学术思想的交叉与包容；严格执行回避和保密的有关规定，接受科技界和社会公众的监督。欢迎广大科学技术人员提出高水准的项目申请。

《2013年度国家自然科学基金项目指南》编辑委员会
2012年11月22日

请分析：

(1) 请了解并概括介绍《国家自然科学基金项目》：

____

____

____

____

____

(2) 上文中介绍了2012年度《国家自然科学基金项目》的验收情况，**请记录：**

收到申请：________________项

因文书等质量原因不予接受：________________项

经初审后不予受理：________________项

经初审后不予受理：________________项

正式提交的复议申请：________________项

复议后得到纠正予以受理：________________项

因此，2012年度申请项目集中接收期间共受理各类项目申请____________项。

(3) 经阅读分析，你的感受和体会是：

____

____

____

____

____

课后习作：自选（模拟）项目撰写项目验收报告

1. 习作内容

根据上面项目验收报告的编写提示自选一个(模拟)项目，完成该项目验收报告习作。

请记录：你选择的(模拟)项目是：________________________________

____

请另外附纸完成你的习作(打印稿，请注意可行性研究报告的制作质量)，并粘贴在这里(适当折叠)。

- -

(粘贴线)

2. 习作总结

____

____

____

____

3. 习作评价(教师)

____

____

____

延伸阅读：马化腾给创业者的一封信

[**导读**] 腾讯科技讯消息，2013年7月4日“2013腾讯合作伙伴大会”将在国家会议中心举行，腾讯董事局主席兼首席执行官马化腾(图8-1)在他的微博上发了篇《创业者写给创业者的一封信》。马化腾在信中总结道，创业者们需要有创新思维、创业精神，并为用户创造价值。

以下为公开信全文：

亲爱的合作伙伴：

这个盛夏，我们刚好一起走过了两年的开放之路。

腾讯开放平台白皮书的大量数据表明，开放平台已是用户与内容、用户与开发者之间互惠互利的最佳桥梁。这两年，腾讯开放平台出现很多很有意思的互联网应用，深受用户喜爱，不仅获得收入，也给腾讯带来了增值，取得了三方多赢。

过去的一年，为了快速响应用户需求，腾讯调整了组织架构，我们需要从大公司变成

图 8-1 腾讯董事局主席兼首席执行官马化腾

小团队，全面拥抱移动互联网，打造优秀的产品和平台，创造对用户有价值的整合服务，重塑小公司的创业特质和创业激情。

所以，在开放两周年的今天，我想以创业者面对创业者的方式，和大家分享几个感受：

1. 创新思维

互联网的竞争生死时速，用创新的方式去突破，才具竞争力。

在 PC 互联网，QQ 首次把通信、社交、平台化三者一体地建立起来，这是我们亚洲互联网企业在全球互联网行业的一次创新。在移动互联网，微信引入朋友圈和轻 APP 的模式也是全球第一个。我们觉得未来互联网世界或许不需要域名，不需要注册一个网址，只需要一个号码或二维码一扫，所有的服务都可以提供和实现。

创新，才是我们永葆青春的方式。

互联网从来不论资排辈，没有先来后到。无论是应用还是平台，无论是员工还是管理者，都应该敢于挑战、勇于试错。正是因为不断地尝试，经历过失败，才能深入学习，才能宽容失败，才能理解多样性。新的挑战带来新机会和新活力，实时激发我们个人及团队的灵感。

2. 创业精神

有志向创业或准备创业的同学常常思考这个问题："我适合创业吗?"

选择"创业"，其实是选择了这个生活方式，与你所在的家庭、职位、平台、环境没有特别大的关系。发现自己的兴趣、渴望、理想，专注地去发挥自己最擅长的那个部分，就是有梦想有行动力的创业者，在哪儿都能创造和贡献自己的价值。这也是我们国家我们民族重点倡导的创业精神。

在腾讯开放平台百万开发者中，我们看到个人创业者达到 70%，中小企业超过 96%，小而美的中小团队服务着三亿用户，创新创业的风气深入人心，创业精神已成普世价值观。

最近和创业者接触,我也常常被问到这样的问题:“这是最好的时代吗? 现在创业还有机会吗?”

不少媒体和创业者曾认为,腾讯、百度、阿里这样大企业的存在,使中国创业机会减少,创业的风险和成本很高。

我们知道,创业不是件容易或轻松的事,中小创业者在产品、资本、人才、管理、品牌、营销等方面的资源十分有限,却要与大公司直接竞争,人们都用“九死一生”来形容创业的艰难。幸运的是,我们遇上了开放平台。开放平台提供一个无风险、零成本的创新创业机会,大大地降低了创业门槛,还提供丰富的能力和资源,创业成功率翻倍。

开放的移动互联网演变出了新的商业模式,是2013年最受关注的创业机遇。通过微信公众平台、QQ生活服务平台,所有的线下商户、个人、草根团队已能成为内容和服务供应商,真正迎来了创业者的春天。

3. 创造价值

用户价值,是互联网产品的立身之本。

从QQ的第一个产品经理开始,我们就坚持用户价值至上的原则。当腾讯做开放平台的时候,我们不仅关注平台对开发者创业者的价值,关注应用内容的健康度,也关注着整体产业生态链、创业的生态圈。

比如,一边提升社交平台的增值服务,一边发展社交平台的广告模式,同时做好全程的管理和协调,才能确保用户、创业者和平台之间的利益长期均衡。

共创美好新生态是期许,更是承诺。

未来,我们是永远的合作伙伴。创业者与腾讯有更多的合作空间,不断地实现产品互联、业务共享、多网互动或内容互相授权。

未来,我们有所为有所不为。一方面,在专业领域深耕细作,打造最好的用户平台;另一方面培育产业链,让更多的腾讯合作伙伴走向成功。

未来,我们进一步开放思维。向互联网产业的更高境界迈进,共同构建一个跨屏的、跨界的新生态系统,与各位合作伙伴一起培育这片森林。

互联网的明天承载着十多亿用户的期盼,我们创业的蓝海无限。希望所有合作伙伴与我的同事一起扎根中国,放眼世界,拥抱变化,拥抱未来,创造有价值的互联网服务,让亿万用户生活更美好!

因为我们正青春,我们有激情有兴趣去探索,我们有理想有信心再携手。

谢谢你们!

马化腾

资料来源:腾讯科技.马化腾给创业者的一封信[EB/OL].(2013-07-02)[2016-05-10].http://tech.qq.com/a/20130702/017918.htm.

第9章 chapter 9

学术论文与参考文献

学术论文，又称科学论文或研究论文，简称论文。这种文体与科学研究工作密切相关：它记录并再现科学研究的过程和方法，并且描述研究的成果。它不仅包括在学理上对一个专题“尽可能的探讨和研究”，而且包括对这一专题在资料和背景上的“详尽无遗的调查”，从而达到“全面地订正和确定给予它结论的目的”。

课前阅读：科技人才外流的影响与对策

科技人才外流的影响与对策

一、国际人才争夺态势

当今世界，信息技术、网络技术、生物技术导致信息产业和生物医药产业迅速发展，引起了高科技人才在全球范围内空前短缺。美国信息技术协会的统计数据显示，目前全世界缺少软件人才40多万人，其中美国缺少19万人；欧洲信息技术观察组织则预测，今后5年内，欧洲至少需要50万～200万名IT人才。面对全球性的人才短缺危机和快速发展的信息革命，各国政府以空前的危机感掀起了一场“人才争夺战”。西方各国政府在这场没有硝烟的战争中充当了急先锋的角色。他们采用“趁火打劫”、“重金收买”、“合作开发”、“移民引进”、“借脑工程”等花样翻新的手段，网罗、吸引并廉价获取别国的人才资源。例如，1990年以来，美国进一步调整了政策，逐步减少亲属移民，增加技术移民，强化吸收移民的遴选机制，加快了攫取发展中国家人才的步伐。一方面大大缩短外国高科技人才申请移民的时间；另一方面还增加引进高科技人才名额，并撤销签证限制。美国科学基金会的调查表明，在美国的高科技公司中，外国科学家和工程师占科技人员总数的90%。在硅谷工作的高级科技人员中，33%是外国人，从事最高级工程学研究的博士后，66%是外国人。日本为了提升高科技的竞争实力，作出决定，21世纪每年接纳10万多名留学生，努力引进国外高级人才，在较短的时间内使外籍研究员所占比例达到30%以上。芬兰政府也决定，将掌握先进技术的高收入外国人的最高税率减至当地人的58%。德国移植了美国的“移民政策”，他们直接向所需要的IT人才发放绿卡，其“绿卡工程”的目标主要是中国的高科技人员。此外，法国、英国、意大利等国均在筹划获得更多的“技术移民”。同时,发达国家还采取“跨国公司本地化”的策略,直接到发展中国家抢夺人才。以中国为例,微软公司在北京成立了微软中国研究院;英特尔公司也在北京建立了研究机构;IBM、摩托罗拉、富士通等跨国公司也纷纷踏上中国土地。不少跨国公司还将大量的资金转投于培养中国学生和一线教师,逐渐把“争取人才”的方向转到“培养人才”上。发达国家特别是美国,利用其资金和科研环境的优势占据了主动地位,通过国际、国内双重性质的“文明掠夺”,使包括中国在内的多数发展中国家蒙受了巨额的人才流失损失。

二、我国人才外流现状

中国社会科学院日前发布的《2007 年全球政治与安全报告》指出,在国际移民大潮中,中国现在是全世界人才外流最严重的国家,而且为此付出了高昂的代价。因为在改革开放后出国的移民中,留学人员、知识型人才占很大比例。报告指出,在海外的中国内地专业人才估计超过了 30 万人,许多是受过良好教育的精英,北大有些科系的学生 76% 移居美国。中国人事部的最新数据也显示,从 1978 年改革开放至 2006 年底,中国出国留学人员总数达 106.7 万人,留学回国人员总数达 27.5 万人。其中,2006 年回国人员总数为 4.2 万人,比 2005 年增长 21.3%。虽然回归步伐加快,但和选择留在国外的人才相比,比例还是相当失衡。按照国际通行计算方法,发展中国家在经济起飞阶段,出国留学人员的回归人数与滞留人数比例的最佳状态是 2∶1,这个比例被称为“最佳黄金回归比例”。而我国看来,显然还没有达到这个标准。

三、对我国的影响

(一) 对我国的消极影响

(1) 财政支出的损失。人才是现代经济发展的根本动力,而人才主要是通过教育投资培养出来的。在相当长的一个时期内,我国的高等教育是一种国家资助而个人免费或仅需支付少量费用的教育制度。进入 20 世纪 90 年代,尽管逐步改革为收费制度,但所收的费用仍不足以与国家的全部教育支出相对称。据有关教育专家测算,我国培养一名大学生共需投资约为 20 万元人民币。以此为依据,不考虑家庭投入的抚养成本、家长付出的心血和个人求学期间的机会成本等,我国现已永久流失的至少 20 万科技人才,相当于我国有 400 亿元人民币的人力资本流向国外。

自费出国留学者需向就学院校交纳昂贵的学费。随着自费留学人员的增多,国内资金外流也变得日益严重。如每人每年留学费用 2 万美元,以 2006 年我国自费留学人数约 12.1 万人计算,相当于当年我国有 24.2 亿美元资金(外汇)流向国外,这一数字尚未包括以前年份自费留学生当年需要追加的费用。以上仅是从投入角度计算的人力资本存量损失。如果计算他们流出的机会成本和未来贡献,那么这些科技人才流失的损失就更大了。

(2) 对教育、科研的“隐性入侵”。在我国,有两类外流形式:一部分是高级专业人才在国内完成学业或奠定基础之后迁移到其他国家,称为外在式智力外流。他们将国家的教育投资带出,从而减少了国家的福利;另一部分称为内在式智力外流,即不少科学家、技术人员、社会科学工作者、教师,热衷于发达国家良好的科研条件、优厚的科研经费,中断国内的研究和工作，赴国外合作科研。这种外流已渗透到了我国的教育体系和理论研究中，其负面影响甚至超过“外在式智力外流”。这不仅仅是因为研究成果归属发达国家，国家在引进时还需支付昂贵的技术转让费用，更重要的是造成了我国重要科研难以为继和人才断层，以及在科学研究的价值观和标准上更依赖于发达国家。

(3) 弱化了国家的科学技术潜力，削弱了国际竞争力。“文化大革命”刚刚结束时，不管是科学技术的发展水平还是高等教育的质量，中国都与西方发达国家有较大差距。为了解决这一问题，国家和一些大学、科研机构在经费非常紧张的情况下，资助了成千上万个各领域最具发展潜力的青年学者，到国外大学和科研机构深造，期待着他们回国后挑起承前启后、振兴科技和教育的历史重任。但是，由于种种原因，除了早期派出的一批中年访问学者按期回国外，很多年轻的学者，特别是一些攻读博士和硕士学位的留学人员逾期未归。这种情况使我国高级人才的培养计划受到很大的冲击，影响了我国科技、教育和人才队伍的建设和发展。20 世纪 90 年代以来，国内知名大学优秀毕业生的大量外流对我国未来的科技发展潜力更产生了不利影响。仅北京大学 1998 年自费出国留学生就有 600 多人，分别占该校物理、化学、生物本科毕业生的 50%、35%、32%，被戏称为“为外国办的中国大学”。现在国内一流的大学和研究机构优秀的年轻科研人员留不住、青年人才短缺现象非常严重。中国高科技人才的流失，使某些学科、某些领域甚至失去学术带头人，不能不使中国的科学研究和技术开发受到冲击，降低中国的科技竞争力和国际竞争力。2000 年 7 月中旬，瑞士“洛桑国际开发研究院”发表了 2000 年度《国际竞争力的报告》，中国科技竞争力继从 1998 年的第 13 位下滑到 1999 年的第 25 位后，2000 年又滑到第 28 位，2002 年又回到 25 位，最近几年才稍稍有所好转。

在我国，除去能用定量方法表示的损失外，还有一些无法用数量来表达的损失。譬如，外流大大损害了国家现在和未来社会的知识水平，使国内人口结构和社会经济结构恶化等，这些影响基本上无法用定量方法来估测。

(二) 对我国的积极影响

人才外流与物质外流有着本质区别。物质从甲地流到乙地，一般来说将不会对甲地发生关系和产生作用。而人才从本国流向外国，除极个别的将不会与国内发生关系和产生作用外，大部分都会与国内建立各种不同的联系。因此，即使有些人长期留在国外，也不能说这些人对我国就没有一点益处。应该看到，大部分留学人员都会尽一切可能，利用不同渠道，为国内的经济发展和社会进步作出贡献。

(1) 人才的国际流动直接带动了国家资本和资金的流动。在国外留学的人员，不仅接受了先进的知识、技术、管理、经贸等方面的教育，而且大大开阔了眼界，积累了丰富的先进工作经验，大大增加了人力资本存量。这些人员回国后，必将使其人力资本存量发挥更大的价值。一般情况下，我国留学生在国外都能申请到奖学金，假设每人年均获得奖学金为 1 万美元，平均每人学制为 4 年，目前我国回国的 15 万留学人员，则相当于有 60 亿美元的人力资本存量回流国内。这仅是从人力资本存量角度计算。如果从产业的角度看，在国外获得成功的留学人员回国发展，不仅带回了资金，还带来了工商、经贸、科技等先进知识和技术，这种人力资本存量的计算结果要远远超过 60 亿美元的价值。

(2) 外流人才是我国获取国际经济、技术信息的重要渠道。当今时代，知识和信息成为经济的核心。发达国家由于经济和技术的超前,占据着经济发展的先决条件,对我国多采取经济和技术封锁政策。我国要获取发达国家先进的经济、技术信息十分困难,而且成本非常巨大。外流人员在发达国家学习和工作,正是国家获取西方先进经济、技术信息的重要渠道和窗口。通过他们与国内的各种交流,可以获得许多难以获得的信息,以减少国家在经济、技术上重复的探索,从而跨越式地站到当今世界经济和技术的前沿,与发达国家齐头并进。

(3) 对我国经济建设的积极作用。滞留海外的科技人才几乎都愿意作为我国对外合作的桥梁,很多人已经为国家做了大量的工作。在经济贸易上,许多人利用在国外居留的机会帮助国内的一些公司和厂家推销产品,拓宽国际市场;有的帮助联系引进外资,在国内兴办合资企业和外资企业;有的甚至作为外资公司的代表回国做生意。例如,2000—2006 年北京留学创业园内企业累计实现技工贸总收入为 110 亿元,累计实现利润约 6 亿元,累计上缴税费 4.5 亿元。另外,海外留学人员从国外带回来的高新技术项目在国内的产业化也促进了我国产业结构的调整和产业的提升。

总之,从短期来看,人才外流将削弱国家发展的动力和潜力,损害国家的利益,使我国在国际竞争中长期处于劣势,但从人才外流与回归长期的动态平衡过程来看,大量的外流人才可能因为国内政策的调整和经济的发展而回归。即使不回归,也会对国家的经济建设起到积极的影响作用,关键取决于国家如何看待这个问题和采取什么应对措施,变劣势为优势。

请点评:

(1) 你是否认同本文的观点?哪些认同,哪些有不同看法?

____

(2) 阅读上述文章,你的感受和看法是:

____

习作点评

这里是针对第 8 章"鉴定评议类应用文"布置的课后习作而在课堂上开展师生互动讨论的教学环节设计。

请记录:你希望在课堂上讨论和澄清的问题是:

(1)____

____

(2) ____

____

(3) ____

____

(4) ____

____

(5) ____

____

9.1 概　　述

学术论文属于论说文或议论文的一种,其文体可以远溯至先秦诸子百家的论著形式,以及西方哲学家柏拉图、亚里士多德等人的著作,是一种古老的文体。古往今来,我们熟识的历史上的哲人、伟人、文人、学者和科学家,大都运用过这种体式阐释自己的思想和世界观,辩正学术源流,评判时事,论证事理,记录自己的研究成果。不过,今天的学术论文已经与一般的论说文或议论文不同。现今出现在报刊上,针对时政、事件、人物、社会风气等现象发表的论说文或议论文,虽然以说理的方式出现,但并不具备学术研究的性质。

今天,人们写作学术论文,更多的是为了发表科学研究的成果和正确的理念,促进学术交流,从而推动科学和人类文明的进步。因此,学术论文的文体虽然可以追溯到较古老的年代,但它的普遍写作、发表和交流,却是最近几百年的事情。有三个方面的因素对此产生着重大影响,这就是中世纪以来现代高等教育的形成和发展、15世纪后开启了现代文明的机械印刷术的推广和现代报刊的诞生以及现代工业社会的出现和科学技术的迅猛发展。

20世纪集中体现了这些影响的结果。有人统计过,仅20世纪50年代后几十年间,世界的发明创造就超过了过去2000多年发明创造的总和。在此期间,世界上居住的人口以及接受教育和从事科学研究的人都超过了以往任何时间,更多的文章被写作出来了。几百年前,只有很少的人能够从事论文的写作,而现在,全世界每年发表的论文可达到几百万篇之多(不包括论文以外的其他文章)。20世纪以前,科学研究的成果往往出自独立工作的学者或科学家,而现在,大量边缘学科、相关学科、交叉学科和新学科的出现,使很多课题和科研成果成为学者们、科学家们通力合作的结果。学术论文成为研究者沟通和交流必不可少的形式和环节。

20世纪后期,由电脑、电子通讯和数字化技术汇合成的新技术极大地加速了科学技术传播的速度,扩大了学术交流的范围。不仅如此,新技术也改变着人们认识事物的方法。在英国,历史学家阿·汤因比的书中收入了一幅最早从外太空拍摄到的地球照片,他写道,“从外层空间观察世界,20世纪的人类第一次能够这样做……历史视野以一种比较的方式向过去铺展开来,为人类对自己创造的所有文明进行'通盘的'考察开辟了道路。"①由此种种原因,学术论文在内容、方法、形式等方面都必不可少地受到国际潮流和国际标准化的影响。

9.2 学术论文的性质

像其他事物一样,从不同的角度去认识,学术论文具有多重属性。为了从本质上认识学术论文的特征,从根本上把握学术论文的性质,我们强调它的两种主要属性:学术性和创造性。

9.2.1 学术性

学术论文的基础是科学研究,包括实验、设计、调查和推理性论证。它或者表述科学研究的内容及其成果,如作为研究报告,记录实验的过程和结果;或者本身就是研究的记载媒体,如学术理论性较强的论证性论文,或者人文社会科学范畴的阐释性论文或考据性论文。一般而言,论说文或议论文可以应用于任何范围,但是脱离了科学研究的范畴就没有学术论文,学术论文的内容必须是科学和科学研究的内容。因此,学术性是学术论文的重要属性,甚至可以说是学术论文的主要属性。

9.2.2 创造性

人类文明发展史本质上是一部人类创新能力的记录。人类历史上每一次理论上的重大发现(如阿基米德定律、哥白尼的日心说、牛顿的万有引力定律、达尔文的进化论、马克思的资本论、爱因斯坦的相对论等)和技术发明(如中国的四大发明、瓦特蒸汽机的发明和19世纪以来无线电、电话、电报、传真、电视等现代通信技术的发明),都对历史的发展产生了巨大的推动作用;而理论上的发现和技术发明,都是科学研究的结果。

换一个角度看,科学研究的目的就是创新,就是通过阅读、调查、实验、设计、考证、分析、推理、归纳等方式发前人之所未见,在研究领域(包括理论、方法技术和需要实证的事物)内有所发现,有所发明,有所创造。一篇学术论文,作为科研成果,一定要有新的内容、新的观点、新的结论。如果缺乏创造性和新颖性,就不是一篇合格的学术论文,就不值得发表。当然,创新的内容不一定每一次都有重大的突破,但是积少成多,集腋成裘,若干小的、局部的创新汇集起来,就会形成巨大的理论上的突破和技术进步。历史上的重要理论建树和具有影响力的技术的形成,都是经历了这样一个循序渐进的、从量变到质变的过程的。因此,我们不应该忽略每一篇学术论文的学术价值。

9.2.3 倡导良好学术风气

近年来,传媒频频曝光,揭露了某些冠有"院士"、名校"博导"、"教授"和"博士生"头

① 阿·汤因比.历史研究.刘北成,郭小凌,译.上海:上海人民出版社,2000.

術的人搞学术腐败，或为虚假广告做伪证，或屡屡抄袭他人学术成果。究其深层原因，学术腐败源自几个方面：

(1) 制度和法制的原因。中国改革开放以来，社会取得了许多进步，但仍然处于社会转型期。虽然有了立法(譬如《著作权法》)，但法制体系有待完善，有法不依的现象依然时有发生。在制度上，行政制度和学术制度有混淆的地方，权力腐败也对学术行为产生了影响。

(2) 价值观的问题。社会转型期的价值取向多元化，也带来价值取向的混乱，传统的科学精神在学界丧失的比重上升。学术人格、职业道德、自由思想、独立精神被很多人丢弃，而急功近利，只问目的不择手段，学术行为上丧失是非标准以及从众的现象日益严重。

(3) 缺少监督和惩罚机制。这使很多人或者缺乏重视，或者存在侥幸心理，一次得手，再而为之，乃至形成一种风气。

写论文是一种科学研究活动。弄虚作假，在科学研究活动中缺少诚实的态度，一方面不利于个人品行的培养，给公众和学术发展带来危害；另一方面也会给自己的声誉和事业带来危害，受到违反道德和法纪的惩罚。

欧美发达国家在知识产权、版权立法和处置学术腐败方面的要求和规定非常严格。德国依靠法治处置学术腐败，相关的司法条文不仅涉及民法，情节严重的还要动用刑法。为加强对研究领域中各种不道德、不诚实的行为的检查监督，美国卫生与公众服务部设立了研究诚实办公室(ORI)，专门调查和处理那些由美国政府资助的研究项目中的不诚实行为，并随时公布违规者的姓名、单位、违规情节和处罚决定。他们认为，科学研究必须诚实，不诚实行为在科学研究中是绝对不可原谅的道德败坏行为。中国当然也会加大惩治学术腐败的力度，从制度、立法、监督和学术风气上完善惩治学术腐败、倡导良好学风的机制。学风先于世风，由于其特殊的地位，学风好坏可能更多地对公众生活发生大的影响。

综上所述，无论于公于私，无论于精神层面还是法制层面，端正学风、防治学术腐败都是非常必要的。

9.3 学术论文的类型

人类学术研究的领域无限广阔，这决定了学术论文类型的丰富性和多样性。通常，由于研究对象、研究内容、研究方法、研究目的以及发表形式及载体的不同，而采取不同的标准，有不同的学术论文类型。了解学术论文的类型，有助于撰写学术论文时根据需求加以选择，使所写文章的内容与形式达到完美统一。根据论文涉及的学科内容划分论文类型，是最常用的划分标准。现代科学分类有多种体系，西方体系分类法中多将学科划分为人文科学、社会科学、哲学、宗教、理科、医科、工科、农科和综合性科学等基本大类。而中国自20世纪50年代以来，将学科划分为哲学、社会科学、自然科学三大部类，以下再分文理各科。依照此种标准，学术论文可以划分为各种学科或专业的论文，如文学理论、文字学、经济学、哲学、数学、物理学、化学、医学、农学论文等。

按学科性质划分,学术论文可分为基础学科论文和应用技术学科论文;在同一学科内,也可分为基本理论类型论文和应用类型论文。按用途和发表形式划分,学术论文可分为学术期刊论文、学术会议论文、毕业论文和学位论文。

按体裁划分,学术论文可分为研究型论文和报告型论文。研究型论文可分为立论型论文、驳论型论文、评论型论文、考据型论文、阐释型论文和报告型论文。报告型论文又可分为调查报告论文、考察报告论文、研究报告论文和实验报告论文等。

9.4 学术论文的结构

学术论文的基本结构如下:

1. 引言

为什么要做?介绍研究背景,阐述研究目的。

别人做了什么工作?存在什么问题?之前的国内外相关研究工作有哪些,指出这些研究的问题和局限性,指出重要或经典的相关文献。

你做的是什么?针对他人研究的问题和局限,提出自己的研究内容,强调研究的创新性。

2. 解决方案及论据

清楚准确地描述相关论据。

一定要描述清楚解决问题方案的细节,便于他人重复实验。

使用已建立的方法解决所提出的问题,可以从理论和实验两个方面进行分析和阐述,理论分析要引用相关文献;实验要说明整个实验的过程,包括用什么实验方法、实验方法的正确性、实验的详细步骤、各实验阶段的数据、实验结果。

特别注意数据的统计分析。

3. 研究结果

这一部分介绍研究目的和实验结论,需求如下:

(1) 按照说明问题的逻辑顺序组织。

(2) 文字和图表相结合。

(3) 只说明研究结果,不夹杂对问题的讨论和推测。

4. 讨论

这一部分应包括如下内容:

(1) 概括自己的研究结果,讨论结果和预期是否一致,不一致的要分析为什么。

(2) 讨论结果、假设与他人的结果进行比较,分析异同及其意义。

(3) 对结果提出解释、说明、推测。

(4) 提出研究局限,进一步研究的方向。

(5) 指出研究的重要性。

5. 参考文献

研究所涉及的重要文献必须引用。引用的参考文献水平一定程度上也反映了论文的水平。参考文献的规范反映了论文的规范。

9.5 参考文献

参考文献是学术论文的重要组成部分,它一般位于论文的最后、附录之前。通常参考文献的多少可体现作者阅读文献的广度和深度。不同杂志对参考文献的数量有不同的要求,一般以30条以内为宜,以3～5年内的最新文献为主。

参考文献列出了文章中所有引用的研究,使得读者可以有足够的线索去查找所感兴趣的文献。当然,详细地列出参考文献也是对所引用文献作者劳动成果的尊重。此外,清晰、准确的参考文献可以让读者对相关文献的发展脉络、文献的实效性和权威性等有很直观的了解。例如,通过列出的文献期刊,读者可以根据期刊的权威性对所引用文献的质量作出一个大致的判断。例如,文献引自最顶尖的期刊,则这些文献的可靠性和权威性会有保证。

一般来说,每个期刊对于参考文献的格式都有自己明确的规定,在发表的期刊或者期刊的网站中都会有对于参考文献的格式要求。例如,对来源于学术期刊、书籍、论文集、学位论文和报纸等的参考文献的格式要求是不一样的。我国的一些核心学术期刊对于参考文献格式的要求差别较大。因此,论文作者要根据所投稿刊物的要求来组织参考文献的目录。当然,不同高校对于学位论文中参考文献格式也可能有着自己的要求,学生在完成学位论文的过程中同样需要参考具体的要求。

学术论文参考文献的著录格式一般如下:

(1) 专著:[序号] 作者. 书名 [M]. 版本(第1版不著录). 出版地:出版者,出版年. 起止页码.

(2) 期刊:[序号] 作者. 题名 [J]. 刊名,年,卷(期):起止页码.

(3) 会议论文集(或汇编):[序号] 作者. 题名 [A]. 编者. 论文集名 [C]. 出版地:出版者,出版年. 起止页码.

(4) 学位论文:[序号]作者. 题名[D]. 学位授予地址:学位授予单位,年份.

(5) 专利:[序号] 专利申请者. 专利题名 [P]. 专利国别(或地区):专利号,出版日期.

(6) 科技报告:[序号] 著者. 报告题名 [R]. 编号,出版地:出版者,出版年. 起止页码.

(7) 标准:[序号] 标准编号,标准名称 [S]. 颁布日期.

(8) 报纸文章:[序号] 作者. 题名 [N]. 报纸名,年-月-日(版次).

(9) 电子文献:[序号] 主要责任者. 电子文献题名 [电子文献及载体类型标识]. 电子文献的出处或可获得地址,发表或更新日期/引用日期(任选).

(10) 各种未定义类型的文献：[序号] 主要责任者. 文献题名[Z]. 出版地：出版者，出版年.

例如：

[1] 周苏. 计算机基础教育的创新设计与教材建设[J]. 计算机教育，2010(10)：153-158.

[2] 教育部高等学校计算机基础课程教学指导委员会. 高等学校计算机基础教学发展战略研究报告暨计算机基础课程教学基本要求[M]. 北京：高等教育出版社，2009.

9.6 实验报告

实验报告①是对一项科学实验课题的目的、过程、结果等情况进行记录、整理和总结的书面文字。科学实验是开展科学活动的最基本方式和手段。每开展一次科学实验之后，都应写出实验报告，对实验的目的、准备、实验过程、实验数据、现象观测和实验结果等进行客观的记录和总结。这是科学研究必不可少的一环，也是科学研究基本功的表现。

科学实验的方法通常有定性实验、定量实验、结构分析实验、析因实验、对照实验、中间实验、模拟实验等。不同的实验方法可以写出不同的实验报告。

实验性课题一般都有特定的目的，或者是为了检验某种理论、方法、假想或产品，或者是为了解决某种创造性工作中的实际问题。针对这样的目的给出条件，然后运用专业知识，通过观察、分析、综合、判断得出结论。实验报告对这一过程进行全面的描述和记录，它要求记录的所有内容和数据准确、客观、完整。要如实反映实验数据，不得有丝毫的马虎，更不能擅自更改数据。进行分析时，要先对实验的数据和现象记录逐个检查、核实，在此基础上展开分析，找出规律性的东西。

就科学研究的本质而言，实验报告与专题论文是一致的。而它与专题论文的区别，在于它的对象的实际可操作性更强，因此它们在内容、方法、具体目的和表述方式上又存在着差异。学术论文一般不记述实验的过程，而只是以实验的结论来证明理论、充实理论或创新理论；而实验报告必须如实地记录实验的经过和结果，实验活动本身是实验报告的重要内容。

实验报告的基本结构和引用参考文献要求等，大致和一般学术论文相同。所不同的主要在署名和正文部分。实验报告的责任者是参加实验者，应如实署名。报告正文应包括"引言"(关于实验对象、实验目的和意义的说明)；"实验原理"(实验依据的理论的说明，包括实验涉及的重要概念、定律、公式、数据等)；"实验设备和实验方法"(主要设备的名称、原理、结构、型号、性能和时间、地点、方式以及特别的方式、方法)；"实验结果"(实验的过程和现象，要求客观记录原始数据，数据要有误差分析和统计分析，图表要求规范化)；"结论"(逐条列出统计结果，分析得出结论)等部分。

实验报告一般分为标题、前言、主体和结尾4个部分。标题即实验报告的名称，一般应把实验的主要项目显示出来，让人一看标题便知实验的内容。前言一般写实验的目

① 请注意收集你所在院校制定的关于实验报告、实习报告的标准模板，并注意在日常学习过程中主动应用。

的、准备及拟采用的实验方式等，主体为实验的过程和结论分析，结尾为署名及日期等。主体部分是报告的核心。

实验报告是自然科学、技术科学中应用较多的一种文体，也是科技人员普遍采用的写作方式。随着科学的发展，学科交叉现象日趋严重，各种研究方法可以为不同学科相互借用，社会科学部分领域也常应用实验报告。

就实验报告的完整形式而言，通常包括下列各项内容：

(1) 标题。科技实验报告的标题要求明确、醒目，集中反映实验研究的内容和性质。

(2) 作者及其单位。

(3) 摘要。内容包括实验报告中突出的几个结论，或是科技实验报告基本内容的浓缩。

(4) 引言。引言相当于实验报告的开头，用概括语言描述一系列"是什么"，即研究的对象、实验的意义和作用、在此之前该项工作发展概况以及存在的问题、本实验达到的目标等。

(5) 正文。科技实验报告的核心是设计、实验，通过对实验结果的分析、讨论，得出对有关事物的规律认识。其正文一般由下列各部分组成：

① 实验原理。原理部分主要包括实验涉及的重要概念、实验依据的重要定律、公式及据此推算的重要结果。

② 实验装置和装置图、实验器材和材料。写作内容包括主要设备原理、主要结构、型号、性能；介绍自制设备，并附图表；叙述实验条件及实验要求；附实验原理图、电路图、流程图等。

③ 实验方法。重点介绍特殊实验方法，简述实验过程。

④ 实验结果。实验结果与讨论是报告的主体。一般写作前已将数据列成表格，写作时分好类，按一定顺序安排好数、表、图，并对其作简要说明。要求如下：用专业术语如实描述现象，不能夸张；引用数字要真实，结论要正确可靠；图与表要符合规范要求，数字的记录和处理方法要符合规定。上述这些基本事实一出错，就会失去实验报告的价值，因此必须一丝不苟，认真处理。

(6) 讨论。讨论可以分条进行：影响实验的根本因素是什么；提高扩大实验结果的途径是什么；实验中发现哪些规律；实验观察到哪些现象，如何解释。将实验结果与由已知理论推算出的结果对比，初步说明、解释两个结果的异同。测量的误差分析。

(7) 结论。用肯定的语言逐条叙述实验结果，但不再重复"结果"中的图表，可以引用关键数据。

(8) 参考文献。在科技实验报告后列出参考文献，目的在于表明作者的科学态度和对前人劳动成果的尊重，并方便读者去查阅参考文献的原文。

9.7 实习报告

实习报告是指各种人员实习期间需要撰写的对实习期间工作学习经历进行描述的文本，它是应用写作的重要文体之一。

1. 基本要求

(1) 总结必须有情况的概述和叙述,有的比较简单,有的比较详细。这部分内容主要是对工作的主客观条件、有利和不利条件以及工作的环境和基础等进行分析。

(2) 成绩和缺点。这是总结的中心。总结的目的就是要肯定成绩,找出缺点。成绩有哪些,有多大,表现在哪些方面,是怎样取得的;缺点有多少,表现在哪些方面,是什么性质的,怎样产生的,都应讲清楚。

(3) 经验和教训。做过一件事,总会有经验和教训。为便于今后的工作,须对以往工作的经验和教训进行分析、研究、概括、集中,并上升到理论的高度来认识。

(4) 今后的打算。根据今后的工作任务和要求,吸取前一时期工作的经验和教训,明确努力方向,提出改进措施等。

2. 封面

指定封面样稿。

3. 纸张

- B5 纸。
- 标题:字体:小三~小四黑体。
- 正文内容:字体:小四宋体。
- 左右页边距:2 厘米。

4. 内容提纲

前言
一、实习目的
二、实习时间
三、实习地点
四、实习单位和部门
五、实习内容:要求字数不低于 5000 字
六、实习总结
附:指导教师评语:
实习报告成绩:

指导老师签名:
日期:　　年　月　日
学校/学院

案例研究：教育部《学位论文作假行为处理办法》

请认真学习附录B：教育部《学位论文作假行为处理办法》(以下简称《处理办法》)，并记录。

(1)《处理办法》的制定依据是什么？

____

____

(2)《处理办法》中的"学位论文"是指什么？

____

____

(3)《处理办法》中定义的学位论文作假行为包括哪些情形？

____

____

____

____

____

____

(4) 出现学位论文作假的情形时，《处理办法》规定的处理措施是：

____

____

____

____

从做出处理决定之日起至少________年内，学位授予单位不得再接受其学位申请。

(5)《处理办法》规定，为他人代写、出售学位论文或者组织学位论文买卖、代写的人员，会面临什么样的处分？

____

____

____

(6) 请在校园网中搜索了解你所在的院校对于毕业论文(设计)作弊是如何规定和处理的。有处理的先例吗？

____

____

____

____

课后习作：小论文：大学生科技论文面面观

1. 习作内容

请撰写一短文，分析与论述：①大学生科技论文的重要性、必要性；②论文抄袭的种种现象及其弊端分析。

你的小论文题目是：

____

请另外附纸完成你的习作，并粘贴在这里(适当折叠)。

\- -

(粘贴线)

2. 习作总结

____

____

____

____

3. 习作评价(教师)

____

____

延伸阅读：英学术界惩罚学生抄袭论文统一准则

2013年6月，英国学术界提出了一套按照轻重程度来惩罚学生抄袭论文的统一准则。

这套准则以学术顾问机构Plagiarismadvice.org的研究作为根据，将学生抄袭论文的轻重程度划分为点数来区分。

学生点数低，代表抄袭情况比较轻微，惩罚也比较轻，包括口头警告、论文重写等。抄袭情况越严重，点数也越高，惩罚也相应提高，包括论文成绩零分、不准重写，严重者甚至开除。

各大学的评分人员可以按照这套准则计算出学生抄袭的轻重程度，并给予相应的惩罚。

英国学术界希望这套标准能成为全英国高教机构惩罚学生抄袭论文的统一准则，甚至可以推广到其他国家的高教产业。

下面举例说明这一准则的实际应用。

例一：大学一年级学生的论文内有一段话来源出处不明，这是该名学生首次涉嫌抄

袭,这个情况为 280 点,相应的惩罚包括:

- 登记在案的正式警告。
- 该篇论文零分,重写论文。

例二:大学二年级学生 2000 字的论文里有两段文字从网络上抄袭而来,没有注明出处,该学生已经有一次登记在案的正式警告,这个情况为 400 点,惩罚措施包括:

- 该篇论文零分,论文重写,重写的论文必须扣分。
- 该篇论文零分,不准重写。

例三:大学三年级学生毕业论文请他人执笔代写,该名学生已经有两次抄袭的记录,这个情况为 635 点,惩罚措施:

- 该门科目零分,不得重修,也拿不到该科目学分。
- 毕业成绩降级。
- 开除。

资料来源:英国留学网.英学术界惩罚学生抄袭论文统一准则出炉[EB/OL].(2013-06-29)[2016-05-10].http://www.liuxue86.com/a/1350182.htm/.

第10章 chapter 10

文献综述

所谓文献综述，是指作者针对某一专题，就某一时间内对大量原始研究论文中的数据、资料和主要观点进行归纳整理、分析提炼而写成的论文。综述属三次文献①，专题性强，涉及范围较小，具有一定的深度和时间性，能反映出这一专题的历史背景、研究现状和发展趋势，具有较高的情报学价值。

课前阅读：产业集群研究综述

产业集群是一种有利于提高生产力和创新能力的产业组织形式（魏守华、王缉慈、赵雅沁，2002）。在当今全球化的背景下，产业集群的效果越来越凸显出来。加快产业集聚、培育产业集群，逐渐成为了各地区加快推进新兴工业化，实现经济高速发展的必然要求。产业集群可以成为优化资源配置、营造产业发展良好环境的工作平台，同时也是壮大产业规模、提升产业竞争力和区域经济综合竞争力、推进工业化向高级阶段发展的必然过程和走新型工业化道路的现实选择（王晓梅，2007）。

目前，对产业集群理论研究的前沿与热点问题有产业集群形成演化机理（王纬、梁嘉骅、孙亚芳，2007；甄艳、李春艳、郑妍妍，2006）与生命周期（吴利学、魏后凯，2004）；产业集群特征（熊义杰、郝思羽，2007；郑胜利，2003）与竞争优势（蔡宁、吴结兵，2002；朱华晨，2003）；产业集群与经济增长（魏守华，2001；魏守华等，2002）；产业集群政策与政府作用（朱辉，2006）等。下面就产业集群及其相关理论进行综述。**（评述一。请见本章后续的“案例研究”部分。下同）**

---

① 一次文献是指人们直接以自己的生产、科研、社会活动等实践经验为依据而创作的具有一定发明创造和一定新见解的文献，也被称为原始文献，其所记载的知识、信息比较新颖、具体、详尽。如期刊论文、研究报告、专利说明书、会议论文、学位论文、技术标准等。

二次文献又称二级次文献，是对一次文献进行加工整理后的产物，即对无序的一次文献的外部特征，如题名、作者、出处等进行著录，或将其内容压缩成简介、提要或文摘，按照一定的学科或专业加以有序化而形成的文献形式，如目录、文摘杂志（包括简介式检索刊物）等。它们都可用做文献检索工具，能比较全面、系统地反映某个学科、专业或专题在一定时空范围内的文献线索，是积累、报道和检索文献资料的有效手段。

一、产业集群概念及形成机制理论

1. 产业集群概念

产业集群(industrial cluster),有时简称集群,指在某一特定领域内相互联系、在地理位置上集中的公司和机构的集合(波特,1990)。波特认为,产业集群包括上游的零部件等供应商、下游的渠道与顾客、提供互补产品的制造商以及具有相关技能技术或共同投入的其他产业的企业。此外,产业集群还包括提供专业化培训、教育、信息研究和技术支持的政府和其他结构,如大学、质量标准机构短期培训机构以及贸易协会等。

还有学者认为,产业集群即为企业集群(李冬平,2005),但事实上两者还是有本质区别的,这种区别体现在地理空间、产业范围、构成主体和数量规模等方面(李亦亮,2005)。**(评述二)**

2. 产业集群形成机制理论

新古典经济学家马歇尔早在19世纪末就从劳动市场共享、中间产品投入和技术外溢三个要素上对产业的地区性集中做出过解释。然而直到20世纪90年代,波特从竞争优势、克鲁格曼以收益递增理论为基础推出的颇具影响的集群研究成果并引发产业集群的研究热潮后,才使得产业集群的研究越来越深入和丰富,成为管理学和经济学的核心研究内容之一(邓宏兵,2007)。国内外大量研究表明,作为常见的产业组织形态,产业集群以特有的规模经济、外部经济和知识溢出等效应对于企业成长、工业化进程以及区域经济竞争力都作了贡献。然而,在不同的社会生态环境、不同的历史条件下,集群的形成因素是不同的,由此而引起的集群效应和演进机理也有差异(邓宏兵,2007)。

在产业集群形成的自发性问题上,有三种不同观点:一种观点认为产业集群是市场自发形成的,且具有历史偶然性(如Krugman,1991a;North,1981)。第二种观点认为产业集群是由特殊的比较优势、供给和需求结构、文化氛围、政府政策所引致的(Kaldor,1985;Scott & Stoper,1992a,1992b)。第三种观点介于前二者之间,是一种折中的看法。这种观点认为产业集群是多方面的综合原因造成的,例如波特(1990)认为产业集群的形成必须有市场竞争参与,同时还有地区禀赋的作用和地方政府战略的影响。从实际情况来看,折中主义更符合实际特点,但存在模型化困难等问题(邓宏兵,2007)。

对于促成产业集群形成的因素,有学者认为是自然禀赋、丰富的原材料、适宜的气候、土壤和湖泊等自然条件,以及规模经济、企业家精神和历史偶然因素。当然,在现实中还有许多因素,包括制度、文化或是政府方面的因素(王纬等,2007)。**(评述三)**

对于产业集群的形成机理,有学者认为,从实质上说是企业价值链系统的分解与整合(李秋实,2005)。当某一地区为产业发展提供了适合环境时,这一地区集聚的企业数量就会增多,同时也会促进企业价值链的分解与整合,产业集群就是在这种条件下逐渐形成的(李秋实,2005)。一些学者也注意到了传统关系网络的作用,并认为领先的制度创新行为为地方产业集群的发展创造了条件(金祥荣,2000;朱华晨,2003)。**(评述四)**

二、产业集群类型及生命周期

1. 产业集群类型

我国自改革开放以来,产业集群的发展迅速。不同地区内不同类型的产业集群使得我国形成了许多具有区域特色的经济高速发展区域。例如,珠江三角洲的家用电器产业集群和长江三角洲的轻工业集群(王缉慈,2001)。目前,我国基本形成了以下五种类型的产业集群(王缉慈,2001)。

集群类型	主要特征	典型例子
传统工业基地	国有大中型企业为核心的地域生产综合体	鞍山钢铁基地
外协加工基地区	国际产业分工中的世界工厂	深圳-东莞
经济开发区	人为规划以吸引外资的工业园	苏州工业区
高新技术产业群	智力密集型中小企业扎堆	北京中关村
乡镇企业集群	民营中小企业专业化分工形成的县域特色经济	浙江温州

(评述五)

2. 产业集群的生命周期

产业集群的周期性规律亦被文献所关注。相关文献普遍认同产业集群存在有规律的生命周期,但对该规律的认识和看法是不同的。Pounder和John从动态角度提出了地理集群的演化理论,将产业集群分为创始期、企业的聚集期、企业的再定位期三个阶段。他们分析了集群收益的周期规律,提出了"进化中断平衡"问题。Tichg将集群的生命周期分为诞生期、成长期、成熟期、衰退期四个阶段,认为集群的能力应该放在一个相当长的发展周期中来考察。**(评述六)**

三、产业集群的主要特征及竞争优势

1. 产业集群的主要特征

新产业区理论指出产业集群的特征是大量专业化的产业(或企业)及相关支撑机构在一定地域范围内的柔性集聚(flexible production agglomeration),它们结成密集的合作网,植根于当地不断创新的社会文化环境(王缉慈等,2001)。具体来说,相关文献认为产业集群具有以下五个主要特征:空间集聚特征,也称为机构稠密性;灵活和专业化的生产特征,也称为柔性专精;合作网络特征,也称为学习和创新性;社会文化特征,也称为根植性;自我增强(self-enforce)特征,也称为自组织(熊义杰、郝思羽,2007;郑胜利,2003)。

还有学者认为,产业集群最突出的特点是众多产业关联密切、地理空间集中,以相互信任和承诺为交易协作基础的中小企业之间形成一种比纯市场结构更加稳定的特殊组织结构(曾国安、冯涛,2004)。**(评述七)**

2. 产业集群竞争优势

国外对产业集群竞争优势理论研究可以被分为以下两大类:一是基于直接经济因素的产业集群竞争理论,其代表为哈佛商学院波特教授。该理论认为直接经济因素的竞争优势是通过地理集中和产业组织优化、群体协同效应而获得的,具体体现为生产成本优势、产品差异化优势、区域营销优势和市场竞争优势四个方面。二是强调非直接经济因素重要性的产业集群竞争理论(邓宏兵,2007)。

国内学者认为,特定的资源和能力是竞争优势的来源,即资源禀赋及集群对于资源的整合能力(蔡宁、吴结兵;2002)。这些来源可以分为以下几个方面:外部规模经济效应;降低的交易成本,包括运输成本、信息成本、寻找成本以及合约的谈判成本与执行成本;产业集群所产生的学习与创新效应;产业集群产生的品牌与广告效应(韩炜荣,2004;王缉慈、童昕,2001)。

四、产业集群与区域经济增长和社会发展

1. 产业集群与区域经济增长

产业集群可以促进区域经济增长，具体来说，这种促进作用体现在如下方面：产业集群可以整合区域产业资源，推动区域产业结构调整；产业集群有利于技术进步与技术创新；产业集群要求区域发展要素中资源整合的协同效应，推动了区域内全要素的投入。最终使得要素在区域内具有巨大乘数效应，而且区域内收入分配相对平均、基尼系数差异较小，有利于区域的持续发展（魏守华等，2002；曾国安、冯涛，2004）；促进区域内新兴产业发展（熊义杰、郝思羽，2007）；通过区域内行为主体的相互合作来增强产业和区域的生产率和创新能力，使得产业集群发展成为区域竞争力的关键推动因素（波特，1990）。

2. 产业集群与社会发展

首先，产业集群为城市化集聚生产要素与产业，通过提升城市竞争力促进和推动城市化进程（陈柳钦、黄坡；2007）；此外，产业集群可以以吸纳劳动力，从而实现剩余农业生产人口向非农产业转移（熊义杰、郝思羽，2007）；最后，产业集群的发展可以推动企业家、管理者和劳动者素质的提高，推动社会的分化，扩大了工人、管理人员、个体工商户与企业家队伍，有助于优化各地的社会结构（王喜权、李树德，2005）。**（评述八）**

五、产业集群政策与政府作用

政府对产业集群的作用是产业集群政策理论研究中的一个重要问题。Roelandt 和 Sinderen(2000)认为，应该在凯恩斯主义后重新定义的政府职能理论范畴中来界定产业集群政策中政府的作用。Feser(2002)则认为产业集群化是自生自发的结果，政府在产业集聚中的作用比想象的小得多。但 Terkla(1995)不同意其主张。基于对于具有普遍意义的产业集群政策原则和政策工具的分析，Stuars(1995)等对相关问题进行了研究。（评述九）

在国内，一些学者认为政府对产业集群的作用是积极的（胡红安、马千里，2007；朱辉，2006），如可避免产业结构失衡、有效解决产业集聚带来的负面问题，有利于产业集群的可持续发展、防止产业集聚所带来的污染问题等，政府的作用势必会对未来的社会发展产生良性影响（朱辉，2006）。

就政府如何能发挥其对于产业集群的引导和推动作用方面，相关研究认为政府可以采取以下措施，如增加公共产品供给力度，为产业集群发展创造良好环境，建立健全支撑服务体系，着力培育有竞争优势的特色产业集群，培育龙头骨干企业，带动相同或者相近和相关产业的发展、以激发产业集群的发展活力，发挥高新技术开发区的作用，构建产业集群创新网络体系，加大专业化分工力以及延长产业链等（胡红安、马千里，2007）。**（评述十）**

（总体评述）

习作点评

这里是针对第9章“学术论文与参考文献”布置的课后习作而在课堂上开展师生互动讨论的教学环节设计。

请记录：你希望在课堂上讨论和澄清的问题是：

(1) ______________________________

(2) ______________________________

(3) ______________________________

(4) ______________________________

(5) ______________________________

10.1 概 述

文献综述，又称“文献阅读报告”，是指研究者在确定了选题后，在对选题涉及的某研究领域的文献进行广泛阅读和理解的基础上，对该研究成果的综合和思考。对该研究领域的研究现状(包括主要学术观点、前人的研究成果和研究水平、争论焦点、存在的问题及可能的原因等)，新水平，新动态，新技术和新发现，发展前景等内容进行综合分析、归纳整理和评论。

文献综述是一种不同于研究论文(毕业论文)的文体，它要求作者既要对所查阅资料的主要观点进行综合整理、陈述，还要根据自己的理解和认识，对综合整理后的文献进行比较专门的、全面的、深入的、系统的论述和相应的评价，而不仅仅是相关领域学术研究的“堆砌”。一般认为，学术论文没有综述是不可思议的。为了使研究选题报告有较充分的依据，通常要求在毕业论文正式开题之前做文献综述。

检索和阅读文献是撰写综述的重要前提。一篇综述的质量如何，很大程度上取决于作者对相关最新文献的掌握程度。好的文献综述，不但可以为下一步的学位论文写作奠定一个坚实的理论基础和提供某种延伸的契机，而且能表明写该综述的作者对既有研究文献的归纳分析和梳理整合的综合能力，从而有助于提高对学位论文水平的总体评价。

劳伦斯·马奇提出了文献综述的六步模型，即选择主题、文献搜索、展开论证、文献研究、文献批评和综述撰写。

在选择研究问题的时候，需要了解该问题产生的背景。文献综述是对学术观点和理论方法的整理，是评论性的，因此要带着作者本人批判的眼光来归纳和评论文献。评论的主线要按照问题展开，也就是说，别的学者是如何看待和解决你提出的问题的，他们的方法和理论是否有什么缺陷？要是别的学者已经很完美地解决了你提出的问题，那就没有重复研究的必要了。

文献综述是一种书面论证，它建立在前人研究的基础上。研究者从前人的研究中寻找到可信的证据，建立自己的论据，从而将一个论题推向前进。它为人们了解有关某一研究课题的现有知识服务提供环境和背景性的信息，并列出逻辑论据来证明有关某一论题的观点。

根据研究的目的不同，文献综述可分为基本文献综述和高级文献综述两种。

10.1.1 基本文献综述

基本文献综述是对有关研究课题的现有知识进行总结和评价，陈述现有知识的状况，以作为一个研究论题。

基本文献综述从选择和确立研究兴趣或研究话题开始——这就是研究问题。随着写作的不断进行，研究问题将不断缩小和澄清，成为一个研究主题。研究主题为文献综述提供了具体指向和框架。文献综述必须包括一个研究论题的发现、论者的观点以及对研究问题的回答。

10.1.2 高级文献综述

高级文献综述比基本文献综述更进一步。它也要选择研究兴趣；之后再对相关文献进行回顾，确立研究主题。这时，它要提出进一步的研究，从而建立一个研究项目，这个研究将提出新的发现和结论。高级文献综述是确立原创性研究问题的基础，也是对一个研究问题进行探索的基础。

在高级文献综述中，研究者首先陈述有关研究问题的现有知识。根据发现，研究者提出研究主题，即哪方面还需要深入研究。高级的硕士论文和所有的博士论文都以高级文献综述为寻找研究课题中未知领域的垫脚石。

虽然基本文献综述和高级文献综述所包含的任务有所不同，但是它们呈现知识和提出论题的方式是相似和并行不悖的。

文献综述的目的因研究的性质不同而不同。如果研究目的是要展现有关某个研究课题的现有知识，那么要做的是一个基本文献综述。如果研究目的是为了揭示一个研究问题，从而进行深入研究，那么要做的是一个高级文献综述。

10.1.3 意义和目的

总的来说，文献综述有以下几个目的：首先，文献综述总结了与自己的课题相关的研究结果，包括每个研究涉及的具体问题、研究思路以及研究结果等；其次，在总结的基础上，作者会通过文献综述将所综述的每一个研究与整个文献相关联，并且对每一个研究在文献中的贡献加以评述，比如填补了文献中的空白、对文献进行了有意义的扩展等；最后，文献综述通过对相关文献的回顾建立了一个研究的框架体系。通过这个框架体系，读者可以清晰地了解到作者所要进行的研究对于文献的重要性和贡献。同时，通过这个框架体系，也可以明确地界定文献中每一个研究的具体结果是什么、在这个框架中处于什么位置,并且能够和文献中其余研究的结果相对比。

文献综述者必须意识到文献综述不只是写给自己,更主要的是呈现给读者。通过阅读文献,找出自己的研究方向和要研究的具体问题,这是一个思维的过程。然而,读者不能直接看到文献综述者脑海中的思维,他们对文献可能也并不熟悉,许多甚至对相关领域一点也不了解。因此,作者需要通过文献综述使读者对相关研究有所了解,即在阅读文献综述后,读者应该对过去的研究涉及的具体问题、研究的手段以及研究的主要发现和结论有所了解。为了显示自己所进行的研究的意义、理论和实践的价值,作者也应该让读者知道过去相关研究的缺陷和空白,以及拟进行的研究将如何对文献有所贡献。读者甚至应该了解到相比过去的研究,本研究在研究方法、包括研究的设计思路和具体程序上有什么改进。总之,好的文献综述应该使得读者确信你所要进行的研究在这个领域是有价值的,提出的研究问题是清晰的,方法也是可行的。

10.1.4 定性和定量研究

从认识论这个根本点出发,研究人员进行的科学研究有定性和定量两个方法,这两个方法在具体的研究手段上存在差异。首先,定性研究方法指的是"在自然环境下使用实地体验、开放型访谈、参与型和非参与型观察、文献分析、个案调查等方法对社会现象进行深入细致和长期的研究:其分析方式以归纳为主……"。

简单地说,定性研究的倡导和实践者认为,对于世界或事物的了解,由于研究人员所处的角度不同而存在差异,这个角度与研究人员的背景,如教育水平、社会地位和宗教信仰等密切相关。形象地说,就是每个人都会戴着自己特有的"眼镜"来看待周边的事物,因此,在定性研究中,研究人员除了报告自己的发现以外,还应该汇报自己在研究、看待问题时所处的角度。只有这样,别人才能处在一个相对客观的角度来审视我们的研究,并对研究结果的合理性做出判断。定性研究采用的研究方法包括案例分析、观察法、文献分析等。

相反,定量研究则认为事物之间的关联不以人的意识为转移,并且可以通过量化的手段来揭示。因此,定量研究依靠量化的手段对事物的可量化部分进行测量,通过统计分析来发现变量之间的关系,以达到对事物的理解和把握。定量研究中常采用的方法包括问卷调查法、实验法等。

对于定性研究来说,文献综述的目的、方式以及在文章结构中的位置都和在定量研究中的文献综述有所不同。

限于篇幅,我们主要讨论定量研究的文献综述。在定量研究中,一般会安排一个专门的部分,叫做"文献综述"、"相关文献的回顾"等,其目的是为所研究的问题或者所提出的假设服务。当然,在一篇文章的后面部分进行结果讨论时,一般也会涉及相关的文献。这时主要将本研究的结果和文献中的研究进行比较,并在此基础上进行讨论。甚至在文章最后讨论研究的不足、局限性以及对未来研究的建议时,有时也会利用文献来支持自己的观点。

10.2 文献综述分类

总体来看,一般在两类文章中会涉及文献综述。一是纯文献综述类文章,二是在理论和实证性的文章中进行的文献综述。

10.2.1 纯文献综述类文章

纯文献综述类文章和一些理论与实证研究不同,不是讨论和研究某个具体的理论或者是对相关理论进行实证性的检验,而是对某一方面研究的文献进行比较详尽的回顾,并在这个基础上对文献中存在的不足、矛盾以及未来研究的方向进行总结和探讨。一般来说,纯文献综述类文章回顾的文献数量大,基本囊括了相关文献中的研究,同时有作者自己对文献的总结和评述。在这类文献综述中,作者容易出现的问题是多方面的,如对相关文献只是简单的罗列而缺乏归纳、总结和评论;在对文献的回顾中以作者为线索,没有结合所探讨的问题进行文献的安排;没有对文献做出自己的评论等。

10.2.2 实证研究类文章

纯文献综述类文章和实证性文章的目的存在差异。对于实证类文章来说,文献综述的根本目的是为所研究的问题服务,例如需要在文献综述的基础上提出相关的研究问题或者假设。在实证研究类文章中,作者研究的主题是对相关的理论、研究框架等进行实证性的检验。这类文章在管理学文献中常见。例如,在定量的实证研究中,首先要对相关的文献进行回顾,在此基础上提出自己的研究问题。在定性的研究中,对于文献的回顾和定量研究是有些区别的,例如是在提出研究问题前还是之后进行综述等。

除了在研究假设的提出中进行文献综述外,研究方法部分和结果讨论部分也或多或少地涉及对相关文献的回顾。

10.3 文献来源

进行文献综述之前,一个比较常见的问题是如何找到有价值的文献。著名学者Burns指出,“较好的方法是首先找到一些初步的文献,并从中得到有价值的线索”。这里所指的初步文献包括教科书和一些学者在相关领域进行的文献综述。通过教科书,可以得到与课题相关的完整的理论和研究框架及体系,同时在书籍中也可以发现丰富的参考文献。而通过一些文献综述类文章,可以比较容易地对相关文献情况有一个初步的了解和整体的把握。在一个文献综述中,虽然作者对于原始文献的理解和总结可能存在一定偏差,也可能加入了一些个人的观点,但是一般来说,这些已经撰写的文献综述将使研究者对相关的研究情况有一个快速和大致的了解。通过对这些资料的阅读和理解,作者可以更加明确自己所要研究的课题在整个相关文献体系中的位置,同时对所要进行研究的价值和目的有个更好的判断。在这个基础上,可以进一步查找一些后续的文献,这些文献更多地来自一些学术期刊、学术会议的论文集、学位论文、工作论文等,然后进行详细的文献综述。

10.3.1 文献搜索的来源

文献的来源是多方面的,研究人员可以使用关键词,在一些文献数据库中进行搜索。在我国,比较常用的文献数据库有万方数据库、中文学术期刊数据库以及维普中文期刊数据库等,国外的西文数据库包括 ABI[①]、EBSCO[②] 和 JSTOR[③] 等。这些数据库中可以找到一些学术期刊和一些实用型的非学术性期刊。当然,在一些数据库中还可以查找到书籍、硕士博士学位论文和一些课题报告等。除了图书馆中提供的数据库外,互联网也是一个很好的资料来源。例如,通过 Google 中的 Google Scholar[④] 对文献进行搜寻,往往能够得到丰富的文献。当然,在互联上搜集到的许多文献没有办法得到全文,这时可以再转向学校的图书馆或者相关的数据库查找全文。

当然,作者应该对相关课题的最新文献有所了解,并进行收集。没有对这些文献的回顾,会使自己对所研究课题的最新进展缺乏了解,以致影响到研究的质量。从这点来说,文献的搜寻和综述是一个"永无止境"的过程。

所综述的文献大多应该是一手文献。在学术文献中,有时候可以看到对其他人的研究结果和观点进行转述和评论,而不是自己亲自进行研究而得到的结果,此类对于别人研究成果的转述或评论就是一种形式的二手资料或者二手文献。过多地引用二手文献是比较危险的,因为二手文献的提供者解读别人的研究结果时,往往会加入自己的理解,甚至会有一些偏见,毕竟每个人对于一个事物的看法是不同的。

此外,在有些情况下,可能无法找到原始的文献,例如看到某个作者所引用的文章在一个无法找到的非主流的期刊中,或者是一个在会议上宣读的文章,但是大会并没有出版论文集。如果在这种情况下确实需要引用该文献,就不能按照已经阅读了这篇文章的方式来引用,而是应该采用一种特定的格式(如美国心理研究学会 APA 制定的格式),以表明引用者是从另外一个作者的文章里阅读到该作者对于原始文章的转述。这种格式需要给出原文献以及引用的文献,如原作者、时间以及引自的作者和时间。

---

① ABI 商业信息全文数据库,由美国 ProQuest Information and Learning 公司出版,是欧美大学普遍使用的著名商业及经济管理期刊论文数据库。该数据库涉及主题范围有财会、银行、商业、计算机、经济、能源、工程、环境、金融、国际贸易、保险、法律、管理、市场、税收、电信等领域,涉及这些行业的市场、企业文化、企业案例分析、公司新闻和分析、状况和预测等方面的资料。

② EBSCO Information Services, Inc. 是美国的一家出版公司,最早曾为美国政府和军方部门提供文献代订服务,逐渐成为世界顶尖的信息服务集团。从 1944 年以来,EBSCO Information Services(简称 EBSCO)即一直提供文献订阅服务。已成为一个向世界各地的科学研究机构、图书馆和医学机构等提供电子和纸本文献订阅、资源管理工具、研究型数据库(包括全文与二次文献库)服务的领先厂商。

③ JSTOR(Journal STORage、期刊存储,创立于 1995 年)是一个收集学术期刊的在线系统。它提供了对发表在数百本知名学术期刊上的文章的电子版全文搜索。这些学术期刊最早可以追溯到 1665 年。设在纽约,属安得鲁梅伦基金会,是一个独立的、非营利性机构。

④ Google Scholar(谷歌学术搜索)是一个可以免费搜索学术文章的网络搜索引擎。2004 年 11 月,Google 第一次发布了 Google 学术搜索的试用版,该项索引包括了世界上出版的绝大部分学术期刊。

最后，对于一些实用型期刊，其主要阅读人群为业界人士，同样是平时获取有价值信息的渠道。但是它们和学术性论文还是不一样的：学术性的期刊一般经过比较严格的评审，数据来源和分析方法等在文章中也有比较完整的呈现，因此可以从数据来源、数据分析以及结果等方面对相关研究进行回顾和评判，并提出自己的观点；而对于实用型期刊，一般不涉及数据等资料来源以及研究方法，无法判断相关结论和观点的正确性和可靠性等。因此，文献综述时一般不会轻易引用这些期刊中的结论。当然，在一篇文章的引言部分，为了充分论证所研究课题的现实意义和研究的必要性等，有时候会引用来自这些实用型期刊的结论或者观点，读者可以参看后面案例中的相关评述。

10.3.2 文献搜索的技巧

虽说尽可能广泛地收集资料是负责任的研究态度，但还是存在一些实用的技巧。

技巧一：瞄准主流。主流文献，如该领域的核心期刊、经典著作、专职部门的研究报告、重要化合物的观点和论述等，是做文献综述的"必修课"。而多数大众媒体上的相关报道或言论，虽然多少有点价值，但因时间精力所限，可以从简。怎样摸清该领域的主流呢？建议从以下几条途径入手：一是图书馆的中外学术期刊，找到一两篇"经典"的文章后"顺藤摸瓜"，留意它们的参考文献。质量较高的学术文章，通常是不会忽略该领域的主流、经典文献的。二是利用学校图书馆的"中国期刊网"、"外文期刊数据库检索"和外文过刊阅览室，能够查到一些较为早期的经典文献。三是国家图书馆，有些20世纪七八十年代甚至更早出版的图书，学校图书馆往往没有收藏，但是国图却是一本不少(国内出版的所有图书都要送缴国家图书馆)，不仅如此，国图还收藏了很多研究中国政治和政府的外文书籍，从互联网上可以轻松查询到。

技巧二：随时整理，如对文献进行分类，记录文献信息和藏书地点。做论文的时间很长，有的文献看过了当时不一定有用，事后想起来却找不着了，所以有时记录是很有必要的。同时，对于特别重要的文献，不妨做一个读书笔记，摘录其中的重要观点和论述。这样一步一个脚印，到真正开始写论文时就积累了大量"干货"，可以随时享用。

技巧三：要按照问题组织文献综述。看过一些文献以后，我们有很强烈的愿望，要把自己看到的东西都陈述出来，像"竹筒倒豆子"一样，洋洋洒洒，蔚为壮观。后来却可能发觉真正有意义的不过数千字。文献综述就像是在文献的丛林中开辟道路，这条道路本来就是要指向我们所要解决的问题，当然，直线距离最短、最省事，但是一路上风景颇多，迷恋风景的人便往往绕行于逦逦的丛林中，反而"乱花渐欲迷人眼"，"曲径通幽"，不知所终了。因此，在做文献综述时，头脑要时刻清醒：我要解决什么问题，人家是怎么解决问题的，说的有没有道理，就行了。

综述是查阅相关文献的成果。任何研究都要建立在前人的基础上，并且遵守学术传统，而不是空穴来风。你需要告诉读者，关于这个问题，前人研究到了何种地步，有什么缺陷，应该在哪些方面进行拓展。任何与本文相关的重要成果都应当在综述中得到体现，并且在参考文献中列出。综述不是概述，不能泛泛地引用和概括，要有扬弃，特别是有批评。综述比较容易看出作者对该领域所下的工夫，因为作者需要广泛阅读，理解不同论文在关键假设和模型上的主要分歧。

10.4 对文献的有机整合

文献综述由对每一篇文章的总结组成，因此在写作文献综述的过程中，首先需要对文献中的每一篇文章进行很好的总结和评论。就每一篇文章，最好能够做一个读书笔记，最后将这些笔记进行综合，并最终形成完整的文献综述。阅读每一篇文献，不仅要对其中重要的结论和启示进行记录和总结，还应该有批判性和建设性的评价，比如找出文献的缺陷等。具体说来，阅读每一篇文献时需要考虑哪些是该文献所没有回答的问题、研究可能存在哪些方法上的问题、所提出的对未来研究的建议是什么等。特别是对于实证性的文章，尤其需要关注的是研究的逻辑推理、研究方法以及研究结果报告部分，而不是最后作者给出的结论。需要仔细审视作者们的发现，自己是否同意作者的结论，以及作者们是不是没有对其中的一些结果进行很好的讨论，或者夸大了自己的结论及其理论和实践意义等。

一个完整的文献综述建立在对文献中每一篇文章的充分理解基础之上，但关键的问题是如何将对这些文献的理解和评论做一个有机的结合，组成一个整体。只有这个整体才使得研究者能完整地理解相关的主题、文献中各个研究的优缺点和相互之间的关联。在这个过程中，“既要看到森林，也要见树木”。文献综述不仅仅是将文献中的研究结果和观点进行一个简单的罗列和集合，作者还必须清晰地阐述这些研究结果和观点之间的联系，以及它们与自己正在进行的研究之间的联系。例如，哪些研究在相关问题上有相似的观点，不同观点之间存在什么具体的差异、原因是什么，以及这些差异和自己的研究有什么联系等。通过文献回顾，作者可以对文献中不一致甚至是矛盾的结果和观点有个清晰的了解，或者找出文献的空白，这将给自己为什么进行相关的研究找出理由、提供一个佐证。例如，通过文献综述，作者可以明确自己的研究会对文献中的不一致和矛盾的地方进行澄清，也可以填补文献中的空白。

在这个过程中，比较困难的是不同的研究在该问题上的观点和结论来自不同的角度，不同学者表述的方式也不尽相同，那么我们需要按照一个合理的线索将这些研究有机地整合起来，而这个线索必须和自己的研究密切相关，并且能够为自己的研究服务。要实现这个目标，需要文献综述者多次实践，在实际写作中具体体会，通过分析案例进行学习也是一个较好的方法。

最后，文献综述是学术论文的一部分，既然是学术性的论文，就应该用最简单的语言将主题思想表述出来，而避免使用带有感情色彩的语言，“好的论文就是用最简单的语言把问题说清楚”。一篇好的学术论文，其核心是逻辑和思维，而不是语言的华美。因此，作者需要注意语言的简洁、平实和准确。

10.5 格式与写作要求

研究性论文通常注重研究的方法和结果，动态、进展。总的来说，文献综述一般都包含以下 4 部分：即前言、主题、总结和参考文献。

10.5.1 文献综述的格式

1. 摘要和关键词

摘要限200字以内。摘要要具有独立性和自含性，不应出现图表、冗长的公式和非公知的符号、缩略语。摘要后须给出3～5个关键词，中间应用分号“;”分隔。

2. 引言部分

引言(前言)部分一般以200～300字为宜，主要是说明写作的目的，介绍有关的概念、定义以及综述的范围，扼要说明有关主题的研究现状或争论焦点，使读者对全文要叙述的问题有一个初步的轮廓。引言要用简明扼要的文字说明写作的目的、必要性、有关概念的定义、综述的范围，阐述有关问题的现状和动态以及对主要问题争论的焦点等。

在综述的引言部分，要写清以下内容：

(1) 首先要说明写作的目的，定义综述的主题、问题和研究领域。

(2) 指出有关综述主题已发表文献的总体趋势，阐述有关概念的定义。

(3) 规定综述的范围、包括专题涉及的学科范围和时间范围，必须声明引用文献起止的年份，解释、分析和比较文献以及组织综述次序的准则。

(4) 扼要说明有关问题的现况或争论焦点，引出所写综述的核心主题，这是广大读者最关心而又感兴趣的，也是写作综述的主线。

3. 主题部分

主题部分是综述的主体。写法多样，没有固定的格式。可按文献发表的年代顺序综述，也可按不同的问题进行综述，还可按不同的观点进行比较综述。不管用那一种格式综述，都要将搜集到的文献资料进行归纳、整理及分析比较，阐明引言部分所确立综述主题的历史背景、现状和发展方向，以及对这些问题的评述，主题部分应特别注意代表性强、具有科学性和创造性的文献引用和评述。根据综述的类型，主题内容可以灵活选择结构安排。

主题的层次标题应简短明了，以15字为限，不用标点符号，其层次的划分及编号一律使用阿拉伯数字分级编号法(不含引言部分)，一般用两级标识。

插图应精选，具有自明性，勿与文中的文字和表格重复。插图下方应注明图序和图名。

表格应精心设计，结构简洁，便于操作，并具有自明性，内容勿与正文、插图重复。表格应采用三线表，可适当加注辅助线，但不能用斜线和竖线。表格上方应注明表序和表名。

正文是综述的重点，写法上并没有固定的格式，只要能较好地表达综合的内容，作者可创造性地采用诸多形式。正文主要包括论据和论证两个部分，通过提出问题、分析问题和解决问题比较不同学者对同一问题的看法及其理论依据，进一步阐明问题的来龙去脉和作者自己的见解。当然，作者也可从问题发生的历史背景、目前现状、发展方向等方面提出文献的不同观点。正文部分可根据内容的多少分为若干个小标题分别论述。

小结是对综述正文部分作扼要的总结,作者应对各种观点进行综合评价,提出自己的看法,指出存在的问题及今后发展的方向和展望。内容单纯的综述也可不写小结。

4. 参考文献

参考文献是综述的重要组成部分。参考文献的多少可体现作者阅读文献的广度和深度。对综述类论文参考文献的数量,不同杂志有不同的要求,一般以30条以内为宜,以3～5年内的最新文献为主。

10.5.2 对文献的引用

在文献综述的过程中,作者应该注意使用自己的语言,在充分理解原文的基础上用自己的话表述出原文的思想。一般来说,如果作者认为原文的表述非常精确到位,用自己的语言进行转述会失去很多有价值的信息、不能体现出原文的含义,可以进行直接引用,但是必须注明引用的文献和页码。

对原文的直接引用有两种形式:一是引用原句,这是要使用引号并给出引用文献和具体的页码;二是对一段文字的直接引用,除给出引用文献外,还应该使用单独的段落,并在后给出所引用文献的页码。当然,大多数期刊要求在引用整段文字时,单独的段落还要左端缩进。

成熟的文献综述需要综述者在写作的过程中持续地练习,这其中是没有捷径的。需要在这个过程中不断地体会,努力使自己对于文献的综述更加准确、清晰,并服务于自己的研究。

10.5.3 写作要求

作为一种不同于研究论文(毕业论文)的文体,对文献综述的写作有一定的要求,具体如下:

(1) 开门见山,不绕圈子。避免大篇幅地讲述历史渊源和立题研究过程。

(2) 言简意赅,突出重点。不过多叙述同行熟知的及教科书中的常识性内容,确有必要提及他人的研究成果和基本原理时,只需以参考引文的形式标出即可。在引言中提示本文的工作和观点时,意思应明确,语言应简练,要条理清晰,资料运用恰当、合理。

(3) 回顾历史要有重点,内容紧扣文章标题,围绕标题概括介绍背景。提示所用的方法时,不要求写出方法、结果,不要展开讨论;虽可适当引用过去的文献内容,但不要长篇罗列,不能把前言写成该研究的历史发展。

(4) 尊重科学,实事求是。引言中评价论文的价值要恰如其分、实事求是,用词要科学,对本文的创新性,最好不要使用"本研究国内首创、首次报道"、"填补了国内空白"、"有很高的学术价值"、"本研究内容国内未见报道"或"本研究处于国内外领先水平"等不适当的评语。

(5) 引言的内容不应与摘要雷同,注意不用客套话,如"才疏学浅"、"水平有限"、"恳请指正”、“抛砖引玉”之类的语言；最好不要分段论述，不要使用插图、列表，不进行公式推导与证明。

(6) 应系统地查阅与自己的研究方向有关的国内外文献，通常阅读文献不少于15篇，且文献搜集要客观全面。搜集和掌握全面、大量的文献资料是写好综述的前提。

(7) 在文献综述中，应说明自己研究方向的发展历史、前人的主要研究成果、存在的问题及发展趋势等。

(8) 注意引用文献的代表性、可靠性和科学性。注意搜集到的文献中可能出现观点雷同的情况，有的文献在可靠性及科学性方面存在差异。

(9) 要忠实于引用文献的内容。由于文献综述有作者自己的评论分析，因此撰写时应分清作者的观点和文献的内容，不能篡改文献的内容。为恰当引用，避免谬误，最好不要间接转引文献。

(10) 文献综述中要有自己的观点和见解。不能混淆作者与文献的观点。鼓励学生多发现问题，多提出问题，并指出分析、解决问题的可能途径，针对性强。综述不是简单的文献罗列，一定要有作者自己的综合和归纳。

(11) 文献综述一般有字数要求，例如不少于3000字。但综述篇幅也不宜过长。

(12) 不能省略参考文献。有的科研论文可以省略参考文献，但文献综述中不能省略，而且应该是文中引用过的，能反映主题全貌的，并且是作者直接阅读过的。

案例研究：产业集群研究综述

针对本章的“课前阅读”内容，即“产业集群研究综述”，做如下点评。

评述一：

① 从本文的题目来看，作者是想对产业集群方面的研究做一个总结和回顾。这不同于一般的实证性文章，即提出一些具体明确的课题，通过假设验证等方式来对课题进行探讨。这类综述性文章就是立足于某个问题，对相关的研究文献作一个比较全面的总结回顾，在此基础上提出一些问题，比如目前研究的空白以及对未来相关研究如何进行的建议等。那么，在引言部分作者就应该明确阐述自己的观点，至少应该明确界定自己所要集中探讨的问题，以及通过本文献回顾作者想要达到什么一个目的。但是在这里并没有看到这些关键的内容。

② 产业集群研究是一个非常宽泛的命题，其中应该包含许多明确、具体的研究方向和相关问题，因此对这么一个宽泛的命题进行文献回顾，困难较多。因为命题太大，作者也难以在一篇短短的文章中将相关问题介绍清楚。

当然，有时可以看到对某一个比较宽泛的课题进行综述的文章，但是这样的文章往往要回顾的文献量是巨大的，几百篇文章并不少见。在进行如此大量的文献综述后，作者一般还是会在比较细化的研究方向上提出未来可以关注的一些具体研究问题。但是，对于一般的学生和学者来说，对一个大的研究课题(例如这里的产业集群)进行讨论，题目还是大了些。这也是一些学生中普遍存在的一个问题，就是在选择研究题目时往往贪大求全，例如“中国金融改革之我见”、“如何提高企业的营销竞争力”等课题。这和西方学术界进行的研究存在很大的区别,如果分析一下美国等发达国家的管理学领域研究,包括市场营销、人力资源管理和战略管理等,会发现他们所研究的学术课题往往比较细,所提出的问题非常明确和具体,比较专注。

相反,在常常看见的一些泛泛而谈的论述性文章中,看不到严谨的文献综述,也无法得知在所讨论的问题上已经有了什么结果和观点,其中哪些已经成了定论、哪些还在争论之中,如果没有文献综述作为基础,也无法得知作者本人的贡献是什么。在这样的文章中,由于作者没有严格地引用相关文献,好像最后所有的观点都出自于作者本人,缺乏对别人研究的尊重,也使得读者没办法对相关研究的脉络有个清楚的了解,无法进一步开展自己的研究。

评述二:

作者首先给出了一个比较权威的产业集群定义,就是著名学者波特的定义。其后通过一个文献来表明产业集群和企业集群的本质区别。相信对于这些本质区别的介绍会有利于读者对于产业集群的准确理解。但遗憾的是,作者只是泛泛地指出这两个概念在地理空间、产业范围、构成主体和数量规模上存在的本质区别,而并没有具体介绍在这几个方面两个概念都分别具有什么特点、区别到底是什么等,这种简单的介绍无助于我们对产业集群概念的进一步理解。

评述三:

作者在这里列举了众多推动产业集团形成的因素,但只是在最后给出了一个文献(王纬等,2007)。显然,作者提及的这些因素不可能在这样的一个研究中被完全讨论和概括,所引用的文献可能同样只是对这些因素作了一个基于文献回顾的总结。因此作者这样引用就不合适。正确的做法是针对每一个因素,引用比较重要或是较早研究该因素的文献。

希望大家能够从这个例子了解到,在文献综述中,不能完全利用另外一篇文章中的文献综述内容。假如学者王纬在这里基于文献总结了影响产业集群的因素,归纳出了若干因素,那么在文献综述中,作者不能完全依靠王纬的一篇文章就完成了对这些因素的回顾。相反,应该查找到最初是哪些学者对这些因素进行了研究,或者针对每一个因素都有哪些具有代表性的文献,其后自己需要对这些文献进行很好地理解和总结,并进行综述。这样做的原因之一是作者应该对文献综述有一种认真负责的态度,不能只根据别人对于文献的回顾就给予文献同样的理解。相反,作者应该仔细阅读原始文献,在完全忠于原文献的基础上、基于自己的理解总结相关文献。

评述四:

在最后一句话中,作者论述到“一些学者也注意到了传统关系网络的作用,并认为领先的制度创新行为为地方产业集群的发展创造了条件(金祥荣,2000;朱华晨,2003)”。但是,相信读者对什么是“领先的制度创新行为”以及为什么会“为地方产业集群的发展创造了条件”还是不甚了解。那么作者这样综述文献有什么意义呢?

评述五:

① 这一节的标题是“产业集群类型”,那么作者需要结合文献,对目前存在的产业集群的类型进行定义,指出这些不同的类型在哪些方面具有本质性的区别等,而不是像这

样，只是简单地给出每种集群的类型名称、简单的特征以及相关的例子。

② 对于文章中出现的任何图表，都应该给出标题。其中表的标题在表的上方，图的标题在图的下方。

评述六：

① 作者首先指出了虽然文献普遍认同产业集群的周期性规律，但是对于规律的认识和看法是不同的。在随后对于产业集群的规律性问题的讨论中，作者不应该只是给出两种对于周期性的描述，而是应该更加深入地讨论对于集群规律性的不同理解、描述以及解释为什么会不同、相关理论基础是什么等问题。

② 作者引用文献时(如 Pounder、John 以及 Tichg)应该给出时间。

评述七：

① 这里既然讨论的是产业集群的主要特征，就应该对每个特征进行比较详细的论述，而不仅仅是作一个过于简单的介绍。在"产业集群竞争优势"部分中存在同样的问题，即没有对具体的竞争优势进行讨论。

② 这里还存在一个细节性问题，作者在上述内容中有一个引用是"(王缉慈等，2001)"。一般的规范用法，是在第一次出现多于两个作者的文献时，应该给出全部作者，后面再出现时就可以采用第一个作者加上"等"的用法。这些在不同的学术文章写作规范中可能有不同的要求，例如，美国学术界被较为广泛采用的写作规范之一是美国心理学学会(American Psychological Assciation，www. apa. org)制定的。

评述八：

① 作者在这个部分的文献综述中呈现出来的问题其实贯穿全文。本文的核心目的应该是对研究产业集群的文献进行回顾，也就是说，除了对相关研究的结论和观点进行总结讨论外，还应该对这些研究的理论框架、研究角度以及研究的合理与不合理性等进行讨论，找出文献中存在的空白点等，并为未来的研究提供一个有益的参考。但是作者的文献综述部分并没有呈现这些有价值的内容，这也是本文的一个主要缺陷。

② 同样，作者对于一些观点缺乏进一步的讨论。例如，这里提到产业集群可以提高企业家、企业管理人员以及劳动者的素质，但是究竟如何提高，都是需要进一步讨论的。既然本文是一篇综述性文章，那么需要在讨论的问题上，至少对相关文献的回顾上要比较完整和清晰，而不是仅仅局限于提出一个问题、给出一个简单的观点和现象等。

评述九：

① 国外的相关文献认为政府对于产业集群的作用是什么，本段没有对这个问题进行阐述。例如，Roelandt 和 Sinderen(2000)认为"应该在凯恩斯主义后重新定义的政府职能理论范畴中来界定产业集群政策中政府的作用"，那么具体的作用是什么，所谓的"重新定义的政府职能理论范畴"指的是什么，在这样一个理论框架下研究政府对于产业集群的作用的新颖之处是什么。Feser(2002)则认为政府在产业集聚中的作用比想象的小得多，他们为什么会有这个观点等，这些问题应该结合文献进行详细的阐述。

② 最后两句话没有提供具体的信息，再次出现了"蜻蜓点水"式的文献回顾。例如，Terkla(1995)为什么不同意其主张，Terkla 的观点是什么；Stuars(1995)等对相关问题进行了研究，他们得出的观点和结果是什么、对于文献的贡献是什么、从他们的研究中我们

得到的有益启示是什么等,这些信息才是读者所需要的。

评述十:

将对上面内容进行评述的任务交给读者,读者可以结合文章中其他部分内容的评述找出具体的问题。例如,在论述政府可以采取的引导和推动作用时,作者给出了一个文献:对于所提及的一系列措施,都是这一个文献的研究所得出的结论吗?是否在此之前有其他的文献论述了这些措施,而本文给出的这个文献只是做了一个总结?那么作者在对这方面文献进行回顾时,较好的做法应该是什么?

答:____________________

总体评述:

① 本文比较明显的一个缺陷是作者在所讨论的几个问题上,如产业集群形成机制、产业集群类型、产业集群生命周期、产业集群竞争优势、产业集群与区域经济增长以及产业集群政策与政府作用等方面没有深入的讨论,仅仅局限于提出问题,并作了简单的介绍。产生这个问题的根本原因是本文所讨论的题目太大,因而最终的结果是试图面面俱到,不可避免地失去了对其中每一个问题的深入探讨。要完成对于"产业集群"这样一个宽泛题目的讨论,作者需要巨量的文献以及长篇幅的论述。在这样一个短短的文章中想说清楚产业集群问题,基本上是不可能的。作者只能集中在其中的一到两个点上。

② 作者缺乏对相关文献的总结和评述,仅仅停留在对文献的罗列层次上,在一定程度上失去了文献回顾的意义。

请分析并记录:仔细阅读上述范文与点评,你的感受和看法是:

答:____________________

课后习作:自选研究课题撰写文献综述

1. 习作内容

在分析和学习了丰富的与"文献综述"相关的知识之后,请你尝试撰写自己的文献综述习作。

1)选题

请简述,你选择的学术研究课题(方向)是:____________________

2）为撰写文献综述，你仔细阅读的文献资料主要有：

（1）____

____

（2）____

____

（3）____

____

（4）____

____

（5）____

____

其他：____

____

3）你的“文献综述”论文的题目是：

____

请另外附纸完成你的习作，并粘贴在这里（适当折叠）。

- -

（粘贴线）

2. 习作总结

____

____

____

____

3. 习作评价（教师）

____

____

延伸阅读：中国超级计算机：速度第一难掩实用缺位

导语：日前，中国国防科技大学研制的“天河二号”超级计算机（图 10-1）以每秒 33.86 千万亿次的浮点运算速度挤掉了美国的“泰坦”，成为全球最快的超级计算机。国内媒体用“中国超级计算机登上世界之巅”来描述。①

① 林小春. 中国“天河二号”超级计算机重返世界之巅[EB/OL]. (2013-06-17)[2016-05-10]. http://news.qq.com/a/20130617/018044.htm.

一方面,"天河二号"在各项性能上全面超越了"天河一号",进步喜人。但另一方面,以效率、实用性这些角度考量,"天河二号"和中国的超级计算机们仍然缺了些"实用主义"。

图 10-1 "天河二号"超级计算机

1. "天河"超级计算机再夺第一,成绩值得肯定

1)"天河二号"性能远超上一代"天河一号",峰值运算速度世界第一

相比于"天河二号"每秒 33.86 千万亿次的浮点运算速度,之前全球最快的超级计算机——美国能源部下属橡树岭国家实验室的"泰坦"(Titan,图 10-2)的运算速度只有17.59千万亿次。"天河二号"的速度比第二名快了近一倍,而且据说还没把实力完全展示出来,时隔两年继"天河一号"后再夺"世界第一"的名号。

图 10-2 被"天河二号"超越的美国"泰坦"超级计算机

再看一些具体参数。"天河二号"采用了累计 32 000 颗英特尔 12 核 Xeon E5 主处理器和 48 000 个 Xeon Phi 协处理器,共 312 万个计算核心。计算节点前端处理器为 4096 颗中国国防科技大学研发的 FT-1500 型 16 核心 SPARC V9 架构的处理器。处理器规模比起上一代的"天河一号"高出了一个数量级。此外,"天河二号"较之"天河一号",效率

也有大幅提升，和国外先进超级计算机的差距也有显著缩小。①

2）超级计算机就是考验“堆芯片”的能力，中国的这种能力已经步入世界第一梯队

这里有必要澄清一个误解，在不少人看来，超级计算机就是“堆芯片”，堆的数量级越大，计算速度也就越快。甚至在2010年超级计算机（SC2010）会议上，还有超级计算机供应商的高管开玩笑说：“将100 000台Android智能手机连起来，就能创造最快的计算速度。”

这样的说法虽有一定道理——理论上，在单个CPU性能相当的情况下，超级计算机采用越多的CPU，运算速度越快。但实际情况并不是1+1=2，集群结构的超级计算机基于网络进行分布式计算，如果分布不合理，每个CPU的效能就不会充分发挥出来。打个比方，这就类似一个人领导50个人和5000个人的区别，如果不能合理管理，可能后者每个人的工作效率会远低于前者。

研制一款超级计算机，其架构设计——即网络系统和软件系统，如何让安装的上万枚CPU的性能尽可能发挥出来，也是十分核心的技术。以“天河二号”为例，在使用了比起“泰坦”多出一个数量级的CPU的情况下，核心越多，系统会越复杂，相互之间的协作就会越困难，瓶颈也会越多。

总结起来，“天河二号”在CPU核心达到百万数量级的情况下，还可以达到国外先进超级计算机的水平。这就说明我国超级计算机的核心技术已迈入世界领先行列。在超级计算机的架构技术上，中国已经和美日同处于第一梯队。①

2. 在超级计算机领域，中国与美国相比仍有不小差距

1）从整体上看，美国仍然是世界上拥有500强超级计算机最多的国家，总数超过其他各国之和

虽然“天河二号”成功突围，但在整体实力上，中国较超级计算机第一大国美国还有不小的差距。从数量上看，美国拥有全球500强超级计算机中的253个，总数较其他国家和地区的总和还要多，呈现出明显的优势。中国大陆共有65个超级计算机进入500强榜单，位居第二。日本以30个位列第三。英国、法国和德国分别以29个、23个和19个位列第四至第六位。

2）即便非“美国产”的超级计算机也几乎都是使用“美国”芯片（图10-3）

前面已经提到，超级计算机主要考验的就是“堆”的技术，没有领先的架构设计，不能让数以百万计的芯片高效并行，即便有好芯片也不能做出超级计算机。

不过这并不是说芯片不重要，其实芯片和并行架构设计一样，同样是超级计算机不可缺少的技术核心。只不过现今世界上几乎所有超级计算机使用的芯片都被英特尔（Intel）、AMD和IBM三家公司垄断。而除了日本和韩国外，其他国家的芯片技术实在与美国有很大差距。正是由于使用的“基础元素”几乎都来自这几家美国企业，大家也就

① 新华网．超级计算机有什么用？［EB/OL］．(2009-02-05)［2016-05-10］．http://news.QQ.com.

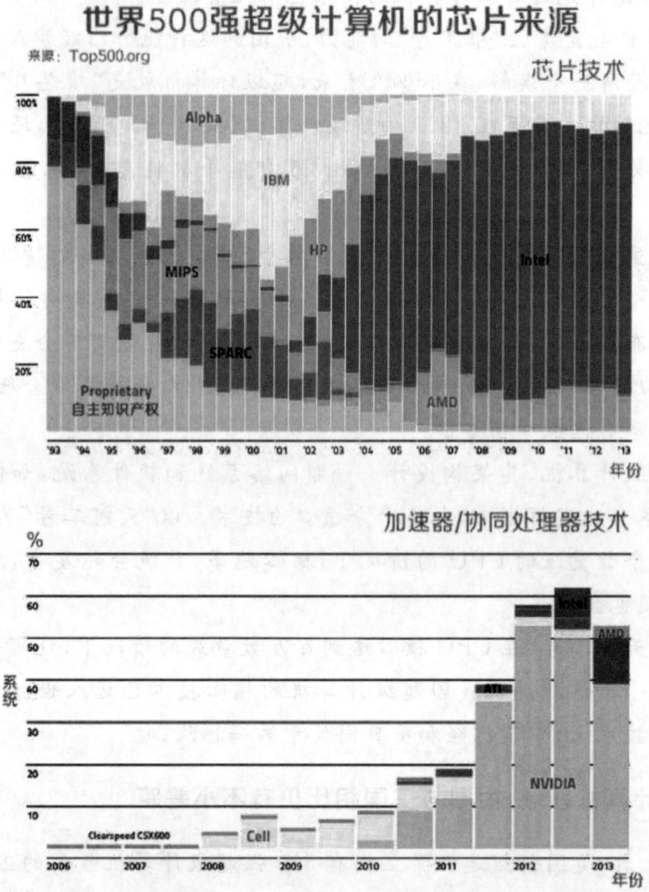

图 10-3　世界 500 强超级计算机使用的处理器、加速处理器和协同处理器概览

都站在了“同一起跑线”，比较的重点才放到了架构设计上。①

3)“天河二号”使用的芯片 95%来自美国英特尔公司，仅 5%为“国产”

“天河二号”采用了 32 000 颗英特尔 12 核 Xeon E5 主处理器和 48 000 个 Xeon Phi 协处理器，共 312 万个计算核心。而使用中国国产的 FT-1500 型 16 核芯片只有 4000 多颗，总数仅为全部处理器数量的 5%。

当然，中国也有纯国产的处理器，但国产处理器在速度和稳定性上都存在差距。如果全部以国产芯片作为核心，“天河二号”所需的芯片数就会更多，制造难度也会更大。相比国际先进水平，所有芯片和技术纯“国产”的“神威蓝光”超级计算机在效能和速度上就要差几个档次，甚至不属于超级计算机的第一梯队。

不过，芯片“本地化”不足并不是大问题，中国超级计算机使用“美国芯片”其实也无伤大雅。“天河二号”是中国科研界和美国英特尔公司的双赢产品。“天河二号”是对英特尔一个新产品系列的巨大认可。而在和英特尔公司符合国际商业规则的合作中，中国

① 新华网. 世界超级计算机及排名[EB/OL]. (2009-10-29)[2016-05-10]. http://news.QQ.com.

也收获了世界最快的超级计算机。①

3. "天河二号"和其他中国超级计算机的硬伤在于实用性

1) "天河二号"在绝对速度榜遥遥领先,但在考量实用性为主的另一榜单却未进前5

"天河二号"问鼎Top 500榜单,是Linpack基准测试下的世界最快超级计算机。但超级计算机基准测试并非Linpack一种。在德国举行的2013世界超算大会上,除了公布Top 500榜单外,还公布了Graph 500榜单,而"天河二号"未能进入Graph 500榜单的五强。

Graph 500是利用图论模拟超算在分析数据密集型应用时的性能,而Top 500跟踪的是超算的浮点运算能力。简单来说,Top 500侧重于绝对速度的排名,而Graph 500则更侧重实际应用,代表着超级计算机对大数据的吞吐和处理能力。

日本文部科学省的科学家也认为中国"更加重视最高速度"。与计算速度本身相比,在以易用性和耗电量等指标评价超级计算机的性能时,中国超级计算机的存在感仍然淡薄。②

2) 中国超级计算机在民用和商用领域的使用远落后于美欧日等发达国家

如果在Top 500榜中查看国家类别统计,会注意到中国超级计算机的主要用户是互联网服务提供商(Internet Service Provider,ISP)。而美国的情况截然不同,它的超级计算机用户分布非常广泛,有能源、汽车、ISP、地理科学、核武器研究实验室等。

其实,用户的分布单一、民用化和商业化不足正是"天河"系列和整个中国的超级计算机行业都存在的问题。而在欧美,超级计算机的应用则要丰富得多,以下几个是欧美超级计算机在应用领域的"明星案例":IBM的超级计算机"沃森"曾经参加了知识问答节目,并战胜人类,它还被送入大学深造以磨练"学习能力",被花旗银行和医疗机构"雇佣",帮助金融决策和诊断。IBM的"蓝色基因"超级计算机在欧盟十亿欧元的巨资资助下正在尝试复制人类意识。而就在2009年4月,美国印第安纳大学日前获得了世界上第一台千万亿次级别"大学专用资源"超级计算机,首次将该级别超级计算机运用于民用领域,帮助学生和工作人员研究各个学科。②

3) 在渴望"更划算"地使用超计算机的商用领域,中国超算还有长路要走

除了Top 500和Graph 500,超算领域还有一个评价效能榜单的Green 500,这个榜单更关注单位能量下的运算能力,目的是看看哪些超级计算机"最划算"。而在这个榜单上,"天河"并未入榜。"天河"耗资上亿美元,耗电量相当于5所高校的总和,落户要先由当地供电局做出"后勤"保障。"天河"这种"高速却不划算"的超级计算机其实并不符合如今超级计算机的发展趋势,"现代超级计算机不再仅仅只专注于性能,为了保持商业活力,它们必须注重能效",IBM深度计算(Deep Computing)副总裁大卫·塔瑞克(David Turek)曾这样说道。

---

① 新华网.世界超级计算机及排名[EB/OL].(2009-10-29)[2016-05-10].http://news.QQ.com.

② 新华网.中国超级计算机发展大事记[EB/OL].(2009-10-29)[2016-05-10].http://news.QQ.com.

在划算地使用超级计算机方面，Google和亚马逊就是范本：Google迷们津津乐道的一件事，就是Google在发展初期曾经大量收购旧电脑，把它们连接在一起提供搜索服务，而不是像别的网站那样采购昂贵的大型服务器。这种战略在Google的高效集群管理手段的控制下很有效，一直到现在，Google依然采用大量便宜的小型个人电脑级别的服务器来提供服务。而另一家科技巨头亚马逊则采用建立虚拟超级计算机的方法，不但解决了用户的大型计算问题，还可以节省巨额投资，缩短漫长的等待时间。他们通过高效整合亚马逊在全球某一时刻闲置的服务器，便可以建造出一个可以弹性使用、费用很低的超级计算机，而这台计算机也可以位列Top 500强榜单。超级计算机领域的顶尖学者、美国田纳西大学教授杰克·唐加拉(Jack Dongarra)也认为，“很多企业和机构无须建造自己的超级计算机，亚马逊和谷歌的服务都是不错的选择。”①

4. 实用主义缺位是中国学术领域通病

1) 把“超级计算机世界第一”当做“强国必备”荣耀的想法已经过时

2010年12月，美国空军做了一件以中国传统观念来看很丢人的事情：当时，美国空军研究实验室研制出一台号称美国国防部速度最快的超级计算机——秃鹰群(图10-4)。这台超级计算机的运算性能可达每秒500万亿次浮点运算，它也是当时世界上第33快的超级计算机。不过这台超级计算机是由1760台索尼PS3游戏机组成的，而基于PS3游戏机的超级计算机不但成本极低，另一个优点就是它的能效，它所消耗的能量仅仅相当于类似超级计算机的10%。

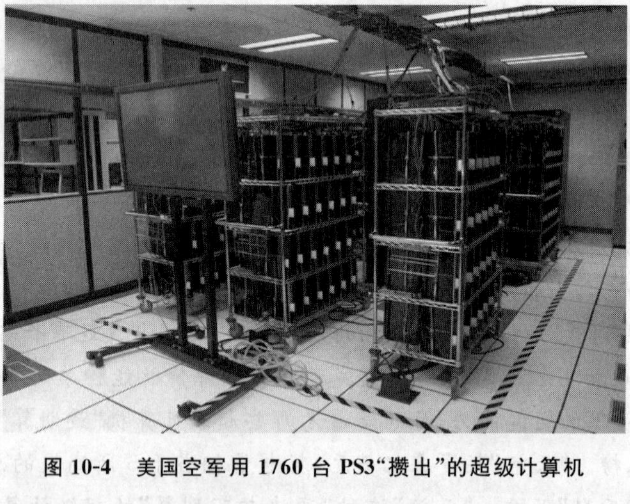

图10-4 美国空军用1760台PS3“攒出”的超级计算机

美国空军如此寒酸地制造一台超级计算机的逻辑正是基于“实用主义”。今天，超级计算机早就不是代表大国崛起、提振民族自豪感的东西了。而是实实在在的工具。而对于工具，实用、高效和划算才是最重要的特质。

其实，在日本的“京”号超级计算机之前夺得世界第一时，日本国内也有很多人反思，

① 新华网.中国超级计算机发展大事记[EB/OL].(2009-10-29)[2016-05-10].http://news.QQ.com.

当时日本政府专门管理除去多余支出的大臣便质疑过负责超级计算机的科学家们："当第二名怎么了？"①

2）何止超级计算机领域，中国的学术和科研圈子都缺乏美军这种实用主义

其实，整个中国学术圈都是这样，专利多、专家多、仪器多，但有意义的成果不多。国际经合组织（Organization for Economic Co-operation and Development，OECD）数据显示，2009 年，中国在研发领域的投入为 1257 亿美元，仅次于美国的 3112 亿美元。但相较于世界第二的投入，中国科学家在《自然》和《科学》周刊等顶级期刊上发表的论文仍远远落后于西方。经合组织收集的数据显示，2009 年，中国共发表 28.5 万篇论文，相当于每 1000 人发表 0.2 篇论文。但这些论文中只有 0.05%发表在顶级期刊上。

社会科学领域也是同样情况。2013 年，研究人员邀请全球 6603 个智库与 6500 各界精英进行提名投票，再经由研究人员修正，最终选出了全球智库中的优秀者。评选标准包括智库专家们的学术声誉、产出质量、研究分析是否能付诸实践、会否为决策者提供新的思维角度等。研究人员最终得出的结论是，在人数上，中国专家处于领先位置。但是中国专家们的研究贡献与其他智库相比却十分惨淡。全球评选的前 150 个智库中，中国仅有 6 个入选。

而无论在自然还是社科领域，美国都是遥遥领先。中国这些追求数量和规模第一的研究，其实真正缺乏的，正是"实用主义"。①

结语

超级计算机勇夺速度第一固然可喜可贺，但其实当第二、第三也没什么不好。关键是，这些超级计算机能不能像谷歌、亚马逊和皮克斯动画这些公司所使用的超级计算机那样，实实在在地为世人的生活带来改变。

资料来源：腾讯评论-今日话题.中国超级计算机：速度第一难掩实用缺位[EB/OL].(2013-06-30)[2016-05-10].http://view.news.qq.com/zt2013/tianhe2/index.htm.

① 新华网.世界超级计算机的发展现状[EB/OL].(2009-10-29)[2016-05-10].http://news.QQ.com.

第11章 chapter 11

毕业论文与答辩

毕业论文是学术论文的一种，是高等学校教学和考试制度的一部分，是应届毕业生毕业前必须完成的、总结性的独立作业。毕业论文要按学术论文的要求撰写，以学术论文的形式提交。然而，由于毕业论文具有独特的写作前提，使它又具有某些特殊的性质。

课前阅读：熟悉本校毕业设计（论文）相关文件

如今，几乎所有大学都结合自己学校的教学特点，对学生毕业设计（毕业论文）环节做了步骤、内容、格式等的严格规定。

请搜索了解你所在院校关于毕业设计（论文）的相关规定，并下载收藏相应的电子版文档格式模板。

请仔细阅读并记录：

(1) 任务书模板　□ 有　版本日期：________________ □ 无

(2) 开题报告模板　□ 有　版本日期：________________ □ 无

(3) 论文模板　□ 有　版本日期：________________ □ 无

(4) 辅助材料模板　□ 有　版本日期：________________ □ 无

其中包括：____

____

____

习作点评

这里是针对第10章“文献综述”布置的课后习作而在课堂上开展师生互动讨论的教学环节设计。

请记录：你希望在课堂上讨论和澄清的问题是：

(1) ____

____

(2) ____

(3) ____________________

(4) ____________________

(5) ____________________

11.1 概　　述

毕业论文的特殊性表现在以下 4 个方面。

(1) 就写作目的而言，毕业论文不同于一般学术论文。毕业论文不仅是为了发表科研成果、促进学术交流，也是高等教育必不可少的一个环节，是对毕业学生在大学期间全部学习成果的检验，是评定大学生毕业成绩的依据之一。

(2) 学术论文一般由作者独立完成，或者由数个合作者共同完成；而毕业论文的写作，一方面代表了学生独立运用所学知识开展科研活动的能力，另一方面在研究方法和写作方法上仍然需要得到指导教师的帮助。也就是说，撰写毕业论文是在教师的指导下，由学生自己选题，自己动手查找资料，独立完成的一项工作。

(3) 由于毕业论文是对学生所学专业、研究方法、协作能力和独立工作能力的综合检验，因此毕业论文的选题必须在学生所学专业的范围内确定。一般学术论文则不受这个限制。

(4) 毕业论文必须在学校规定的时间内完成。一般在毕业前提交，通过答辩并给出成绩，作为大学毕业和授予学位的依据。

通常，大学本科的毕业论文与学士学位论文相关，此外还有硕士学位论文和博士学位论文。后两种必须在分别完成硕士研究生课程和博士研究生课程之后才能提交。

毕业论文的成绩反映了学生综合素质和全面处理问题的能力，通常有以下几个方面：

(1) 能反映学生的专业基础知识掌握得是否牢固。

(2) 能反映学生查找资料、筛选资料和运用资料的能力。

(3) 能反映学生的思想方法和理论水平。

(4) 能反映学生的学习能力，动手能力，写作基础和分析、演绎、归纳、证明事物的能力，即从事科学研究的综合能力。

换言之，写好一篇论文需要坚实的专业知识和专业基础知识，需要较强的研究能力和语言表述能力。学生写作毕业论文，不像平时学习课程和通过考试那样处于被动地接受考核和技能训练的状态，而是主动地运用自己学到的知识开展科学研究，形成独立的科研成果。

毕业论文的写作也是大学生毕生从事科学研究或选择职业的起点训练。对继续升学进入研究生学习阶段的学生，毕业论文的选题也许会对他们将来的研究方向产生影响,而研究方法和写作经验的影响是肯定会存在的。

11.1.1 写作毕业论文需要倡导良好学风

作为高等教育教学的一个环节,写作毕业论文也是对大学生学术精神、人文精神的培养。毕业论文应该倡导良好的学风,要求学生以严肃、认真、诚实的态度对待。目前,毕业论文写作中存在一些不良风气,譬如一些学生存在抄袭、剽窃等行为,或者即使知道但并不视此为严重问题。一些学生可以很快地拼凑出一篇所谓的"论文",却写不出一篇像样的读书报告。因为读书报告离开了认真的阅读和独立思考是无法应付的。

11.1.2 正常引用与抄袭、剽窃的法律界定

实际上,"抄袭"和"剽窃"在道德上是一种不正当的行为,在学术研究工作中是一种不良学风,而在法律上则是一种违法侵权行为。《中华人民共和国著作权法》明确把剽窃、抄袭他人作品界定为一种侵权行为,要求予以制止,侵权者"应当根据情况,承担停止侵害、消除影响、公开赔礼道歉、赔偿损失等民事责任",或者受到行政处罚。

然而,开展学术研究、写作学术论文,引用参考资料又是必不可少的。怎样区分正当引用参考资料和抄袭、剽窃之间的差别呢?针对现状,可以从以下几个方面加以把握:

(1) 从引用资料的目的看,是为了评论、说明某个问题或阐释自己的观点,引用或摘录他人的作品,而不是完全照搬他人的作品为己所用,这种情况不属于侵权行为。

(2) 从引用文献的数量上看,适当引用他人作品,一般引用总字数不超过被引用作品的 1/10,或者引用文献不超过本人作品的 1/10。

(3) 引用他人作品,需尊重原作者的著作权,加注说明被引用文献的著者名称、题名(篇名、书名等)、出版事项和出处等。

由于毕业论文要求内容创新,即使引用版权过期的文献,依然应按以上 3 条执行。

11.2 毕业论文的类型

同其他学术论文一样,毕业论文因学科内容、研究方法和写作方式等因素而存在较多差异,具有多样性,其对论文类型划分的影响是多元的。高等学校学生所学专业不同,毕业论文所选题目不同,开展课题的研究方法不同,都会对选择何种毕业论文类型产生影响。因此,学生写毕业论文之前,应充分了解毕业论文的类型,选择适合自己论文的类型。

一般学术论文的分类比毕业论文更复杂,采用不同的标准,有不同的划分结果。例如:根据论文的用途和发表形式,可以区分为学术会议交流论文、学术期刊论文、毕业论文、学位论文等;根据论文的内容,可以区分为基础理论研究论文、应用理论研究论文、应用技术研究论文、课题论文等;根据文体,可以区分为研究论文和报告型论文等。毕业论文属于一般学术论文的类型之一,为学术论文所包容,区分的方法比较简单。

毕业论文根据文体确定文章类型,通常分为研究论文和报告型论文两种类型。这两

种类型之下，又根据文章论述的对象、内容和论证方式作进一步划分。在理工学科范畴，例如建筑、计算机软件、工程、机电等专业，需要从不同角度对学生的综合能力进行检测，因此这些学科的性质决定了只能提供毕业设计和毕业设计说明书来实现这种检测，这些毕业设计及毕业设计说明书就相当于毕业论文的功用。这应该是毕业论文划分类型不同于一般学术论文之处，是大学生毕业考核要求的特殊性所决定的。学生在做毕业论文时，根据自己的专业性质和课题需求选择适当的论文形式和论述方式，才能使毕业论文的内容和形式达成完美结合。

11.2.1 研究论文

研究论文是以论文文体进行专门课题研究时所采用的论文类型，覆盖面较广，文理科学生都可能用到，是撰写毕业论文的主要类型。对大学毕业生写研究论文的要求是，能理论联系实际，运用所学知识对本专业有关理论课题、实用技术课题或其他专题进行探讨分析，提出新的创意或结论。写作研究论文，由于各个学科和具体论文的对象及内容千差万别，需要以不同的研究方法和论文体式加以适应，因此又派生出以论证、评论、考证、诊释、综述等多种方式写作的论文类型。

1. 论证型

论证型论文，通常以抽象的概念（例如某种论点）为研究对象，以分析、综合、判断、推理、归纳等逻辑形式，通过论述、比较、阐释，最终得出结论。它采用的表述方式以“论”为主，包括论、说、谈、议等。

论证型论文又有“立论体”和“驳论体”之分。立论体论文主要从正面阐述、论证、确定自己的观点，从而得出结论。这种体式适合用来构筑一种理论的间架和模式，或者阐明一种自成体系的观点。驳论体论文是有针对性的，它或者用自己的，或自认为正确的观点驳斥相反的观点，通过比较明辨是非，或者通过驳斥、分析相反的观点阐明自己的（或自认为正确的）观点。

论述体论文有时分别运用立论和驳论两种体式，有时在一篇论文中也会交织运用两种手法，但终究是以其中一种作为主要的体式。尽管这两种体式是有区别的，但它们具有构成论述体论文方式的共性，同属一种类型。

专注于理论问题或对理论研究有浓厚兴趣的学生，如果选题是各学科基础理论方面，比较适合选择以论证体写作毕业论文，因为论证体论文具有以下两个鲜明的特点：

(1) 说理性强，从提出问题、论证问题到得出结论，带有强烈的理论色彩。

(2) 逻辑性强，分析、归纳、判断、推理丝丝入扣，不容半点差失。

这两点都决定了这种文体更适合选题理论性较强的论文。

2. 评论型

此种体式针对一定的对象，表述方式以“评”为主，包括评述、评论、评析等。论文所评的对象，或为图书、文章、艺术作品、某种观点，或为人物、事件以及某项具体的科研成果。

评论型论文的目的,在于通过分析、类比揭示对象的本质,如特别的美感、优劣、正确与错误、方法性、科学胜等。因此,这类论文总是运用某种方法或观点,对评论对象由表及里、由此及彼地解析并阐释。

优秀的评论文总是能发人之所未见,提供给人新的视角、理解和感受。这需要敏锐的观察。而敏锐的观察来源于正确的观点与方法。这需要做毕业论文的学生平时加强基础理论和方法论的训练,以及对所评对象专业知识和相关知识的积累。

3. 考据型

考据型论文具有考证、考订、考辨的性质,通常以考定人物、事件、文献、物品、时间、地点、体制或词语的确切意义等为目的,较多地用于历史学、学科史和科学史的范畴。

写作这一类论文,要求作者掌握大量确凿的引证材料,通过缜密严谨的分析、比较、证明得出正确的结论。旁征博引、甄别推论是其表述方式的基本特征。

这一类论文的作者,通常知识结构比较专一,阅读范围比较集中,对研究对象及其背景知识有比较广博深入的了解,阅读时敢于存疑,并善于针对存疑的问题搜集、记录和积累资料。以这种形式写作毕业论文,需要尽早确定题目,留出时间查找资料,因为有些资料不是集中时间就能查到的,而可能是在长期的阅读活动中不经意获得的。做好考证工作,需要耐心和韧性。

11.2.2 报告型论文

科研报告也是一种学术研究的应用文体,就严格的意义来讲,它不属于学术论文范畴。然而,考虑到各个学科写作毕业论文的特殊性,以及这类文体中的一部分,如实验报告、调查报告、考察报告等,学术含量几乎等同于学术论文,事实上也有人把这一些科研报告称做报告型论文。所以完成毕业论文时,这一文体被作为论文文体同等对待。

报告型论文主要指实验报告、调查报告、考察报告一类科研报告,而不包括所有的科研报告,这些报告统称为研究报告。之所以认为它们具有学术论文相同的属性,是因为就写作目的而言,它们都是为了开展学科、专题、课题的研究,力求在学术上创新,得出新的结论;就写作依据而言,它们都需要搜集、筛选和利用较多的参考文献资料;就研究方法而言,它们都涉及专业理论、专业知识,分析、综合、推理、判断等逻辑方法和定量、定性等研究方法;就写作程序、写作方式和难度上讲,它们也和做研究论文大致相同。

报告型论文和学术论文之间当然也存在差异。这就是在科学研究工作中,学术论文侧重于理论的研究,而报告型论文侧重于实用性课题和事实的研究;学术论文侧重于理论的研究和抽象概念的探讨,而报告型论文侧重于科研过程的记录;学术论文侧重于严密的逻辑推理,采用充分的论据和论证,由说理得出结论,而报告型论文侧重于从记录科研过程演进的结果得出结论。然而,这些并不妨碍将它们视同于论文体式。

尤其是考虑到毕业论文的特殊性:不同的学科、专业、课题性质,不同的选题要求和不同的写作目的等因素,都要求有更多的论文类型和论文体式供学生选择。报告型论文必然地成为毕业论文中很重要的一种类型。

1. 实验报告

实验报告是对一项科学实验课题的目的、过程、结果等情况进行记录、整理和总结的书面文字。这是科学研究必不可少的一环,也是科学研究基本功的表现。

实验报告是自然科学、技术科学应用较多的一种文体,也是科技人员普遍采用的写作方式。随着科学的发展,学科交叉现象日益显著,各种研究方法可以为不同学科相互借用,社会科学部分领域也常应用实验报告。

以实验报告作为毕业论文提交,要求所做实验必须是学生在校期间进行的,报告所反映的实验活动必须是提交报告的学生亲自参与其中的。

2. 调查报告

调查研究是科学研究的一种手段,它有特定的对象、目的和方法。调查报告是调查课题、研究方式和研究结论的文本形式。科学研究的调查报告不同于一般公文性质的调查报告。一般公文性质的调查报告,通过对工作中出现的问题、情况、事件的深入调查,经过分析、综合,揭示其客观规律,总结出带有指导意义的经验教训。科学研究的调查报告则对有科学研究价值的课题展开资料、数据的调查、搜集、分析、整理,得出具有创新意义的结论,并对这一过程进行客观的记录和描述。相对于实验报告,调查报告更适合于社会科学的性质,被更多地应用于社会科学,如经济学、社会学、文化教育和考古学等领域。

科学研究调查报告的对象,可以是事实和实物,也可以是课题。从调查对象划分,调查报告可分为事实的调查报告、实物的调查报告和课题的调查报告。

11.2.3 其他类型

有一些文体,如综述和毕业设计说明书,也是重要的学术文体,但不属于论文体例。由于高等院校学科繁多,某些学科专业做毕业作业时,这些文体也常常被用到,因此它们具有与毕业论文同等的作用。

1. 综述

综述是一种学术文体,包括学术会议综述、专题研讨综述和研究综述等。前两种综述是以学术会议交流和会议专题讨论记录为依据的,后一种综述是以发表文献为依据的。毕业论文一般要求采取以发表文献为依据的研究综述。

从严格意义上讲,综述不同于通常的学术论文。它要求具有资料性、综合性和客观性:即以广泛搜求资料的方式综合、全面地阐述研究对象(无论它是抽象概念,还是具体学科专业、体制、论题或实体)的概况、历史、观点、方法、动态、进度、现状、水平、成果、结论、驳论、趋势、走向,以客观反映的态度和方式对材料加以整理,写作成文,在观点的取舍上不受个人倾向的影响。从文献学的角度看,综述和论文不属于同一种类型的文体。在文献学分类上,所有文献被划分为以原创性、检索性和综合参考性为特征的三次文献。各类学术论文、文章、专著属于一次文献,书目工具属于二次文献,而综述和年鉴、手册、百科全书等属于三次文献。

尽管如此,综述仍然是一种难度较高的学术性文体。如果没有全面、系统地把握学科知识的造诣,没有对文献资料的广泛搜集和整理,没有深入分析综合的研究能力,以及没有较好的文字能力,是不可能写出较高质量的综述的。

2. 毕业设计

毕业设计是毕业作业的形式之一。其目的是培养学生综合运用所学的基础理论、专业知识和基本技能,提高分析与解决实际问题的能力,使学生得到工程师所必需的基本训练和初步能力。而且,毕业设计不单纯是学生所学各科知识的基本应用,也是知识和能力的进一步深化理解和提高,是对学生具有正确的思想方法和较强的思维能力以及工程应用能力的训练。

作为培养学生创新精神和实践能力的一次较为系统的训练,毕业设计通常注重几个方面能力的培养:

(1) 检索、查阅、搜集中外文献资料的能力。

(2) 选择、分析、制订设计方案的能力。

(3) 设计、计算和绘图的能力。

(4) 实验研究和数据处理的能力。

(5) 综合分析、总结提高、撰写设计说明书的能力。

毕业设计一般可分为综合类型设计、工程设计和软件设计。各专业特点不同,在选题时有所侧重。理科学生的毕业设计要求有一定的学术水平,要结合当前的科技、经济发展,走向学科前沿。工科学生做毕业设计,通常选择那些能满足教学要求并有实际意义的课题。工科专业毕业设计,结合工程实际的课题需进行方案论证。论证时应进行技术和经济指标分析,内容包括三部分:技术可行性分析、经济合理性分析以及综合评价与比较、择优。软件类毕业设计的编制目的是说明一个软件系统各个层次中的每一道程序(每个模块或子程序)的设计考虑。除设计说明书外,内容还应包括有效的源程序清单、软件使用说明书、软件测试分析报告和项目开发总结等。

毕业设计一般在校内进行,也可结合产学研项目、学生毕业分配等在校外进行。参加毕业设计的学生原则上应做到一人一题,如确有个别题目较大、一个学生难以完成的,可允许有两人或多人做同一个题目,但在内容上要有明确的分工,所做的大部分工作不能相同。

通常,做毕业设计要求先做开题报告。此报告在教师指导下,由学生作为毕业设计前期工作完成。这样做可避免选题不当或其他失误。开题报告在指导教师签署意见及所在专业审查后生效。报告中的“文献综述”应包括充足的参考文献,一般不少于15篇。毕业设计说明书和毕业论文一样,由设计题目、前言、摘要和正文、结论、参考文献等组成。撰写要有一定字数的文献综述和一定数量的中外文参考文献,并附英文摘要。

11.3 毕业论文的选题

写毕业论文，首先要确定选题，这是写好论文的第一步。它决定毕业论文写什么和怎么写。确定选题就是确定研究课题（亦即论文题目），它不等同于给论文命题。选题是对论文主题的规定，而给论文命题则不仅与论文主题有关，而且与论文的体式、语言等形式特征和题材有关。通常，论述相同或相近主题的若干论文，命题却各有特点。

写毕业论文，一般的步骤是选题在作文之先，命题在作文之后。这是因为选择课题是以自己熟悉的专业知识和思辨方式选择研究方向，写作论文工作开始以后，围绕研究课题展开的搜集资料、阅读资料和研究，也许会改变作者的初衷，或者对作者修改原课题内容产生诸多影响，这在做论文的过程中是时常发生的；命题则需要根据论文主题和做论文的方法，对材料去粗取精，进行整理加工，在论文内容已经定型的基础上确定。选题是一个研究项目，是一个主题，而命题是选题的具体化。选题可以随时被修正，而命题一经确定则不再更改，并应能充分反映论文的特征，对论文起画龙点睛的作用。

选题虽然具有某种不确定因素，但它的重要性不容忽视。作者的研究方向、参考资料搜集范围及论文写作的内容和形式，都由它决定。可见，选题是写好论文的关键。好的选题可产生新的视角、新的科研成果。因此，选题正确即意味着论文已经成功一半，选题不当则往往是造成论文质量低劣的关键因素。

选题的重要性还表现在，它能反映作者的学术水平、理论联系实际的能力和认识深度。作者对学科知识和专业走向的把握，对个人知识结构和研究能力的把握，以及对个人和学科专业主客观关系的把握都会在选题中体现出来。选题正确，作者才能充分发挥自己的才智，扬长避短，在搜集资料、构思、做论文时少走弯路，收到事半功倍的效果。

11.3.1 选题的原则

开始写作毕业论文时，首先要正确地选择研究课题和论文题目。此时需要确定一些依据和标准，亦即选题的原则，以避免初次写论文所面临的盲目、随意和不确定性。这些原则就是：要选择有研究价值的课题；要选择无论在专业范围还是在资料搜集范围内自己都有能力完成的课题；选题宜小不宜大。

1. 选择有研究价值的课题

这就是说，毕业论文的选题不应该是常识性的课题，而是有研究价值的，从学科专业角度出发应该写、有必要写、必须写而且非写不可的课题。

现存的学科体系或专业知识，属于教学活动中教师向学生传授、学生从教师处获取的内容，是成熟的、已知的学科体系和知识，不需要通过论文来论证；相反，论文选题应该是以系统的学科知识和专业常识为基础，运用科学研究的方法对未知领域进行探索的挑战。相对于现存的学科体系和专业知识，它具有新颖性、独创性、开拓性、纠谬性和补充性，对学科理论和专业实践具有指导意义。也就是说，毕业论文的选题应具有学术研究价值。研究价值是确定选题的一条原则,而对课题的各种特性要求是对毕业论文的学术研究价值原则的具体体现。

简言之,选题的新颖性、独创性和开拓性,就是指论文要有创新。写作论文是一种科学研究活动。科学的进步本身就是靠科研活动中新的思想、新的方法、新的理论、新的观点、新的论据、新的发明创造推动的。创新是学术论文的灵魂,也是写作论文、衡量论文研究价值的基本标准。

纠谬性选题和补充性选题是对选题创新的补充。创新不仅是以一种形式出现的,纠正通说,补充前说,都包含了创新的成分,都是有价值的选题。纠正通说,是对普遍认同但实际上不正确的观点或知识进行纠谬,使人们得到正确的认识。补充前说,则是对已有的研究成果和学说的补充和完善,使其更丰富、完整和全面。一种新的知识、观点、理论或学说,往往需要不断的补充和完善,才能最终确立和完整。

做研究和写论文,理论联系实际非常重要,尤其对应用学科或技术性较强的专业,选题应尽量从前沿课题和紧密联系社会需求、生产需求的方面产生。不过,不同学科专业有不同的研究对象和研究内容,理论联系实际并不意味着所有的选题必须从狭义的现实需求中产生。

2. 选择自己有能力完成的课题

写作毕业论文需要具备主客观两个方面的条件。提出选题要分析这些条件,根据现有条件来确定论文的难易程度、范畴大小、内容多少。这就是说,在确定选题之前,要充分考虑自己是否有能力在规定的时间内完成选题的内容,把论文写好。

完成毕业论文的主观条件是指学生的知识结构、对专业知识的掌握、研究能力、写作能力、兴趣爱好、精力和从事研究工作的毅力。选题既要考虑学科发展需求及其研究价值,又要考虑个人对知识掌握的深度和广度,达到专业需求与自己知识点的最佳结合。

写作毕业论文时,决定主观条件的大部分因素,譬如对专业知识掌握的深度和广度、知识结构的层面和范围等,在进入写作论文阶段时是已经确定了的。写毕业论文时,一定要考虑这些不可变更的因素,因势利导,因地制宜,在自己熟悉的领域,根据自己的可能性提出选题。在这些因素中,重点应关注自己的专业兴趣。兴趣能够增添写作论文的积极性,激发从事科学研究的精力、毅力和研究能力,提高工作效率和质量。

完成毕业论文的客观条件是指实际能够提供的调研环境、实验环境、参考资料的提供和对完成论文时限的规定。如果一个选题需要通过实地调查研究或室内实验来完成,而做毕业论文期间并不具备这些条件,就应该考虑其他不需要这类条件的选题。如果某一选题的参考资料不具备,并且无法通过努力获得需要的参考资料,这个选题也得放弃。

毕业论文同其他学术论文相比较,在完成时间上有很大的不同,它必须在规定的时限内完成。进入大学以后,时常会有一些课程安排做一些专题论文的训练,毕业论文一般安排在大学修业的最后一学年完成。毕业论文从开始选题、搜集资料,到完成论文、通过答辩,一般不超过16周。学生在确定毕业论文的选题时,一定要估算毕业论文选题的难易程度和写作毕业论文的步骤和篇幅,确保以自己的学力和现有条件,在规定的时间内按计划、高质量地完成论文。

11.3.2 选题的途径与方法

选题就是提出问题。提出问题往往比解决问题更重要,因为解决问题只要掌握了知识、技能和程序就行了,而提出问题需要想象力和创新的精神。正因为如此,仅仅掌握一些选题的原则是不够的,还需要具体的途径和方法。具体可以采用以下途径和方法,选择合适的题目。

1. 在导师的指导下确定选题

毕业论文在导师的指导下进行,不仅是应该的,而且是必需的。毕业论文既有学术论文的性质,又有毕业作业的性质,理所当然地应该接受导师的指导。导师一般具有较高学历,担负教学、科研双重任务,视野开阔,知识面广,专业知识基础深厚,从事科学研究和做论文的经验丰富,熟悉前沿科研项目和课题。经过他们指导论文,可少走弯路,成功的概率较高。

指导老师应该让学生自己确定选题和写作论文。导师的职责是引导或指导学生如何做,而不是代替他们做,目的是教会他们科学研究和做论文的方法。同时,导师要了解每个学生的具体情况,对学生的指导要有针对性,提供的意见应能适合学生的个性化需求。这就要求一个导师每次指导学生的数量不宜太大。导师对每个学生的知识结构、研究能力、写作能力等都应有所了解。对于毕业论文选题,学生应听取导师的意见,同导师沟通自己的想法,反复切磋,最后敲定。

2. 从搜集、阅读资料中获得选题

确定选题要多查阅书刊文献资料,包括在网上查阅资料,这正是充分利用前人研究成果的一种方式。查阅书刊文献资料,是为了全面了解某一学科专业或某一研究方向、研究课题的历史与现状,了解学科专业或某一研究方向、研究课题是怎样发展的,曾经开展过哪些方面的研究,取得了哪些成果,以及现阶段达到了怎样的程度,面临哪些问题,有哪些难点需要攻克。全面地认识某一问题,可以带来更多的选择,同时也较容易触发研究选题的灵感。

准备写作毕业论文时,常常会遇到这种情况:模糊地感觉到某种有研究价值的东西,但尚不明确,这时搜集资料、整理资料、阅读资料,问题就会迎刃而解。搜集和阅读资料,能够帮助你捕捉、获取有研究价值的选题。确定选题时,广泛地搜集、阅读文献资料,无疑是非常有益的。

3. 从社会实践和科学实践中寻找选题

从社会实践和科学实践中获得选题,对大学生来讲并不容易,但是并不是没有机会。尤其是一些社会实践或实验性较强的学科专业,学校应该提供机会,学生也应争取参与社会调查或参加实践,从理论联系实际中获取知识,从实践中发现选题。在校学习期间,大学生应寻求参与社会调查研究的机会,了解社会,学以致用,并从中考虑毕业论文的选题。

自然科学具有理工科专业的性质，决定了这些学科的选题不是通过社会调查，而是通过科学实验、临床工作和在科研基地、生产单位的实习等方式获得的。把参加实验、实习获得的经验、数据、问题加以整理，从中可以提炼出有价值的选题。

11.4 参考资料的搜集与筛选

开始撰写毕业论文，必须从大量的已有文献资料中获取有用的信息，作为研究工作的基础。写作论文是对科学技术信息的再处理，参考资料是科研和写作的物质基础，是否充分地占有文献资料，将决定选题的质量、科学研究的质量和论文写作的质量。科研和写作对参考资料具有很深的依赖关系。

学术研究需要掌握事实、资料和实证材料，科研活动中的事实、资料和实证材料就像建筑工程中的砖瓦、水泥和钢筋。占有资料就是掌握从前的和最新的事实、资料和材料，用来构筑研究的实体。任何思想观念或理论观点的确立都需要论据的支持。论文需要事实、数据和实证材料作为论述、论证和辩论的基础。

如果说数据、事实和材料是科学研究的构架和基础，理论、观点和方法则是研究活动的灵魂。理论、观点、方法不是人头脑中固有的，而是学习的结果。占有数据的目的，不仅是为了获得论据，也是为了获取体现某种理论、观点和方法的论点。只有正确的论点，才能把大量的事实、资料和实证材料联系起来，没有理论方法和观点的论文只能是数据的堆砌，不能说明任何问题。广泛而有效地占有数据，才能从不同的理论方法和观点的比较中取其精华，去其糟粕，继承正确的方法，推出创新的论点。

占有资料的前提是搜集资料。为了有效地搜集资料，搜集资料之前应该了解资料的一般现状、类型和搜集的途径。

1. 资料类型

现代文献资料的范围不再只限于传统意义上的图书。资料的类型不再是单一的，而变得比较复杂。它的特点是增长速度快，出版数量大，时效性强，内容交叉重复。

现代文献资料的分类具有多重划分标准。通常用到的划分标准和类型如下：

(1) 就载体和记录形式而言，不仅包括印刷品，还包括其他如缩微胶片(卷)、音像磁带、计算机光盘、影印文件、复印资料、手抄本、幻灯片、地图、网络数据等。

(2) 就编制目的和出版形式而言，有科学专著、通俗读物、期刊、教材、工具书、科技报告、政府出版物、会议文献、专利文献、技术标准、学位论文、产品样本等。

(3) 就文献内容而言，有各种形式、各个学科的书刊文献。

(4) 依照文献资料加工层次区分，有一次文献、二次文献和三次文献。

2. 搜集资料的渠道

撰写毕业论文，应该尽量利用两个渠道的资料来源：一是图书馆资料(包括传统手工检索和计算机检索两部分)，二是互联网上的数据。这两个渠道是学术研究的主要资料来源，能够充分保证研究资料的供给。图书馆担负着搜集、整理和提供使用文献数据的基本职能。每一册图书、期刊或其他文献都是有功用的东西，但是只有通过精选把它们集中起来，才能充分发挥其作用。图书馆就是把文献资料集中起来发挥作用的地方。然而，要在浩如烟海的文献数据中获得自己需要的特定知识，这就要学习一些有关目录学和工具书的知识。这些知识不仅对写作毕业论文有帮助，而且有益于终身学习和研究工作。我们可以充分利用传统的印刷型检索工具和现代的计算机检索文献信息。

因特网是20世纪后期发展起来的事物，它集中体现了图书馆资源共享的功用，使查用者不仅可有效地利用一个甚至多个图书馆和其他各类信息提供者提供的数据。

3. 图书馆文献检索

图书馆的历史像人类文明史一样悠久，图书馆保存世代相传的知识，使人类文化得以交流、延续。它是人类知识的宝藏，是提供给人们学习和研究的地方。

走进图书馆，首先要了解这所图书馆图书分类的方法和图书馆目录设置的情况，这样才能尽快地从图书馆中找到自己需要的书刊数据。即使是实现了自动化管理的图书馆，传统的分类和馆藏目录的设置仍然对查找数据起着主要作用。

4. 计算机检索

计算机检索是传统手工文献信息检索的继续，它帮助人们从更多的文献资料中更迅速、准确、方便地获取有用的信息，极大地提高了查检效率。

因特网是网络检索的基础，其目的是通过强大的搜索引擎和传统检索方法的结合，从信息资源极其丰富的互联网上查找电子图书、电子期刊、电子报纸、联机数据库和图书馆馆藏目录，搜寻到有用的资料。对写论文查资料来讲，互联网上的文献信息资源丰富无比。“上网”正在对查资料、搞科研、写论文的方式产生深刻的影响。

5. 光盘检索

20世纪80年代末，光盘技术在计算机检索中的应用使数量巨大的数据库可以在存储密度高、容量大、存储信息类型多样、存取方便、检索速度快捷的光盘上。光盘数据可以进行单机检索，供反复查用，也可以采取联机方式或网上共享文献资源，同时极大地减少了通信费用和联机系统使用费用的开支。

国内现有适合大学生写作毕业论文查用的重要的数据库光盘有如下几种：

(1)《中国学术论文数据库(CACP)》，由中国科技信息研究所编辑，收录1985年以来国家级学会、协会、研究会召开的全国性学术会议论文，每年更新一次，年新增论文2.5万篇以上。

(2)《中国学位论文数据库光盘(CDDE)》。中国科技信息研究所是中国学位论文的法定收藏单位，它收集了自1980年以来国内自然科学领域博士、博士后和重点高校硕士研究生论文。每年更新一次，年新增论文3万篇。

(3)《中国科技成果数据库(CSTAD)》，初期名为《中国适用技术成果数据库》，始建于1986年。每年扩充一次，年新增2万～3万条新成果。内容涉及应用科学、技术科学各个学科的技术、产品、工艺、材料、设计等成果。

(4)《中国学术期刊(光盘版)》,由清华大学于1995年创办。它将所收期刊文献分为理工(A、B、C辑)、农业、医药卫生、电子技术与信息利学、文史哲(双月刊)、经济政治与法律、教育与社会科学综合等9个专辑。

(5)《中国人民大学书报资料中心复印报刊资料全文数据光盘》,收录自1995年迄今该中心全文复印资料。

通常,计算机脱机检索、联机检索和光盘检索与传统的检索方法一样,按照作者、题名、主题、分类、出版(发表)日期等途径查找,打印或下载查找的结果即可。网上检索则可以通过以下两种方式进行:

(1)以已知的网址查找图书馆目录和数据库目录。

(2)利用网上的搜索引擎直接搜索有用的网页或资料目录,然后进一步查找需要的文献信息。

6. 文献信息的整理

搜集到的文献信息需要加以整理,作为写作论文的参考和依据。首先进行分类筛选,对搜集到的文献进行分类,按内容异同把有用的资料加以集中或分开,与此同时,剔除无用的或参考作用不大的资料。

其次,阅读和研究资料,鉴别资料和数据的新颖性和适用性。用有序排列、摘录、做卡片和在电脑中设立专门文件夹的方式建立参考文献档案。

最后,根据所搜集的文献信息,再次考虑最初确定的选题和写作计划及论文纲要,从参考文献中得到启发和依据,以此订正选题,补充写作计划,细化论文提纲,开始论文写作。

11.5 毕业论文的结构与格式

毕业论文包括论文结构和论文格式两方面的内容。

11.5.1 论文结构

就教育思想和高等学校的教学方针而言,写作毕业论文是一种训练,也可把其看做是学术论文的习作,因此毕业论文的结构基本上应参照一般学术论文的结构执行。结构赋予论文以完整性。

一般学术论文的结构,由论文的前置部分和主体部分构成,这两部分包括了论文的所有项目。前置部分包括论文题目、作者、文摘或提要、关键词等项目;后置部分包括引言、正文(研究方法及论证过程)、结果或结论、致谢和注释、参考文献等项目。

11.5.2 论文格式

论文的撰写格式,是论文结构的具体体现;论文格式的规范,是为了适应信息系统搜集、存储、处理加工、检索、利用、交流和传播功能的需求。毕业论文撰写格式的要求应该与学术论文相同。

根据国际学术期刊的常规要求，以及中国国家标准 GB 7713—87《科学技术报告、学术论文和学位论文编写格式》的规定，论文的一般格式如图 11-1 所示。

前置部分：
- 标题
- 作者
- 文摘（或提要）
- 关键词

主体部分：
- 引言
- 正文
- 结论
- 致谢
- 注释
- 参考文献

图 11-1　论文的一般格式

以上论文主体部分的“引言”、“正文”、“结论”等需要连续编号，编号方式如下：

1.　　引言
2.　　二级标题
2.1　 三级标题
2.2　 三级标题
3.　　二级标题
……
5.　　结论

关于论文正文部分编写的问题，在有关论文写作格式的标准中规定了按阿拉伯数字和小数制的方式编排，这对理科和应用学科写作非常适合。具体写论文时，也可按自己的习惯和需要选择其他的编号方式，例如按汉字的数目字编号安排章节目等。总之，学生可以根据需要选择最适合表达自己所写论文内容的形式。

11.5.3 论文主体部分

论文主体部分，就形式而言，主要指论文文本本身。它包括论文的引言（或导论）、正文（论述与论证）、结论、注释以及写作论文所引用的和作为依据的参考文献等内容。写作论文所支付的主要劳动和工作量，有关学术研究的选题、水平、方法、过程、成果和价值，都在这一部分得到体现。

1. 引言的格式与要求

引言又称前言、导言、序言、导论、绪论。在一篇完整的研究论文中，开门见山的引言具有三重意义：扼要说明本文及其研究课题的目的和范围；说明所做课题在国内外开展研究的情况以及所涉及的领域和目前的知识空白；说明研究条件、方法和理论依据以及预期的研究成果及其意义。

引言具有概述一篇论文的性质，但它不同于摘要。摘要只是阐述论文的梗概，而引言则要阐明背景知识，形成论文梗概的原因；摘要缩写全文的内容，而引言只需涉及论文和研究工作的重点，不必赘述专业常识。

引言在正文之前，具有导读全文的性质，文字要简练，叙述应提纲挈领（即简明扼要地把问题提示出来),脉络清晰,言简意赅,一语中的。引言篇幅的大小同研究工作的复杂程度和论文的篇幅有关,一般来讲,从不足一百字到几百字不等,最多可达上千字。

在论文中,引言一般单列为一节,与正文连续编号、序列。如果论文篇幅短小,也可不必单列"引言"一节,只要在正文之前写一段起到引言作用的文字即可。

2. 正文的格式与要求

正文是一篇论文的主要部分,也是论文篇幅的主要部分。其中包括科学研究的论题、论点、论据、论证和研究成果的表述,也包括了科学研究和写作主要的工作量,如实验、调查、参考资料的应用等。

论文正文紧接引言之后。正文的标题为二级标题,一般有多个标题,与引言连续编号。正文的结构由于受研究课题所属学科范畴的性质和由研究对象所决定的论文体式的影响,存在着很大的差异。也就是说,正文标题的多少、标题之间的逻辑关系、正文的内容和表述方式,都应视研究课题的性质和学科属性、研究对象的性质和论文体式的需要而定,没有统一要求。

3. 结论的格式与要求

论文正文之后,一般要有结论(或称结语、结束语等)部分。结论部分的标题单列,紧接正文之后,与引言、正文统一编号。

结论部分是一篇论文总结式的文字,包括对研究成果的认定和评述:即本文在理论或实用范围方面有哪些新的贡献,解决了什么问题,哪些是创新的,哪些是对已有研究成果的补充、修正与证实,它的意义是什么,以及这一领域内还有哪些问题尚待解决等。

结论要服从正文或课题研究的逻辑关系,措辞严谨、准确精练。对选题内已经论证过的问题或取得的成果要肯定,对尚需探讨的部分要实事求是,宁肯结论不完整,也不可妄下定论。

4. 致谢

论文的某一部分可能同其他人有合作关系,或者论文在导师的指导下完成,或者在研究工作或论文中的某一方面得到了特别帮助,或者论文在撰写、引用文献图片资料方面及调查、实验过程中得到过一些导师、专家、同学、合作者或单位的帮助。如果有,这些在论文结束的时候都应该致以谢辞。谢辞应简短、诚挚,有感而发,感谢的对象只能是对本篇论文有实质性帮助的人。

5. 参考文献引录及其格式

参考文献是科学研究和论文写作的基础,在做研究论文时,引录参考文献具有多重意义:可避免重复劳动和重复研究,使自己的研究工作具备坚实的基础;尊重被引用文献的作者及其知识产权;便于读者区分本文作者的研究成果和被引用文献的成果;将参考文献提供给读者,有利于文献检索和引文统计以及读者进一步的深入研究。

论文中引录前人(包括作者自己过去发表的)已发表的文献中的观点、数据和材料等，不是漫无边际的，而是有一些原则可以遵循的。这就是：只著录最必要、最新的文献，不必罗列众所周知的教科书或陈旧资料；只著录公开发表的文献，如果是公开发表文献以外的引录，如对手稿或口头指导的引录，应在谢辞中反映；引用论点必须准确无误，不能断章取义；以GB 7714—87《文后参考文献著录规则》为依据，采用规范化的著录格式。

参考文献的引录有两种方式：一种是随引随注，以注释(例如脚注、尾注)的方式加以反映；一种是按文中参阅的文献的顺序或重要性，在文后按规定格式集中著录。

11.5.4　论文前置部分

论文的前置部分，是指形式上置于论文主体部分之前的组成部分。它们虽然在形式上置于论文主体之前，实际上却形成于论文主体完成之后，因此这里把它们放在论文主体部分之后加以叙述。论文以单行本形式发表时，前置部分包括论文的封面、题名页、摘要、关键词、目次、插图和附表清单以及有关符号、缩略词、单位、名词术语的注释表等内容；但就论文的写作而言，前置部分实质性的内容只包括题名、作者、摘要和关键词。

1. 题名

论文的题名即论文的标题或篇目，通常置于篇首。它是以最简洁而合乎逻辑关系的语词对论文主题和内容的描述，是表现论文主题、反映论文内容的重要标识之一。读者往往首先通过题名关注和了解一篇论文，也通过题名查找、检索论文。

论文标题要求准确、醒目。准确是指论文题目要有针对性，与论题和论文内容完全相符合，不大也不小。论文标题也要求简洁明了。简洁是指题目一般不宜过长，要以较少的文字(最好限定在20字以内)表达对论文主题和内容的描述。明了是指能够明白清楚地表达主题，使人一看题目就明白论述的主题和内容。论文题名还要求规范。规范具有两重含义：一是格式上的规范，题名应该置于正确的位置；二是语词规范，有关的名词术语、缩略语、翻译语词等要用常用的、约定俗成的和工具书指定的，避免读者对题目不理解或造成歧义。

2. 作者

作者项列于题名之下、文摘(或提要)之上。对一般的研究论文而言，作者署名下面需要反映作者的工作单位及其地址、邮政编码、电子邮件信箱。关于作者姓名，通常写研究论文时情况比较复杂一些，因为一篇论文往往可能是多个人合作的结果，需要确定第一作者和其他作者。

毕业论文一般由学生独自完成，作者署名理应只署一人。后面的工作单位和邮政编码等换成作者所在班级和学号就行了。

3. 文摘与提要

这是论文内容的缩写或简略概述。选择其中一种体式放在文章之前，通过少则数十字，多则不超过300字的概述，就能让读者知悉文章的全貌，以及研究工作的目的、意义、对象、方法和结果。读者通过阅读文摘或提要，在很短的时间内就能准确地了解文章的基本内容,从而决定是否阅读全文。

文摘和提要的功用相同,分别具有自述性或描述性短文的性质。采用文摘还是提要,要做具体分析。一般而言,理工科或应用学科的论文适宜采用文摘的体式;人文学科和社会科学的论文适宜采用提要的体式。

在方法上,文摘是对文章客观的缩写,不加任何主观的评议和语言;提要则是以简洁的文字介绍文章内容梗概,常采用描述性的语言,带有一定的主观色彩。

4. 关键词

关键词是依据文章内容选取的一种主题词。论文课题无论属于哪一专题领域,内容都可能涉及多重主题,可以标引多个关键词。关键词的选取,有助于图书馆员在编制检索工具时更准确地标引文献,也有助于读者从不同主题的角度查看同一文章。

关键词通常是反映文章主题内容,从论文学科的自然语言词汇中选出来的、具有实质意义的、未经过规范化的主题词,是用做文献标示主题和检索的名词和术语。论文作者为自己的文章选取关键词时,应分析论文内容涉及的专题和多个相关的主题,用简洁的词语做成关键词。一般有几个主题就做几个关键词,数量一般限定在3~8个之间。

5. 装订形式

毕业论文一般采用单行本形式。单行本不仅包括了论文的内容和形式特征,而且包括了论文的装订特征等。毕业论文的装订顺序如下:

(1) 封面(含题名、作者及其班级、学号等)。

(2) 文摘或提要。

(3) 关键词。

(4) 论文文本(包括脚注或尾注)。

(5) 参考资料。

(6) 封底。

11.6 研究方法与论文语言

科学研究是论文写作的基础。撰写论文包括科学研究过程和将科学研究过程及其成果加以表述两个方面。因此,撰写论文时,科学研究方法和论文语言的应用成为保证论文质量的至关重要的因素。

11.6.1 研究方法

科学是关于自然、社会和思维的知识体系。① 科学以其特有的知识范畴,系统地、有组织地反映关于客观世界各个领域事物的本质与特征以及它们的运动规律,帮助人们认

---

① 辞海(缩印本)[M].1980年版.上海:上海辞书出版社,1980:1746.

知世界,从而达到改造世界的目的。

科学研究的目的,不是要求重复已有的理论,而是要求提供新信息、新知识、新观念、新方法,将现有的理论和知识推向前进,丰富和发展已有的知识体系。

科学的研究方法贯穿于科学研究过程的始终。在科学研究活动中,研究方法是决定科学研究深度和质量的重要因素。没有正确的研究方法,科学研究只能停留在对研究对象和陈旧内容的重复上,而不可能朝着正确的方向迈进,不可能有所创新。重视科学研究方法,在研究方法上取得突破,在研究工作中采取正确而有效的方式,对于科学理论和应用上的发展具有巨大的推动作用。

由于被认知对象即客观世界具有丰富的多样性,导致研究方法不止一个层面或一种类型,而是存在多个层面上的多种类型。

1. 基本方法

哲学是关于思维活动的科学,是对自然知识和社会知识的概括和总结。哲学思考的问题都是在一个普遍的层次上的探求,即涉及被探索问题的基本原理层次的讨论,而不是枝节的具体的知识性问题的探索。哲学的问题是带有普遍性的问题。

哲学方法包括认识论和方法论,它们是基本的思维方法,也是带有普遍意义的方法,与人的世界观有关,是认识世界和研究问题的带有终极性质的方法,是科学研究的基本方法。在历史上,经验主义、机械自然观、理性主义和实证主义哲学都曾经成为当时科学研究方法的基础,推动了科学研究的进步。历史唯物主义和唯物辩证法是马克思主义的基本哲学思想,也是我们研究方法的理论基础。

2. 通用方法

通用的研究方法,是指在科学研究活动中适用于所有不同学科的研究方法,无论自然科学、人文科学、社会科学还是各类应用学科都会用到它,这就是科学的逻辑思维方法。对任何学科或专题的研究和表述,都离不开科学的逻辑思维方法。科学的逻辑思维方法主要有以下 3 种:

(1) 分析与综合。这是认识、研究事物的两种基本方法。分析,是把研究对象分解为若干部分或方面,分别加以考察和认识,使研究者从各个局部把握事物的属性。综合,则是把对象被分解的各个部分和方面加以聚拢,合为有机的整体,从相互的联系上加以类比、概括、研究,从而达到对事物本质及其整体规律的认识。

分析与综合是两种截然相反的方法,同时又是两种相互联系和互补的方法。两种方法通常先后使用,互为补充,分析是为了更好地综合,综合是为了更深入地分析,从而不断加深对事物的认识。两种方法缺少任何一种,都会带来研究结论上的缺陷。

(2) 归纳与演绎。这是两种基本的推理方法,分别体现了唯物论的认识论"由个别到一般,又由一般到个别"(亦即"由特殊到普遍,又由普遍到特殊")的认识过程。归纳,再现的是"由个别到一般"(即"由特殊到普遍")的推理过程。它以某一类事物共有的特性为前提,推导出有关该类事物的一般性结论。演绎,则再现了"由一般到个别"(即"由普遍到特殊")的推理过程。它将一般的、普遍存在的概念或原理应用于个别的、具体的、特别的事物，从而得出从推导而来的正确结论。

归纳与演绎是辩证的统一，两者相辅相成，互为补充，不可分割。通常，总是归纳以演绎为前导，演绎以归纳为基础。通过两种方法的应用产生科学的预想，形成富于创见的理论。

(3) 具体与抽象。这是两个不同的概念，但在人的认识过程中却是不能分割的两个方面。它们相互联系，相互渗透，由具体到抽象，又由抽象到具体，依据一定条件互相转化，形成人们认识事物的两个阶段。具体，是指客观存在或在认识中反映出来的事物的整体，是具有多方面属性、特点、关系的统一。抽象，是指从具体事物中抽取出来的相对独立的各个方面、属性、关系等。认识事物或做研究工作时，首先应从客观的具体实际出发，广泛搜集材料和数据，获得感性的具体的认识，再运用思维的抽象能力，把具体的事物的属性、关系加以分解、考察，形成各种简单的概念和判断，这就是"由具体到抽象"的过程。

第一阶段的认识完成后，由于抽象仅仅是对事物的部分或方面做了单独的考察，所得到的概念和判断难免具有片面和孤立的性质。这就需要结合具体条件，将获得的各种简单的概念做系统而周密的综合考察，探寻出事物各方面之间的内部联系，达到理论上具有多样属性和关系的统一整体的具体。这就是认识的第二阶段——"由抽象到具体"的过程。这里的具体已经不同于从前低级的感性的具体，而是高级的理性的具体。

由具体到抽象，再由抽象到具体，两者的结合充分体现了思维过程中的辩证法，是人们认识和探索世界的科学方法。在科学研究中自觉地运用这种方法，对理论的建树具有普遍的意义。

3. 具体方法

相对通用的研究方法而言，科学研究的具体方法具有较强的针对性。这就是说，具体的研究方法只适用于特定学科专业或特定类型的研究和论文写作，或者有些即使是普遍的方法，如分类法、比较法、观察法等，但在研究工作和论文撰写中也只是在特别需要时被用到。它们的应用应针对不同的研究对象、内容、范围和目的。开展科学研究和撰写论文时，应该根据研究课题的性质选择适当的方法。

科学研究的具体方法较多，这里择其重点介绍以下几种：

(1) 比较法。有比较才有鉴别，比较法很早就成为人们认识事物的一种逻辑方法，后来逐渐成为常用的科学研究方法。比较法是将两个或两个以上的对象加以对比，从而加深对被研究对象的认识的方法。比较法有三种：有对研究对象相同点的比较，有对它们相异点的比较以及同异综合比较。通常，一篇学术论文采用比较法作研究，三种比较方法都可能用到。

比较法不仅在科学研究中被广泛应用，而且在社会学、历史学、文学、民族学、法学等许多学科中形成了比较学的分支，如比较文学、比较法学研究等。

比较法的应用是有条件的，即被比较的对象之间要有一定的可比性：或类型相同，或性质相近，或本身就是同一类事物，等等。此外，比较需要遵循相同的标准，要从本质和全局对对象进行比较，避免流于表面或片面的比较。

(2) 分类法。分类是认识事物的一种逻辑方法。它依据一组事物相同的属性(共性)把它们归为一类,又依据事物各自不同的属性(特殊性)把它同其他事物区分为若干类。例如:若干动物依据身体构造、功能、外观、生活习性等区分为鸟类、昆虫、鱼、爬行动物、两栖动物、哺乳动物等;而某一部分具有毛皮、具有四肢(大多数)、用肺呼吸、智力较高、用乳汁喂养幼仔的动物则可归入哺乳动物类。

分类法应用于科学研究工作,有助于使大量繁复的材料条理化,使研究工作具有针对性。同时,分类的结果也使研究者具有专业预测的依据。例如:门捷列夫用分类的方法发现了化学元素周期律;达尔文通过生物分类预测了当时尚未发现的物种,以后得到了证实。

应用分类方法,应注意一定要把握研究对象的本质属性和多种属性,分类时一次只能采用一个标准(即一种属性),以避免造成分类体系和层次的混乱。

(3) 观察法。观察,是一种广泛适用的感知活动和认识方法,它被应用于科学研究,也成为科学研究活动的一种重要方法。以天文观察为例,几千年来,人类正是通过不懈地对天空和星星的观察而获得和扩大了关于宇宙的知识,从而推动天文学的不断进步。

观察分为直接观察和间接观察。直接观察指直接以人的感官(尤其是耳目)获取来自被观察对象的数据和信息,间接观察则需要借助科学仪器和其他技术手段。无论直接观察还是间接观察,在科学研究中提供的都是第一手资料。自然科学范畴的生物学、临床医学、天文学、气象学、物理学和化学,社会科学范畴的心理学、民俗学和文学或新闻的写作等,都是运用观察法较多的学科。研究者从观察中获得的数据和信息可以补充以前资料的不足,也能对以前的错误数据和理论起到纠谬的作用。

观察要力求避免由感官产生的错误。这就要求以理性的思维和仪器来弥补感官之不足。理性思维尤其重要,如果没有敏锐的思考能力和探索能力,观察得到的有用数据也可能变得无用。此外,观察时间较长或次数较多时,应该做好记录,以免遗忘造成误差。

(4) 实验法。实验,最初是一种自然科学领域的研究方法,现在也在语言学、教育学和心理学等社会科学领域中采用。实验的目的,是为了观察未知的事实或知识,或者验证某种假说。它人为地设置条件或模拟环境,借助一定的方式和设备,探求某种结论或规律。它是在实验者的监控下进行的,如有需要可在同一条件下反复再现某一过程。它使研究客体从各种复杂的环境和偶然性的影响中脱离出来,成为纯化环境下的研究对象。

因研究对象和课题要求不同,实验法可以有多种模式。但是,对初涉研究领域的人来讲,它大致有这样几个步骤:提出科学假说;选择研究对象;完成实验场地和材料的准备;选定最佳实验方式;观察、测试和记录数据;描述观察对象及其规律;概括成果,得出结论。

(5) 数学方法。数学具有鲜明的抽象特征、逻辑特征和应用特征,在对有关对象做定性分析和定量分析的研究中,是一种重要的研究方法。定性分析和定量分析最初应用于化学研究,随后逐渐在较多的学科(从自然科学到社会科学)研究中被广泛应用。定性分析探求事物性质及其形态,定量分析探求事物的数量及其变化,前者是后者的基础,后者是前者的精确化。数学则是定性分析和定量分析的工具。数学方法应用于社会科学有若干分支,优选法、统筹法、规划法和统计分析方法是较常用的方法。

(6) 系统法。这是基于系统论的一种方法,也是一种较新的研究方法。它不同于传统的分析、综合方法,而是强调从整体与局部以及整体与外部环境的有序联系上展开研究,把对象置于所在的整体系统中加以考察,以获取最优化抉择。在宏观课题的研究上,系统法是避免孤立地、片面地看问题的有效方法。

11.6.2 论文语言

语言的应用直接受文体的影响。根据内容、语言特征和目的意义,文章体裁划分为三大类:文学体、应用体和科学体。论文是科学文体的一种,论文语言也是科学语体的一种。

语言是思维的工具。意大利诗人但丁做过一个比喻,他认为:就像骏马适合优秀的骑士一样,最好的语言适合最好的思想。就这一层意义而言,论文语言几乎和论文的内容同等重要。

论文是科学研究成果重要的发表形式,论文语言是论文的表述形式。只有通过论文语言的正确应用,才能完满反映论文的研究对象、范围、内容、成果、方法及其学术价值。如果没有语言,任何深刻的思想、丰富的内容、精巧的设计,都得不到传达;如果没有好的语言,论文的内容也不会得到正确的传达。

正因为论文语言对于表达论文的内容具有非凡的作用,因此,写毕业论文时要求论文语言具备准确、简洁、平实易懂、思辨性强等特征。

(1) 准确。这是论文语言的基本要求。论文语言的准确性表现为用词准确、数据准确和论证准确。用词准确是指要有较好的文字训练,所用词汇要贴切,谨慎辨析同义词和近义词,正确地使用它们;不用语义含糊、具有歧义的词;专业论述尽量使用有准确界定的名词术语。数据准确是指数字和量词要核对准确,尽量不用“大约”、“大概”等副词。论证准确则是指遣词造句、构段行文要有严密的逻辑性,对事物的定性要准确,定量要精确,杜绝使用夸张的修辞手法。

(2) 简洁。篇幅小,语言凝练,包含信息量大,言简而意赅,是论文的又一特质,也是论文的崇高境界。正如清人刘耕南论道:“凡文笔老则简,意真则简,辞切则简,理当则简,味淡则简,神远而含藏不尽则简,故简为文章尽境。”要达到这样的境界,需要有做文章的功底,多用短句,不说废话,勤于思想方法、研究方法和专业知识的训练,更重要的是要有深厚的人文素养。

(3) 平实易懂。语言学家把修辞方法区分为两种:生动修辞和明白修辞。前者辞藻华丽,比喻生动,善于采用夸张、虚拟的手法渲染、烘托描写的对象,以达到感动人心的目的;后者却以平实易懂的语词和表达方式论说对象,旨在使人很容易就了解论说的内容。论文以逻辑方式论述所研究的课题,重在摆事实、讲道理,论说清楚,语言修辞无疑以采用朴实无华的明白修辞为好。论文语言,言必有据,言必有理,以寻常最简单的语言述说深刻的道理,可防止语言晦涩,故作高深,以华而不实的学风哗众取宠的倾向。

(4) 思辨性强。思辨能力既是研究能力,又是语言能力,实际上两者都关系到论文语言的优劣。撰写论文时，思辨能力是思想方法和语言修养的综合。思辨性强既表现为睿智，又表现为语言技巧；既表现为研究问题的深度，又表现为语言的表述能力。运用思辨性的语言，无疑能从上述两方面提高论文的质量和水平。

11.6.3 论文的表述方式

表述方式是指语言对文章内容的表达。文体和题材对采用何种表述方式起决定性作用。通常，通用的表述方式有叙述、说明、议论或论述、描写和抒情。学术性论文属科学体文体，论文语言属科学语体，这就决定了论文的表述方式主要采取叙述、说明和论述的方式，论文语言的风格也因此而确定。

1. 叙述

一般意义上的叙述，是指清楚、流畅地陈述人的经历或事件的过程。然而，撰写学术性论文，陈述的对象却也可能是一种现象、一种观点、一种理论、一种方法、一项科学实验、一件史实、一个案例、一个例证，或其他任何一个客体的发生、发展及其变化的过程。在论文中，叙述分为概述和具体叙述，分别在引言和正文中被用到。有时，调查报告类型、实验报告类型的论文以及综述性质的论文等也会通篇用到叙述的方式；尽管这些论文中也有论证和说明的内容，但是它们是以叙述的方式表述出来的。

叙述的基本方法有顺叙、倒叙、插叙、补叙、平叙(即平行叙述同一时间、不同空间发生的相关联的两件以上的事件)，供合理应用。以叙述方式从事写作，应该严格遵循客观原则，准确、真实、清楚地表达撰写的内容，同时应注意叙述一定要详略得当。

2. 说明

说明是对论文内容的解说和诠释，是论文的另一种表述方式。按不同的对象，说明可分为定义说明、例证说明、数据说明、图表说明、引文说明、注释说明。定义说明是从性质、内容、范围、意义等方面界定事物和概念，多用于解释现象、概念和名词术语。例证说明是对举例或引例的说明。数据或图表说明是对文内所引用或所制作的数据和图表的说明。引文说明是对文内所引述其他文章片断的说明。注释说明是对文内疑点、难点的解释，但由于置于文内，会影响文章的连贯性和完整性，因此以置于括号内或在页脚或文后加注的方式表示。

作为表述方式，说明要求观点明确、文字准确、知识正确、阐释清楚而具体，读后使人一目了然。

3. 论述

论述是撰写论文的一种主要表述方式。科研成果和论文内容的创新往往通过论述实现。作为论文的表述方式，论述接近文学题材中的议论，但不完全等同于文学体裁中“议论”的应用。议论，当然有一定的客观标准，但常常带有作者个人的强烈感情色彩；它可以追随意识，以跳跃的方式展开，可以随感而发。论述却更具理性色彩，有着更严格的客观标准，遵循严密的逻辑方法、专业理论和专业知识的要求。它的展开过程严格地包含了四个因素,即论题、论点、论据和论证。

通常,论题规定了研究的方向和论述的主题;论点是论述的观点,亦即论述的灵魂;论据是证实论点的材料;论证则是运用科学的理论方法,以论据证明论点正确的过程。运用论述的表述方式,要求论题有学术价值和创新价值,论点鲜明、正确,论据充分、翔实,论证有逻辑性,由浅入深、由表及里、深刻地剖析事理,以无可辩驳的事实和逻辑力量证明立论的正确和科研成果的成立。

11.7 毕业论文的写作过程

毕业论文的写作过程通常包括制定写作计划、拟写论文提纲、撰写初稿和修改定稿等阶段。

11.7.1 制定写作计划

撰写毕业论文是一项复杂的科研活动,为了使这项工作顺利进行,开始写作之前,应该研究写作论文的有关因素和要求,制定切实可行的计划。

制定写作计划或称研究计划,主要具有以下几个方面的意义:

(1) 可以全面了解自己的工作内容和范围,从整体上把握各项局部工作需求,有针对性地做好准备工作。全面研究工作内容和范围,有助于理解局部的工作及其相互间的联系,从而把每一项局部的工作做好。

(2) 便于科学地安排撰写论文的步骤和方法,明白先做什么,后做什么,分清轻重缓急,对论文进度有一个合理的安排。这样写作论文才有条不紊,有利于提高撰写论文的效率。

(3) 通过工作计划的制定合理安排时间,不仅可以做到在适当的时间做适当的事,而且确保有效地利用时间,在规定的时限内完成论文。

拟定写作计划的步骤一般如下:

(1) 确定研究方向和选题。其依据是:所学专业和自己对专业前沿课题的判断;个人的专长和兴趣;指导教师的建议;材料的支持,即自己所能搜集到的资料范围。所选题目一定要大小适中,宁愿题目小一点,写起来顺手一些,以便在规定的期限内完成。还要考虑课题性质对研究方法的影响,因为不同性质和采用不同研究方法的课题往往需要不同的作业条件。例如,实验类型的论文需要特定的实验条件,而调查报告类型的论文需要安排调查的时间和场地,如果条件不具备,则很难如期完成对课题的研究,反而会影响论文的进度。

(2) 明确搜集资料的范围。参考资料是从事科学研究、撰写论文的重要基础。确定研究方向和选题时,必须知道自己已经掌握了哪些资料,还需要增加、补充哪些资料,以及在什么时间、通过何种渠道可以获取所需要的资料。因此,选题一经确定,应该立即考虑资料来源。如果资料得到有保障,研究可以顺利进行;如果资料来源不畅,就得重新考虑选题。

(3) 制定时间表。需要考虑三方面的因素：写作(研究)计划的内容、步骤与方法、总体时间安排和阶段性时间安排。写作(研究)计划的内容，包括选题，搜集、筛选资料，阅读资料，拟写提纲，调研或实验(如果需要的话)，撰写初稿，修改定稿；步骤与方法是指对包括在计划内容内的项目做一个具体的安排，明确哪一项先做，哪一项后做，以及采用何种方式、何种方法做；时间安排则是根据学校对提交论文期限的规定，以及写作论文各局部工作的步骤与顺序，分别确定各个阶段的工作时间。学校通常规定的撰写论文的时间为 10 周到 12 周。应根据工作性质和需要分配各阶段时间，该长则长，该短则短。当然，时间安排应紧凑而科学，并且留有余地，以免稍遇偶然的事件就有不能按时交稿的情况发生。

11.7.2 拟写论文提纲

拟写论文提纲是进入写作计划的一部分。它在确定了有价值、有研究基础的论文课题，充分地做了搜集参考资料和阅读资料的准备工作，以及酝酿形成论证角度和基本论点之后开始进行。拟写论文提纲是一个重要环节，它标志着准备工作就绪，正式进入论文写作阶段。

论文提纲，是一个反映论文基本观点、佐证材料、论证角度和步骤，以及依照逻辑关系层层展开的纲目体系。它是一篇论文的骨架和纲领，也是一篇论文的雏形和缩影。撰写毕业论文时，要先拟好提纲，这是因为拟写提纲具有如下作用：

(1) 有利于总揽全局，提纲挈领，从总体上周密地谋篇布局。学术性论文的本质是一项科学研究工作，文章的说理性很强，文章的总体布局、间架结构、材料分配以及以论据为支撑的论点在不同层次上的展开，都需要精心设计。通过拟写提纲，有了骨干框架，才能在写论文时纵观全貌，提纲挈领。合理分布章节，避免边写边想，顾此失彼，遗漏要写的内容以及片面的“只见树木，不见森林”的情况发生。

(2) 有利于理清思路，突出重点，探求最佳的论证角度，层层展开讨论。由于论文提纲概括性强，以较少的文字勾勒出论文的主干，重点突出，条理清楚，使作者在写作中易于把握全文的中心论点和上下文以及上下级条目的逻辑关系，因而可以探求最佳论证角度，一个一个问题、一层一层地展开讨论，取得较好的效果。

(3) 有利于建立框架，勾出论文雏形，组织、裁剪材料。材料是一篇论文的重要成分。通常，在拟写提纲之前，作者已经确定选题，并阅读了大量资料，在选题和选材以及对材料的研究上作了充分准备，具备了开始写作的条件。但是，只有通过拟写提纲，才能确立文章框架，安排文章结构，合理组织、分配材料，对材料作适当剪裁，使材料在论文中充分发挥作用。

(4) 有利于根据纲目结构科学安排时间，分段写作论文。一般情况下，除非是很短的文章，打个腹稿就可以动笔，长一点的文章都必须拟写提纲。大学本科毕业论文的文字一般都在 6000～12 000 字之间，因此一定要拟写提纲，根据自己的写作习惯，可以一气呵成地写下去，也可以一天写一个问题，分阶段写好一篇论文。

(5) 有利于指导教师提出修改意见，及时做出修改、调整。毕业论文常常需要教师的指导，拟写提纲有助于指导教师及时对论文的框架提出意见，以便于学生修改。

论文提纲是以纲目和纲目结构的形式表现出来的,因此拟写提纲应该遵循以下三项原则:

(1) 纲目要紧扣主题和论点。写提纲时,要确定选题和论点,确定从何种角度、以何种方式立论,以及中心论点之下有哪些次要论点。文章的内容和结构要服从论文的立论,各级纲目要围绕主要论点和从主要论点区分出来的次要论点展开,主次分明,从容序列,为全文的写作打好基础。

(2) 纲目结构要有逻辑性。在科研工作中,研究对象都具有自身的规律性,要揭示和反映研究对象的规律性及其多个对象之间的联系,论文的纲目结构必须具有严密的逻辑性。学术论文的逻辑性要求表现在论文结构、论证、论述过程等各个方面,而论文纲目结构的逻辑性既是论文结构的逻辑性,又是论文中论证、论述过程逻辑性要求的基础。纲目结构的逻辑性,既表现在横向的纲目之间,也表现在不同级次的纲目之间,以及它们和它们所包含的内容之间。

(3) 纲目结构要完整齐备。论文内容反映的是一个完整的研究过程,要表达这个完整过程,需要完整的结构。完整的论文结构要求有合理的谋篇布局,将文章各部分和谐而有机地组织在一起,使整篇文章层次清楚,脉络分明,文气贯通,前后呼应,材料充实,文字疏密得当。这些是以齐备完整的纲目结构为基础的,对论文结构的要求也是对论文纲目结构的要求。

论文提纲通常包括以下项目:标题、基本论点和论证方法、目录纲要。

目录纲要由并列的二级标题组成,二级标题下再列出子目(三级)和细目(四级)。四级以上的标题在国家标准《科学技术报告、学位论文和学术论文的编写格式》中分别称做章、条、款、项。论文提纲可以写得很简单,仅仅列出由章、条、款、项组成的目录;也可以写得比较详细,不仅列出章、条、款、项,而且在章、条、款、项题目之下,用句子或段落写出每一级目次下的内容,必要时也可写出每一级目次下的论点和方法。论文提纲写得简略还是详细,主要以论述对象的性质和复杂程度以及论文作者的习惯而定。

论文提纲的目录纲要,是由章、节、条目、子目组成的一个逻辑图表。为了将章、节、条目、子目的逻辑关系固定下来,便于识别,根据《科学技术报告、学位论文和学术论文的编写格式》和其他相关标准的有关规定,采用阿拉伯数字分级编号。

11.7.3 撰写初稿

撰写初稿是论文写作的核心工作。撰写初稿之前,有必要认真检查基础工作和由此产生的工作条件,并且对执笔顺序和写作方法做出选择。

1. 撰写初稿的条件

撰写初稿是在拟写论文提纲和相关条件的基础上进行的。拟写提纲完成之后,还应慎重检查所有撰写初稿的条件是否已经具备。撰写初稿的进度和质量取决于这些条件是否准备得充分,撰写初稿同时又是对这些条件的检验。这些条件如下:

(1) 选题已经确定,并围绕选题搜集到足够的资料。

(2) 通过阅读资料,已经确定论文的立论和研究方法。

(3) 通过对参考资料的阅读和思考,对论文的谋篇布局和结构已经了然于胸,并且拟定了论文提纲。

撰写初稿时,在对提纲进行细化和扩展时,思维常常会受到激发而变换认识的角度,或者产生更新的观点,这时就需要重新审视材料,重新选择视角,重新做局部甚至是全局的构思,修正、更改原先的提纲,朝着新的方向写作。因此,全面检查这些条件是非常必要的。

2. 执笔顺序

准备工作就绪后,开始写作论文时,可以从以下两种模式中任选一种开始撰稿:

(1) 从引论起笔。这样符合人们的思维习惯。引论、本论、结论的顺序正好反映了人们关于提出问题、分析问题和解决问题的思维过程,或者是事物发生、发展和取得结果的过程。如果对写作的内容已经深思熟虑,用这种方式写起来就比较顺手,便于阐明意义,安排结构,首尾呼应,文理贯通,一气呵成,写出的文字也较自然流畅,风格一致。

(2) 从本论起笔。先写本论,再写结论,最后写引论。这样是先关注研究课题,回过头来再概述课题和提出课题的意义。这样写的好处是,作者的思维一直停留在研究的问题上。对从引论入手不知如何下笔的作者,先从研究问题入手,比较直接、便当,容易很快地进入写作状态。把科研课题做完,回过头来再做引论,也就比较容易了。

3. 写作方式

可以依个人的写作习惯或所撰写论文的特点来确定撰写初稿的方式。

(1) 深思熟虑,一气呵成。无论以哪一种执笔顺序开始撰稿,都可以依据拟好的提纲撰写初稿。作者成竹在胸,顺着思路,没有中断,一鼓作气写下去。写作中不为较小的疑难或选择词句而发生滞涩、停留,尽可能把头脑中涌现的词句写出来,对与错留待初稿完成后去推敲、修改。这会使论文初稿文辞流畅、衔接自然、结构完整。若准备工作比较充分,拟定提纲后写作时间又比较集中,通常可以采取这种方式。

(2) 成熟考虑,分段写成。撰写论文初稿和写感性文章的执笔顺序略有不同:由于论文事先拟定了提纲,各部分存在于一个逻辑体系中,各个部分既有联系,又具有相对的独立性,因此可以按顺序写,也可以不按顺序写,而是考虑成熟一部分写作一部分,最后总成其稿。提纲拟定后,若撰稿的时间比较分散,采用这种方式比较好。

分段写成的方式尤其适合用电脑写作。一部分一部分地写下去,在写某一部分时,突然想起另一部分的内容,还可以立即插入,回过头来还可以接着写下去。

11.7.4 修改定稿

初稿写成后,并不意味着论文完成了。初稿还需要修改。“文章不厌百回改”,修改的次数越多,论文的质量越有保证。经过多次修改,最后方成为合格的定稿。

研究对象的复杂性和多样性决定了我们必须反复多次探索,它才能被全面而深刻地认识。同时,人的认识是有局限的,要通过“实践—认识—再实践—再认识”的过程才能得到升华,达到一个较高的程度。撰写论文也是这样,需要通过较多次数的反复修改不断加深对研究对象的认识，才能使立论和结论趋于完善。另一方面，撰写论文是一门艺术，包含语言、修辞、逻辑等多种因素的把握。因此，掌握撰写论文的艺术既涉及技能训练，也与作者的综合修养和素质有关。初稿写好后，要使论文在语言修辞、结构和论述方式上达到一定水准，有必要从技艺的角度反复推敲、打磨。

论文初稿的修改，无非包括对论文内容和形式两方面的修改。对论文内容的修改，主要是指对论文的观点、方法和材料的修改；对论文形式的修改，主要是指对论文结构、语言及其表述方式的修改。通过修改，尽可能使论文达到内容和形式的完美统一。

1. 订正观点

修改初稿，一般要先通读全文，检查有无大的遗漏和差错。论文的观点是贯穿全文的主线和灵魂，因此是需要特别确认、订正的。最初确立的观点经过论证，由于材料和方法的运用，论证角度的转换，是否经得住检验，要再三推敲。通常论文观点不会出大的差错，否则整篇文章都得推倒重来，但是通过适当的订正，使观点更鲜明、深刻和正确，是完全必要的。

2. 验证方法

观点的订正和研究方法联系甚紧，对观点的订正实际上也是对方法的检验。例如，立论的逻辑是否严谨，论证角度是否恰当，论述内容是否充分，与两者都有密切关系。

3. 增删材料

材料是产生和论证观点的依据。材料是否真实，使用是否得当，材料的多寡是否适合文章内容的需求，在初稿中很难一次就做得恰到好处。修改初稿时，有必要对材料作变动、调整、增加和删减，以期材料使用合理，和观点的论证有一个完美的结合。材料的增删改动，包括对图表、引用参考文献，以及注释的核对、修改。

4. 调整结构

调整结构包括论文整体篇幅的控制和论文各部分之间长短比例与平衡的控制。在对论文各部分的调整中，章、条、款、项乃至段落都属于调整的范围。一篇论文的结构合理，应具备以下三个条件：一是每一部分都符合论题的需求，对说明、论证论文的观点有帮助；二是有逻辑顺序，层次清楚；三是有主次之分，该详就详，该略就略，详略得当。违反了这几点，文章的结构就应该加以调整。

5. 润色语言

润色语言不仅仅是为了增添论文的文采，而是首先要关注语言的正确使用，检查有无语法错误，有无病句，有无用词有歧义、含混不清、空洞无意义，或修辞不当的地方，如果有这些现象，就要立即改正；然后要注意语言的表达功能，尽量要求文句简短、准确、易懂；最后再考虑统一语言风格，文字要生动，词语要丰富，文章要出彩。

6. 确定标题

初稿改好后，最后确定标题。标题，从总标题到子目标题和细目标题，撰写初稿时已经拟订，但那不一定是最后确定的标题。总标题和其他各级标题，对整篇论文或对论文的各章、条款、项有画龙点睛的作用，因此要反复斟酌、推敲，一直到找到最切题、最具概括性、最适合表达所述内容的标题。

论文初稿写好后，一般要间隔一段时间再修改（几天或一两周），这样是为了遗忘习惯的思维模式，以新的眼光、新的视角重新审视论文，以便发现初稿中的失误，把初稿改得更好。然而，如果时间紧迫，立即动手修改也无妨，这时对初稿中存在的问题记忆犹新，改起来也自有便利之处。采取何种方式，常常取决于个人的习惯，重要的是要知道修改什么。

论文写成后，要将经过反复修改形成的定稿誊清或打印出来。现在，写毕业论文，用手写和用电脑写，两种可能性都存在。如果用手写论文，通过修改，几易其稿之后，可以用手写誊清定稿，也可以请人或自己用电脑打印出来。如果初稿就是在电脑上撰写的，修改起来会更方便，直接就可以在电脑上修改定稿。不过，修改初稿之前，最好用软盘做一备份，或者在电脑内部的硬盘上做一备份，以防止修改的结果不理想时无法找到初稿。在电脑上修改的过程中，也要注意随时存盘、备份。

录入定稿或在电脑中完成后，分别按要求设置正文和标题的字体、字号，按论文格式要求加入前置部分和附录部分内容，就可以交稿等待答辩了。

11.8 毕业论文答辩

写好毕业论文后，交由指导教师审查、评定。但是，这并不等于毕业论文已经完成，还得准备进行答辩。直接由教师阅卷，是论文评判的一种形式，但不是唯一的形式。论文答辩是论文评价的另一种形式，也是一种重要的形式。

顾名思义，答辩是对问题的答复与辩解。毕业论文答辩，是由教师组成的评审小组或评委会针对学生论文的主题和内容质疑问难，由学生根据所写论文及其所依据的材料给予答复与辩解。最后，由教师组成的评审组织给出答辩分数。

11.8.1 答辩的意义

准备答辩的过程应视为写作论文的继续。作者要熟悉自己写过的内容，同时要考虑到答辩提问的范围会略大于撰写论文的范围，因此，对论文观点的提炼和材料的运用等要了然于胸，以便正确应答。

不仅如此，答辩也是一种训练，一种对口才、辩才和应变能力的训练。这种训练超出了论文写作的范畴，从过程、内容、形式等各个方面都相当于演说、讲授、辩论的训练，完全可以视为教学内容在这个方面的延伸。学生准备毕业论文答辩，不仅是在准备应对即将面临的提问，而且是在继续学习新的知识。

在答辩过程中,教师提出的问题有可能帮助学生进一步完善自己的论文,更重要的是他们的提问方式、质询角度和知识层次,可能给予有心的学生以更多的启发和学习机会。

毕业论文提交后,首先由指导教师审阅并给出评语,作为评定论文书面成绩的依据。指导教师熟悉学科专业,有教学经验,通常能够给出正确的评语或成绩。然而,相对论文答辩而言,一个人的评卷仍然可能是有局限性的。它可能囿于个人的知识面、学术观点、学术流派等因素的影响,或者仅仅因为对学生本人的印象而影响对论文做出公正的评判。虽然有统一评卷的标准,但是不同教师对这些标准的掌握也许不同。

作为一种评判形式,论文答辩由多人组成评审小组或评委会,这恰恰能够补充指导教师书面评卷之不足,对评审标准的掌握也会较为一致。

11.8.2 制作答辩演示文稿

为准备毕业论文答辩时的表达,通常需要利用例如 Microsoft PowerPoint 软件来制作演示文稿。用户必须对所要阐述的问题有清醒和深刻的认识,对整个内容做充分的准备工作。比如确定演示文稿的应用范围和重点,加入一些有说服力的数据和图表,最终给出概括性的结论等。

11.8.3 答辩程序

在毕业论文答辩阶段,论文作者通常在做好准备工作后,向评委会或评审小组提出申请,然后在指定的时间、地点参加答辩。

1. 答辩准备

答辩的准备工作分为两部分:一是提交论文,获准答辩资格;二是准备答辩内容。

完成毕业论文后,在学校规定的时间内,将一式多份的论文与最初的开题报告等文件一并装入资料袋,交给指导教师,由指导教师审阅并给出评语。之后,经论文审读,答辩者会接到有关参加答辩的准确时间和地点的通知。

提交毕业论文的同时,答辩者就应开始准备答辩的内容。答辩内容包括“论文概要报告”和针对主要观点可能被质询的问题。

2. 答辩

一个学生的答辩通常有时间限定。进入答辩现场,首先根据准备好的“论文概要报告”简述论文的梗概,以及写作论文的构思和过程。在余下的时间里接受并回答评审老师的提问。答辩之前,评审老师已经详细读过接受答辩者的论文和指导教师的评语,通常还拟定了要提的问题。评审老师可以根据事先拟定的问题,也可以根据听取学生的“论文概要报告”自述时想到的题目向学生提问。提问的方式和问题的数量因不同的论文而异。

学生回答问题完毕后,被告知答辩结束,即可告退离席。

11.8.4 答辩方法与技巧

毕业论文及其答辩在评分中各占一定比例，虽然论文本身的分数高于答辩的分数，但如果答辩不及格，则论文分数无论多高也不能及格，由此可见答辩的重要性。因此，努力掌握答辩的方法和技巧就成为非常重要的事情。

1. 准备答辩的方法

对答辩的评判无疑主要来自答辩本身，答辩者的注意力应放在答辩的内容和方法技巧上。首先是准备答辩的方法，即准备"论文概要报告"和准备回答评审老师提问的方法。关于"论文概要报告"，通常可以从以下三个方面准备：

(1) 准备好论文纲要，用简洁的语言，扼要说明论文的逻辑结构、主要观点、立论依据、论证过程和结论。

(2) 准备扼要的材料，阐明论文选题的意义以及自己选题开展课题研究的理由。

(3) 说明同类研究及其相关研究所达到的水平，以及本论文解决了其中的什么问题，还有哪些问题没有解决或亟待解决。回答评审老师提问的范畴，基本包含在以上三个方面之中。只是为了应对可能较为详细的提问，有些问题要准备得细致一些，例如，重要引文的版本、出处，撰写论文中定稿和初稿的不同，哪些地方做了改动，哪些地方自己作了较多的研究，但最后割爱舍弃了，以及为什么要这样做，等等。有了充分的准备，答辩时就会有信心，有获得优异成绩的把握。

2. 回答提问的技巧

进入答辩现场，给主持答辩的教师留下的直观印象十分重要。答辩者应从保持良好的仪态开始，态度谦虚，言辞简洁，神情镇静，回答问题自信，行为举止礼貌而得体。答辩者的仪态不在答辩的内容之中，但属于答辩形式的一部分，对答辩质量会产生影响，不应对此掉以轻心。因为答辩者的仪态不仅反映了其人对答辩的重视程度，也反映他的人生修养和学养，从而对主持答辩教师的评判发生影响。

开始答辩时，要掌握好节奏，评审老师提出问题后，可以稍作停顿，考虑一下再作答。一定要明白老师提问的准确含义，不要造成歧义理解，如果不清楚，宁可再问一次，也不贸然作答。开始回答问题时，层次感要强，要有逻辑条理，言语要简明流畅。对于自己熟悉的问题，要详细地回答，对于自己不太熟悉的问题，要谨慎地回答，对于自己不求甚解的问题，如能回避最好，不能回避则应明言，不能不懂装懂。如果论文有遗漏，经老师提问有所触动，自己又知其原理，应敏捷地用言语作补充。

答辩结束时，主持答辩的老师通常会对论文和论文答辩情况做一小结，对论文及其答辩给予肯定、补充和纠谬，答辩者应虚心听取。最后，答辩者表示感谢后离席。

当然，在毕业论文的答辩中，也不要过多依赖技巧，最重要的是打好专业知识基础和做好逻辑思维方法的训练。

案例研究：事件分析与查重软件

案例：某学生为了尽快顺利完成毕业设计(论文)中的译文文献翻译工作，在网上搜索了一篇与其毕业设计(论文)选题相关的，且同时具有中、英文版本的学术论文。经调整修改后，又利用网上下载的“论文查重”软件工具作了查重修订。

请针对上述事件进行评述。

(1) 这样的做法是否可取？为什么？

(2) 网上充斥了各种版本的“查重软件”，这种软件工具应该用在什么场合？这种软件工具的出现本身意味着什么？请谈谈你对学生使用这种软件工具的看法。

课后习作：应用文写作实践总结

至此，在学习IT应用文写作知识的同时，我们顺利完成了与本课程相关的全部各项实践活动。为巩固通过实践所了解和掌握的知识和技术，请就所完成的全部实践活动作系统的总结。由于篇幅有限，如果预留的空白不够，请另外附纸张粘贴在边上。

1. 实践的基本内容

1) 结合本课程完成的IT应用文写作实践(课前阅读、案例研究、课后习作与点评)主要有(请根据实际完成的实践情况填写)：

(1) 第1章。主要内容是：

(2) 第2章。主要内容是：

(3) 第 3 章。主要内容是：

(4) 第 4 章。主要内容是：

(5) 第 5 章。主要内容是：

(6) 第 6 章。主要内容是：

(7) 第 7 章。主要内容是：

(8) 第 8 章。主要内容是：

(9) 第 9 章。主要内容是：

(10) 第 10 章。主要内容是：

2) 通过实验，你认为自己初步了解和掌握的 IT 应用文写作的主要知识点是：

(1) 知识点：

主要内容：

(2) 知识点：

主要内容：

(3) 知识点：

主要内容：

(4) 知识点：__________

主要内容：__________

(5) 知识点：__________

主要内容：__________

2. 实践内容的基本评价

1）在全部实践活动中，你印象最深，或者相比较而言你认为最有价值的是：

(1)

你的理由是：

(2)

你的理由是：

2）在所有实践活动中，你认为应该得到加强的是：

(1)

你的理由是：

(2)

你的理由是：

3）对于本课程和本书的实践内容，你认为应该改进的其他意见和建议是：

3. 课程学习能力测评

请根据你在本课程中的学习情况，客观地对自己在IT应用文写作方面作一个能力测评。请在表11-1的“测评结果”栏中合适的项下打“√”。

4. 写作实践总结

5. 实践总结评价(教师)

表 11-1 课程学习能力测评

<table>
<tr><th rowspan="2">关键能力</th><th rowspan="2">评价指标</th><th colspan="5">测评结果</th><th rowspan="2">备注</th></tr>
<tr><th>很好</th><th>较好</th><th>一般</th><th>勉强</th><th>较差</th></tr>
<tr><td rowspan="3">课程基础内容</td><td>1. 了解应用文基础知识</td><td></td><td></td><td></td><td></td><td></td><td rowspan="3"></td></tr>
<tr><td>2. 了解科技应用文的基本特点</td><td></td><td></td><td></td><td></td><td></td></tr>
<tr><td>3. 熟悉本课程的主要内容</td><td></td><td></td><td></td><td></td><td></td></tr>
<tr><td rowspan="6">理论知识水平</td><td>1. 了解国家行政公文处理办法</td><td></td><td></td><td></td><td></td><td></td><td rowspan="6"></td></tr>
<tr><td>2. 熟悉软件文档编制规范</td><td></td><td></td><td></td><td></td><td></td></tr>
<tr><td>3. 熟悉一般科技应用文写作要求</td><td></td><td></td><td></td><td></td><td></td></tr>
<tr><td>4. 了解国家科技发展规划纲要</td><td></td><td></td><td></td><td></td><td></td></tr>
<tr><td>5. 了解 TRIZ 创新理论</td><td></td><td></td><td></td><td></td><td></td></tr>
<tr><td>6. 熟悉学位论文行为规范</td><td></td><td></td><td></td><td></td><td></td></tr>
<tr><td rowspan="6">实践与应用能力</td><td>1. 熟练掌握一般应用文写作技能</td><td></td><td></td><td></td><td></td><td></td><td rowspan="6"></td></tr>
<tr><td>2. 熟练文档编制技能</td><td></td><td></td><td></td><td></td><td></td></tr>
<tr><td>3. 了解软件著作权申报</td><td></td><td></td><td></td><td></td><td></td></tr>
<tr><td>4. 熟悉招标投标应用文与讲标</td><td></td><td></td><td></td><td></td><td></td></tr>
<tr><td>5. 熟悉学术论文与参考文献</td><td></td><td></td><td></td><td></td><td></td></tr>
<tr><td>6. 熟悉毕业论文与答辩要求</td><td></td><td></td><td></td><td></td><td></td></tr>
</table>

续表

关键能力	评价指标	测评结果					备注
		很好	较好	一般	勉强	较差	
自我管理和交流能力	1. 培养和具有良好的职业道德修养,具有良好的交流和沟通能力						
	2. 具有良好的工程素养,学会使用信息资源,能获取并反馈信息						
	3. 能通过积极的学习活动和良好的实践提高应用文写作能力						
创新能力	1. 具有创新和竞争意识和精神						
	2. 能使用不同的思维方式,能根据现有知识创新地提出有价值的观点						

说明:"很好"为5分,"较好"为4分,其余类推。全表栏目合计满分为100分,你对自己的测评总分为______分。

延伸阅读:发明车轮,人类为何花了这么长的时间?

杨孝文

车轮的技术含量似乎并不高,但令人不可思议的是,直到公元前3500年的铜器时代,我们的祖先才发明了车轮。当然,发明者是谁,这已经成为一个永远也不可能找到答案的迷。在那个距现在非常遥远的时代,我们的祖先已经开始铸造金属合金,开凿运河,制造船只,甚至开始设计竖琴等复杂的乐器。

车轮并不能简单地理解为一个可以滚动的圆环,它们必须能够与一个稳定的固定平台组装在一起才能发挥作用(图11-2)。美国哈特维克学院人类学教授大卫·安东尼表示:"车轮必须与轮轴组装在一起,只有车轮的话毫无意义。不过,实现二者之间的结合并非易事。"为了制造出一个装有旋转轮的固定轮轴,轮轴的两端必须平滑并拥有接近完美的圆度,车轮中央的孔洞也是如此。否则的话,车轮旋转时会产生大量摩擦力,以致无法向前移动。此外,轮轴必须与车轮孔洞匹配,同时又要有一定的限度,否则车轮将随意旋转。

图11-2 轮子

轮轴的尺寸决定着整个结构的运转。细轮轴虽然能够减少摩擦，但很难拥有达到承重要求的强度，太粗则又会产生更多的摩擦力。安东尼表示："古人制造的四轮车非常小，就是为了解决这个问题。车身小意味着轮轴较短，因此不需要太粗，便可满足要求。"

车轮-轮轴系统对所有这些因素都非常敏感，不可能分阶段研制，是一种"要么全有要么全无"的结构。不管是谁发明了轮轴系统，使用的木料一定是来自树干较粗的树木。他们应该是首先将树干切割成厚平板，而后雕刻出又大又圆的车轮。此外，他们同样需要金属工具，雕凿出彼此匹配的孔洞和轮轴，同时也需要工具运输木料。安东尼表示："可能就是这些复杂的木工活导致古人直到大约公元前3500年才发明出车轮（图11-3）。大约公元前4000年后，近东地区才开始普遍铸造铜制平凿和半圆凿。"

发明车轮是一项非常具有挑战性的工作，可能是在世界某个地方一次性完成的。从这个地方，车轮迅速推广到欧亚大陆和中东地区。不过，专家们已经无法确定车轮的发明地点。在波兰和欧亚大草原，人们发现了年代最为久远的有轮车图像。欧亚大陆涵盖的美索不达米亚（包括现在的伊拉克），最有可能是车轮的诞生地。

图11-3 一个带轮子的小雕像，来自新大陆，可能在韦拉克鲁斯制造，年代可追溯到公元前100年至公元800年之间

芬兰赫尔辛基印度学家阿斯科·帕尔波拉表示，根据语言学线索，车轮可能由现代乌克兰人的祖先特里波列人发明。与车轮和四轮车有关的词汇来源于特里波列文化的语言。四轮车在欧亚大陆大草原非常普遍，这种有轮车的尺寸最初可能非常小，而后才出现载人版。帕尔波拉说："令人感到吃惊的是，特里波列人制造了很多小型四轮车。由于尺寸很小，往往被认为是儿童的玩具。然而，我认为它们更有可能是实用型四轮车的微型版。即使在中美洲的印第安人文化中，有轮车图像中的'乘客'也是动物，说明微型四轮车早于载人版出现。不过，印第安人从未制造出载人的四轮车。"

盘点迄今为止最伟大的十项发明，车轮排名第一。据国外媒体报道，英国Tesco Mobile公司对4000名英国民众进行了调查，发布的调查结果显示，在迄今为止最伟大的10项发明中，互联网排名第4，PC排名第5，苹果iPhone位居第8。而在这迄今为止世界上最重要的10项发明中，车轮排在了首位，飞机和灯泡紧随其后。

Tesco Mobile CEO兰斯·巴特切勒（Lance Batchelor）称："上榜的所有产品都永久地改变了世界。"以下为迄今为止最伟大的10项发明：

车轮、飞机、灯泡、国际互联网、PC、电话、青霉素、iPhone、抽水马桶、内燃机。

附录A appendix A

国务院《国家行政机关公文处理办法》

国务院关于发布《国家行政机关公文处理办法》的通知

国发［2000］23号

各省、自治区、直辖市人民政府，国务院各部委、各直属机构：

现发布《国家行政机关公文处理办法》，自2001年1月1日起施行。1993年11月21日国务院办公厅发布，1994年1月1日起施行的《国家行政机关公文处理办法》同时废止。

中华人民共和国国务院

二〇〇〇年八月二十四日

国家行政机关公文处理办法

第一章　总　　则

第一条　为使国家行政机关（以下简称行政机关）的公文处理工作规范化、制度化、科学化，制定本办法。

第二条　行政机关的公文（包括电报，下同），是行政机关在行政管理过程中形成的具有法定效力和规范体式的文书，是依法行政和进行公务活动的重要工具。

第三条　公文处理指公文的办理、管理、整理（立卷）、归档等一系列相互关联、衔接有序的工作。

第四条　公文处理应当坚持实事求是、精简、高效的原则，做到及时、准确、安全。

第五条　公文处理必须严格执行国家保密法律、法规和其他有关规定，确保国家秘密的安全。

第六条　各级行政机关的负责人应当高度重视公文处理工作，模范遵守本办法并加强对本机关公文处理工作的领导和检查。

第七条　各级行政机关的办公厅（室）是公文处理的管理机构，主管本机关的公文处理工作并指导下级机关的公文处理工作。

第八条 各级行政机关的办公厅(室)应当设立文秘部门或者配备专职人员负责公文处理工作。

第二章 公文种类

第九条 行政机关的公文种类主要有:

(一) 命令(令)

适用于依照有关法律公布行政法规和规章;宣布施行重大强制性行政措施;嘉奖有关单位及人员。

(二) 决定

适用于对重要事项或者重大行动做出安排,奖惩有关单位及人员,变更或者撤销下级机关不适当的决定事项。

(三) 公告

适用于向国内外宣布重要事项或者法定事项。

(四) 通告

适用于公布社会各有关方面应当遵守或者周知的事项。

(五) 通知

适用于批转下级机关的公文,转发上级机关和不相隶属机关的公文,传达要求下级机关办理和需要有关单位周知或者执行的事项,任免人员。

(六) 通报

适用于表彰先进,批评错误,传达重要精神或者情况。

(七) 议案

适用于各级人民政府按照法律程序向同级人民代表大会或人民代表大会常务委员会提请审议事项。

(八) 报告

适用于向上级机关汇报工作,反映情况,答复上级机关的询问。

(九) 请示

适用于向上级机关请求指示、批准。

(十) 批复

适用于答复下级机关的请示事项。

(十一) 意见

适用于对重要问题提出见解和处理办法。

(十二) 函

适用于不相隶属机关之间商洽工作,询问和答复问题,请求批准和答复审批事项。

(十三) 会议纪要

适用于记载、传达会议情况和议定事项。

第三章 公文格式

第十条 公文一般由秘密等级和保密期限、紧急程度、发文机关标识、发文字号、签发人、标题、主送机关、正文、附件说明、成文日期、印章、附注、附件、主题词、抄送机关、印发机关和印发日期等部分组成。

(一) 涉及国家秘密的公文应当标明密级和保密期限,其中,“绝密”、“机密”级公文还应当标明份数序号。

(二) 紧急公文应当根据紧急程度分别标明“特急”、“急件”。其中电报应当分别标明“特提”、“特急”、“加急”、“平急”。

(三) 发文机关标识应当使用发文机关全称或者规范化简称;联合行文,主办机关排列在前。

(四) 发文字号应当包括机关代字、年份、序号。联合行文,只标明主办机关发文字号。

(五) 上行文应当注明签发人、会签人姓名。其中,“请示”应当在附注处注明联系人的姓名和电话。

(六) 公文标题应当准确简要地概括公文的主要内容并标明公文种类,一般应当标明发文机关。公文标题中除法规、规章名称加书名号外,一般不用标点符号。

(七) 主送机关指公文的主要受理机关,应当使用全称或者规范化简称、统称。

(八) 公文如有附件,应当注明附件顺序和名称。

(九) 公文除“会议纪要”和以电报形式发出的以外,应当加盖印章。联合上报的公文,由主办机关加盖印章;联合下发的公文,发文机关都应当加盖印章。

(十) 成文日期以负责人签发的日期为准,联合行文以最后签发机关负责人的签发日期为准。电报以发出日期为准。

(十一) 公文如有附注(需要说明的其他事项),应当加括号标注。

(十二) 公文应当标注主题词。上行文按照上级机关的要求标注主题词。

(十三) 抄送机关指除主送机关外需要执行或知晓公文的其他机关,应当使用全称或者规范化简称、统称。

(十四) 文字从左至右横写、横排。在民族自治地方,可以并用汉字和通用的少数民族文罕(按其习惯书写、排版)。

第十一条 公文中各组成部分的标识规则,参照《国家行政机关公文格式》国家标准执行。

第十二条 公文用纸一般采用国际标准 A4 型(210mm×297mm),左侧装订。张贴的公文用纸大小,根据实际需要确定。

第四章 行文规则

第十三条 行文应当确有必要,注重效用。

第十四条 行文关系根据隶属关系和职权范围确定,一般不得越级请示和报告。

第十五条 政府各部门依据部门职权可以相互行文和向下一级政府的相关业务部门行文;除以函的形式商洽工作、询问和答复问题、审批事项外,一般不得向下一级政府正式行文。部门内设机构除办公厅(室)外不得对外正式行文。

第十六条 同级政府、同级政府各部门、上级政府部门与下一级政府可以联合行文;

政府与同级党委和军队机关可以联合行文；政府部门与相应的党组织和军队机关可以联合行文；政府部门与同级人民团体和具有行政职能的事业单位也可以联合行文。

第十七条 属于部门职权范围内的事务，应当由部门自行行文或联合行文。联合行文应当明确主办部门。须经政府审批的事项，经政府同意也可以由部门行文，文中应当注明经政府同意。

第十八条 属于主管部门职务范围内的具体问题，应当直接报送主管部门处理。

第十九条 部门之间对有关问题未经协商一致，不得各自向下行文。如擅自行文，上级机关应当责令纠正或撤销。

第二十条 向下级机关或者本系统的重要行文，应当同时抄送直接上级机关。

第二十一条 “请示”应当一文一事；一般只写一个主送机关，需要同时送其他机关的，应当用抄送形式，但不得抄送其下级机关。“报告”不得夹带请示事项。

第二十二条 除上级机关负责人直接交办的事项外，不得以机关名义向上级机关负责人报送“请示”、“意见”和“报告”。

第二十三条 受双重领导的机关向上级机关行文，应当写明主送机关和抄送机关。上级机关向受双重领导的下级机关行文，必要时应当抄送其另一上级机关。

第五章 发文办理

第二十四条 发文办理指以本机关名义制发公文的过程，包括草拟、审核、签发、复核、缮印、用印、登记、分发等程序。

第二十五条 草拟公文应当做到：

（一）符合国家的法律、法规及其他有关规定。如提出新的政策、规定等，要切实可行并加以说明。

（二）情况确实，观点明确，表述准确，结构严谨，条理清楚，直述不曲，字词规范，标点正确，篇幅力求简短。

（三）公文的文种应当根据行文目的、发文机关的职权和与主送机关的行文关系确定。

（四）拟制紧急公文，应当体现紧急的原因，并根据实际需要确定紧急程度。

（五）人名、地名、数字、引文准确。引用公文应当先引标题，后引发文字号。引用外文应当注明中文含义。日期应当写明具体的年、月、日。

（六）结构层次序数，第一层为“一、”，第二层为“（一）”，第三层为“1.”，第四层为“(1)”。

（七）应当使用国家法定计量单位。

（八）文内使用非规范化简称，应当先用全称并注明简称。使用国际组织外文名称或其缩写形式，应当在第一次出现时注明准确的中文译名。

（九）公文中的数字，除成文日期、部分结构层次序数和在词、词组、惯用语、缩略语、具有修辞色彩语句中作为词素的数字必须使用汉字外，应当使用阿拉伯数字。

第二十六条 拟制公文，对涉及其他部门职权范围内的事项，主办部门应当主动与有关部门协商，取得一致意见后方可行文；如有分歧，主办部门的主要负责人应当出面协调,仍不能取得一致时,主办部门可以列明各方理据,提出建设性意见,并与有关部门会签后报请上级机关协调或裁定。

第二十七条 公文送负责人签发前,应当由办公厅(室)进行审核。审核的重点是:是否确需行文,行文方式是否妥当,是否符合行文规则和拟制公文的有关要求,公文格式是否符合本办法的规定等。

第二十八条 以本机关名义制发的上行文,由主要负责人或者主持工作的负责人签发;以本机关名义制发的下行文或平行文,由主要负责人或者由主要负责人授权的其他负责人签发。

第二十九条 公文正式印制前,文秘部门应当进行复核,重点是:审批、签发手续是否完备,附件材料是否齐全,格式是否统一、规范等。经复核需要对文稿进行实质性修改的,应按程序复审。

第六章 收文办理

第三十条 收文办理指对收到公文的办理过程,包括签收、登记、审核、拟办、批办、承办、催办等程序。

第三十一条 收到下级机关上报的需要办理的公文,文秘部门应当进行审核。审核的重点是:是否应由本机关办理;是否符合行文规则;内容是否符合国家法律、法规及其他有关规定;涉及其他部门或地区职权的事项是否已协商、会签;文种使用、公文格式是否规范。

第三十二条 经审核,对符合本办法规定的公文,文秘部门应当及时提出拟办意见送负责人批示或者交有关部门办理,需要两个以上部门办理的应当明确主办部门。紧急公文,应当明确办理时限。对不符合本办法规定的公文,经办公厅(室)负责人批准后,可以退回呈报单位并说明理由。

第三十三条 承办部门收到交办的公文后应当及时办理,不得延误、推诿。紧急公文应当按时限要求办理,确有困难的,应当及时予以说明。对不属于本单位职权范围或者不宜由本单位办理的,应当及时退回交办的文秘部门并说明理由。

第三十四条 收到上级机关下发或交办的公文,由文秘部门提出拟办意见,送负责人批示后办理。

第三十五条 公文办理中遇有涉及其他部门职权的事项,主办部门应当主动与有关部门协商;如有分歧,主办部门主要负责人要出面协调,如仍不能取得一致,可以报请上级机关协调或裁定。

第三十六条 审批公文时,对有具体请示事项的,主批人应当明确签署意见、姓名和审批日期,其他审批人圈阅视为同意;没有请示事项的,圈阅表示已阅知。

第三十七条 送负责人批示或者交有关部门办理的公文,文秘部门要负责催办,做到紧急公文跟踪催办,重要公文重点催办,一般公文定期催办。

第七章 公文归档

第三十八条 公文办理完毕后,应当根据《中华人民共和国档案法》和其他有关规定，及时整理（立卷）、归档。个人不得保存应当归档的公文。

第三十九条 归档范围内的公文，应当根据其相互联系、特征和保存价值等整理（立卷），要保证归档公文齐全、完整，能正确反映本机关的主要工作情况，便于保管和利用。

第四十条 联合办理的公文，原件由主办机关整理（立卷）、归档，其他机关保存复制件或其他形式的公文副本。

第四十一条 本机关负责人兼任其他机关职务，在履行所兼职务职责过程中形成的公文，由其兼职机关整理（立卷）、归档。

第四十二条 归档范围内的公文应当确定保管期限，按照有关规定定期向档案部门移交。

第四十三条 拟制、修改和签批公文，书写及所用纸张和字迹材料必须符合存档要求。

第八章 公文管理

第四十四条 公文由文秘部门或专职人员统一收发、审核、用印、归档和销毁。

第四十五条 文秘部门应当建立健全本机关公文处理的有关制度。

第四十六条 上级机关的公文，除绝密级和注明不准翻印的以外，下一级机关经负责人或者办公厅（室）主任批准，可以翻印。翻印时，应当注明翻印的机关、日期、份数和印发范围。

第四十七条 公开发布行政机关公文，必须经发文机关批准。经批准公开发布的公文，同发文机关正式印发的公文具有同等效力。

第四十八条 公文复印件作为正式公文使用时，应当加盖复印机关证明章。

第四十九条 公文被撤销，视作自始不产生效力；公文被废止，视作自废止之日起不产生效力。

第五十条 不具备归档和存查价值的公文，经过鉴别并经办公厅（室）负责人批准，可以销毁。

第五十一条 销毁秘密公文应当到指定场所由二人以上监销，保证不丢失、不漏销。其中，销毁绝密公文（含密码电报）应当进行登记。

第五十二条 机关合并时，全部公文应当随之合并管理。机关撤销时，需要归档的公文整理（立卷）后按有关规定移交档案部门。工作人员调离工作岗位时，应当将本人暂存、借用的公文按照有关规定移交、清退。

第五十三条 密码申报的使用和管理，按照有关规定执行。

第九章 附　　则

第五十四条 行政法规、规章方面的公文，依照有关规定处理。外事方面的公文，按照外交部的有关规定处理。

第五十五条 公文处理中涉及电子文件的有关规定另行制定。统一规定发布之前，各级行政机关可以制定本机关或者本地区、本系统的试行规定。

第五十六条 各级行政机关的办公厅（室）对上级机关和本机关下发公文的贯彻落

实情况当进行督促检查并建立督查制度。有关规定另行制定。

第五十七条 本办法自2001年1月1日起施行。1993年11月21日国务院办公厅发布,1994年1月1日起施行的《国家行政机关公文处理办法》同时废止。

二〇〇一年一月一日

附录B appendix B

教育部《学位论文作假行为处理办法》

中华人民共和国教育部令第34号

《学位论文作假行为处理办法》已经2012年6月12日第22次部长办公会议审议通过，并经国务院学位委员会同意，现予发布，自2013年1月1日起施行。

教育部部长 袁贵仁
2012年11月13日

学位论文作假行为处理办法

第一条 为规范学位论文管理，推进建立良好学风，提高人才培养质量，严肃处理学位论文作假行为，根据《中华人民共和国学位条例》、《中华人民共和国高等教育法》，制定本办法。

第二条 向学位授予单位申请博士、硕士、学士学位所提交的博士学位论文、硕士学位论文和本科学生毕业论文（毕业设计或其他毕业实践环节）（统称为学位论文），出现本办法所列作假情形的，依照本办法的规定处理。

第三条 本办法所称学位论文作假行为包括下列情形：

（一）购买、出售学位论文或者组织学位论文买卖的；

（二）由他人代写、为他人代写学位论文或者组织学位论文代写的；

（三）剽窃他人作品和学术成果的；

（四）伪造数据的；

（五）有其他严重学位论文作假行为的。

第四条 学位申请人员应当恪守学术道德和学术规范，在指导教师指导下独立完成学位论文。

第五条 指导教师应当对学位申请人员进行学术道德、学术规范教育，对其学位论文研究和撰写过程予以指导，对学位论文是否由其独立完成进行审查。

第六条 学位授予单位应当加强学术诚信建设，健全学位论文审查制度，明确责任、规范程序，审核学位论文的真实性、原创性。

第七条 学位申请人员的学位论文出现购买、由他人代写、剽窃或者伪造数据等作假情形的,学位授予单位可以取消其学位申请资格;已经获得学位的,学位授予单位可以依法撤销其学位,并注销学位证书。取消学位申请资格或者撤销学位的处理决定应当向社会公布。从做出处理决定之日起至少 3 年内,各学位授予单位不得再接受其学位申请。

前款规定的学位申请人员为在读学生的,其所在学校或者学位授予单位可以给予开除学籍处分;为在职人员的,学位授予单位除给予纪律处分外,还应当通报其所在单位。

第八条 为他人代写学位论文、出售学位论文或者组织学位论文买卖、代写的人员,属于在读学生的,其所在学校或者学位授予单位可以给予开除学籍处分;属于学校或者学位授予单位的教师和其他工作人员的,其所在学校或者学位授予单位可以给予开除处分或者解除聘任合同。

第九条 指导教师未履行学术道德和学术规范教育、论文指导和审查把关等职责,其指导的学位论文存在作假情形的,学位授予单位可以给予警告、记过处分;情节严重的,可以降低岗位等级直至给予开除处分或者解除聘任合同。

第十条 学位授予单位应当将学位论文审查情况纳入对学院(系)等学生培养部门的年度考核内容。多次出现学位论文作假或者学位论文作假行为影响恶劣的,学位授予单位应当对该学院(系)等学生培养部门予以通报批评,并可以给予该学院(系)负责人相应的处分。

第十一条 学位授予单位制度不健全、管理混乱,多次出现学位论文作假或者学位论文作假行为影响恶劣的,国务院学位委员会或者省、自治区、直辖市人民政府学位委员会可以暂停或者撤销其相应学科、专业授予学位的资格;国务院教育行政部门或者省、自治区、直辖市人民政府教育行政部门可以核减其招生计划;并由有关主管部门按照国家有关规定对负有直接管理责任的学位授予单位负责人进行问责。

第十二条 发现学位论文有作假嫌疑的,学位授予单位应当确定学术委员会或者其他负有相应职责的机构,必要时可以委托专家组成的专门机构,对其进行调查认定。

第十三条 对学位申请人员、指导教师及其他有关人员做出处理决定前,应当告知并听取当事人的陈述和申辩。

当事人对处理决定不服的,可以依法提出申诉、申请行政复议或者提起行政诉讼。

第十四条 社会中介组织、互联网站和个人,组织或者参与学位论文买卖、代写的,由有关主管机关依法查处。

学位论文作假行为违反有关法律法规规定的,依照有关法律法规的规定追究法律责任。

第十五条 学位授予单位应当依据本办法,制定、完善本单位的相关管理规定。

第十六条 本办法自 2013 年 1 月 1 日起施行。

参 考 文 献

[1] 邓艳华. 应用文写作实务. 北京：人民邮电出版社，2011.
[2] 王嘉陵. 毕业论文写作与答辩[M]. 成都：四川大学出版社，2007.
[3] 张黎. 怎样写好文献综述：案例及评述[M]. 北京：科学出版社，2008.
[4] 祝雪虎. 经济文书：写作技巧、模板与范例[M]. 广州：广东经济出版社，2008.
[5] 王洪运. 应用文写作[M]. 北京：人民邮电出版社，2010.